化学工业出版社"十四五"普通高等教育规划教材

文献检索

与学位论文写作

WENXIAN JIANSUO
YU XUEWEI LUNWEN XIEZUO

李廷友　周学　王燕　主编

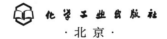

·北京·

内容简介

《文献检索与学位论文写作》全书共 9 章，其中第 1~7 章主要阐述文献检索基础知识、图书馆信息资源利用、中文全文数据库文献检索、国外全文数据库文献检索、著名外文文摘库检索、特种文献检索、网络免费学术资源及利用；第 8 章主要阐述科技论文，重点是学位论文的写作基础和文献检索在写作中的运用；第 9 章对馆藏图书利用、中文文献检索、英文文献检索、特种文献检索、文献综述、学位论文写作流程进行实操训练。本书有助于补齐学生在撰写学位论文过程中，利用文献检索能力不佳，缺乏学位论文实训的这个"最后一公里"短板。

《文献检索与学位论文写作》作为大学通识教材，适用于高等院校本科生、研究生，也可作为成人教育教材，或科研人员、科研管理者和图书情报工作者的参考用书。

图书在版编目（CIP）数据

文献检索与学位论文写作 / 李廷友，周学，王燕主编 . -- 北京：化学工业出版社，2024.8（2025.2 重印）. --（化学工业出版社"十四五"普通高等教育规划教材）. -- ISBN 978-7-122-45808-7

Ⅰ．G254.9

中国国家版本馆 CIP 数据核字第 20249NH320 号

责任编辑：褚红喜		文字编辑：罗　锦	
责任校对：宋　夏		装帧设计：刘丽华	

出版发行：化学工业出版社
　　　　　（北京市东城区青年湖南街 13 号　邮政编码 100011）
印　　装：北京云浩印刷有限责任公司
787mm×1092mm　1/16　印张 14¾　字数 337 千字
2025 年 2 月北京第 1 版第 2 次印刷

购书咨询：010-64518888　　　　　售后服务：010-64518899
网　　址：http://www.cip.com.cn

凡购买本书，如有缺损质量问题，本社销售中心负责调换。

定　　价：49.80 元　　　　　　　　版权所有　违者必究

《文献检索与学位论文写作》编写组

主　　编　李廷友　周　学　王　燕
副主编　　王　凯　许　晔　郭文强
编写人员　（按姓氏笔画顺序）
　　　　　王　凯　王　燕　刘文杰
　　　　　许　晔　苏晓磊　杜　茜
　　　　　李廷友　周　学　郭文强
　　　　　韩洪苇

前言

21世纪是信息的时代、创新的时代，信息日益成为科学技术和生产力发展必不可少的重要条件。随着大数据时代的到来、网络覆盖率的提高加之智能手机的应用，QQ、微信、短视频、手机移动图书馆等各类信息推送平台迅速发展。信息数据多样化、海量化，时效性更强，增长势头迅猛。除了专业数据库之外，搜索引擎也在向用户提供多样化的搜索应用服务，如文档、资讯、学术资源、图片、地图、视频搜索等，但也增加了数据价值甄别的难度。如何从海量信息中检索到有价值的文献信息进行处理和分析并运用到论文的写作中去，是文献检索与论文写作课程的主要内容。

文献检索课是一门训练学生获取和甄别文献信息能力的工具性课程，目的是培养学生利用检索技能解决学习和生活中遇到实际问题的能力，注重学生实践能力的培养。调查发现，学生在查找文献信息时，只熟悉搜索引擎的应用或仅仅了解某个数据库，缺乏筛选、整合、分析和利用文献的技能；特别是在撰写毕业论文的过程中，利用文献检索的能力不佳，这一情况在地方本科院校较为突出。本书正是围绕这一问题以为学生补强"最后一公里"短板为目标，按照"原理-实训"的逻辑架构进行编写的，"原理"以各类型数据库的熟练使用和提高网络检索技能为主要教学内容，侧重介绍各类数据库的使用方法和检索技巧，"实训"以实际案例和毕业论文写作中的文献检索应用作为实操训练内容。本书编写内容新颖，从理论到实践，先基础后综合，由浅入深、循序渐进，全面系统地解构文献检索基本原理、网络信息检索基本技能，把文献检索理论和方法融入毕业论文写作实践中。

本书编写团队由泰州学院、鲁东大学、井冈山大学、江苏第二师范学院、南京师范大学泰州学院5所高校的教师组成，均具有丰富的文献检索课程教学经验。具体分工如下：李廷友负责第1章，第8章，第9章9.6、9.7节的编写；周学、杜茜负责第2章、第3章的编写；王凯、苏晓磊负责第4章的编写；郭文强、刘文杰负责第5章的编写；许晔、韩洪苇负责第6章的编写；王燕负责第7章、第9章9.1～9.5节的编写；全书由李廷友负责统稿，周学、王燕协助统稿。

本书得到泰州学院和南京师范大学泰州学院的经费资助,得到化学工业出版社编辑的热情帮助和悉心指导,在此表示深深的谢意!

本书在编写过程中,参考并吸取了国内外专家和同行的研究成果,在此表示感谢!

囿于编者的能力和水平以及仓促的时间,书中难免有疏漏、不当之处,恳请读者朋友批评指正。

编者
2024 年春节

目录

第 1 章　文献检索概论　// 001
1.1　课程概要 ··· 001
1.2　文献信息基本知识 ··· 002
1.3　文献检索基础知识 ··· 008

第 2 章　图书馆信息资源利用　// 017
2.1　图书馆概述 ··· 017
2.2　馆藏资源的获取 ·· 022
2.3　图书馆网上服务类型 ·· 023

第 3 章　中文全文数据库文献检索　// 026
3.1　中国知网 ·· 026
3.2　万方数据库资源系统 ·· 038
3.3　维普科技期刊全文数据库 ·· 043
3.4　超星数字图书馆 ·· 048
3.5　读秀学术搜索 ·· 051
3.6　中国生物医学文献服务系统 ·· 054
3.7　化学专业数据库 ·· 057
3.8　中国药学文摘数据库 ·· 062
3.9　中国中医药期刊文献数据库 ·· 064

第 4 章　国外全文数据库文献检索　// 066
4.1　SpringerLink 电子期刊数据库 ··· 066
4.2　Elsevier Science 电子期刊数据库 ·· 067
4.3　EBSCOhost 文献数据库 ··· 069
4.4　ACS 期刊数据库 ··· 071
4.5　PubMed 生物医药文献数据库 ··· 073

第 5 章　著名外文文摘库检索　// 075

- 5.1　美国《科学引文索引》（SCI）数据库 …………………………………… 075
- 5.2　美国《工程索引》（EI）数据库 …………………………………………… 083
- 5.3　美国《化学文摘》（CA）数据库 …………………………………………… 094

第 6 章　特种文献检索　// 107

- 6.1　学位论文及其检索 ………………………………………………………… 107
- 6.2　会议文献及其检索 ………………………………………………………… 109
- 6.3　专利文献及其检索 ………………………………………………………… 109
- 6.4　标准文献及其检索 ………………………………………………………… 112
- 6.5　科技报告及其检索 ………………………………………………………… 115

第 7 章　网络免费学术资源及利用　// 118

- 7.1　开放获取（OA）概述 ……………………………………………………… 118
- 7.2　其他网络免费学术资源及其获取途径 …………………………………… 128

第 8 章　学位论文写作　// 137

- 8.1　科技论文概述 ……………………………………………………………… 137
- 8.2　科技论文写作规范 ………………………………………………………… 142
- 8.3　学位论文写作 ……………………………………………………………… 157
- 8.4　学术道德规范 ……………………………………………………………… 174

第 9 章　文献检索与学位论文实操训练　// 175

- 9.1　文献检索与学位论文实训概述 …………………………………………… 175
- 9.2　馆藏图书检索实训 ………………………………………………………… 179
- 9.3　中文文献检索实训 ………………………………………………………… 181
- 9.4　英文文献检索实训 ………………………………………………………… 183
- 9.5　特种文献检索实训 ………………………………………………………… 185
- 9.6　文献综述写作实训 ………………………………………………………… 187
- 9.7　学位论文写作流程实训 …………………………………………………… 190

附录　// 192

- Ⅰ　学位论文编写规则（GB/T 7713.1—2006）（节选） ………………… 192
- Ⅱ　信息与文献　参考文献著录规则（GB/T 7714—2015） …………… 210

参考文献　// 228

第1章 文献检索概论

1.1 课程概要

1.1.1 课程的意义和任务

当前社会,信息量爆炸式增长。如何从浩如烟海的信息中找出所需信息,必须掌握信息检索的技能。而如何分析和利用信息也是科技论文写作的重要依据。

文献能够提供各种信息,使得科研人员能尽快了解本领域的现状和最新进展,是一个信息交流的平台。没有文献,就无法利用前人的知识,也无法了解本领域的最新进展。文献也是一个思想交流的舞台,可以帮助科研人员少走弯路,激发各种创新。

文献阅读可以拓宽知识面,改善知识结构,启迪创造性思维,提高自学和独立工作能力,避免重复研究,节省科研经费和时间。而文献检索能够较全面和方便地查阅到所需文献。据统计,全世界每年出版图书80万种、期刊40万种、其他文献信息资料400万种,发表科学论文大约500万篇。也就是说,全世界每天发表14000篇左右论文,每6.2秒就有1篇论文发表,不到1分钟就有1本新书问世,每小时出现近20项技术发明,每天约有40亿个信息单位的信息量向全世界发送。如果一名化学家每周阅读40小时,浏览世界上一年内发表的有关化学方面的论文和著作就要48年。根据生物医学的杂志数目比较结果,阅读生物医学的时间需要500年以上。"一个科学家即使夜以继日地工作,也只能阅读有关他自己专业世界上全部出版物的5%。"(德国学者哈根)因此,检索文献对于科研人员十分重要。

文献检索与科技论文写作课程要求学生在较短的时间里,学习文献信息的检索技能,掌握专业方面的文献和数据库,熟悉它们的用法,探讨信息资源的综合利用;通过文献检索,能进一步学习并掌握科技论文写作的内容及方法。

1.1.2 课程的内容

根据原国家教委教高司〔1992〕44号《文献检索课教学基本要求》,结合时代发展的实际要求,将本课程内容分为基础理论和基本知识及基本技能两部分。

1.1.2.1　基础理论和基本知识

(1) 文献的基本知识:文献、知识、信息的概念,不同类型文献的特点,本专业文献概况及主要收藏单位,图书馆信息资源利用。

(2) 文献检索的基本原理:文献检索的意义和作用,文献检索类型、文献检索程序和方法,检索语言与排检法。

(3) 检索工具书的类别、特点及辅助索引。

(4) 数据库(包括书目数据库、事实数据库、数值数据库、全文数据库)及计算机检索(包括联机检索、光盘检索等)的基本知识。

(5) 网络信息资源及利用。

1.1.2.2　基本技能

(1) 掌握基本的综合性和专业性中外文检索工具(书目、索引、文摘)。了解其内容特点、结构和著录格式,能够通过多种途径使用它们检索专业相关的不同类型的文献。

(2) 掌握网络信息资源,了解其内容特点、适用范围和查阅方法,能够使用它们进行事实检索和数据检索。

(3) 初步掌握计算机检索的方法,包括选择数据库、制订检索策略、分析检索结果。

(4) 能够独立地根据检索课题选用适当的检索工具,并综合使用多种检索工具和参考工具书完成检索课题。

(5) 掌握获取原始文献的主要方法及初步整理文献资料的方法。

(6) 掌握科技论文,重点是学位论文的基本格式与规范、写作步骤与方法。

1.2　文献信息基本知识

1.2.1　信息、知识、文献

1.2.1.1　信息

自古以来,人们随时随地都在自觉或不自觉地接收、传递、存储和利用信息(information)。信息一词在中国南北朝时期就开始被人们使用。南唐诗人李中诗云"梦断美人沉信息,目穿长路倚楼台"。彼时的信息指的是音信、消息。《圣经》记载,在上古时期,洪水泛滥,诺亚造方舟避免了灭顶之灾。方舟在洪水中漂荡许久,诺亚想要知道洪水是否已退,就放出飞鸽,待飞鸽衔回一枝橄榄枝,诺亚依据飞鸽的返回时间及绿枝的新鲜程度这样的信息,推断洪水已退。这是人类利用信息的最早文字记载。

自 20 世纪 40 年代以来,不同的领域对信息赋予了不同的定义。信息科学成为一门科学,主要应归功于美国科学家克劳德·香农(C. Shannon)。1948 年,其著名论文《通信的数学理论》中把信息解释为两次不定性之差,即通信的意义在于消除某种不定性。该论文成为信息论诞生的标志。香农认为:信息的多少意味着消除了的不确定性的大小。而控制论创始人维纳（Wiener）认为：信息就是信息，既不是物质也不是能量。信息是人们在适应外部世界并使这种适应反作用于外部世界的过程中同外部世界进行交换的内容的名称。钟义信在其《信息科学原理》一书中把信息定义为：信息是事物运动的状态以及它的状态改变的方式，是物质的一种属性。美国《韦氏字典》把信息定义为：信息是用来通信的事实，在观察中得到数据、新闻和知识。目前比较容易接受的定义是：信息不是事物的本身，而存在于事物当中，是事物运动的状态与方式，是对事物运动方式的抽象反映。信息存在于自然界，也存在于社会，包含在任何物质之中。在人类进入信息社会的时代，信息作为一种战略性资源，已成为信息社会的关键变量，成为发展科技、经济、文化、教育的重要支柱之一。

情报蕴涵于信息之中，或者说它本身就是一种具体的信息存在。1992年，原国家科委决定将"情报"改称"信息"，引起了图书情报界的广泛议论，就"情报"的本来意义讲，它确实有政治、军事上的内涵。但自20世纪60年代以来，随着战争的减少，社会经济活动成为人类活动的主体，"情报"的概念也相应地发生了变化，即从原来的军事领域逐渐向整个社会经济活动领域延伸，内容日益丰富。进入20世纪90年代，情报的概念在内涵和外延上都有了新变化，信息取代了原来将情报概念"泛化"的倾向，使"情报"的内容更加专业化和特殊化，增强了针对性。例如，我们常用"情报"表示机密性强的特殊信息，如商业情报、经济情报、军事情报，与英文中的 intelligence 对应；某些学科的习惯性术语，如情报学、图书馆学、档案学等也多用"情报"一词，而计算机科学、管理科学等则常用"信息"一词。可见，情报是一种经过人们特殊选择或进行一定研究和加工后的社会信息，它是人们为了达到一定的目的所进行的智力、智慧和知识创造活动。

1.2.1.2 知识

《中国大百科全书》把知识（knowledge）定义为：知识是人类认识的成果，它是在实践的基础上产生又经过实践检验的对客观世界的反映。也就是说，知识是人们在改造客观世界的实践中所获得的认识和经验的总和，是人们在实践过程中经过提炼加工了的信息，是信息的一部分。知识依存于信息，信息是知识的载体，知识是信息的内核；信息是人脑思维的原始材料，知识则是人脑对信息加工后的产物。

1.2.1.3 文献

文献一词最早出现在我国的《论语·八佾》："子曰：'夏礼，吾能言之，杞不足徵也；殷礼，吾能言之，宋不足徵也。文献不足故也，足则吾能徵之矣。'"宋代朱熹将文献解释为："文，典籍也；献，贤也。"即记载和掌握知识的书籍和有学问的人是"文"和"献"。

中华人民共和国国家标准《信息与文献 资源描述》（GB/T 3792—2021）给文献的定义为：文献是"包含知识内容和/或艺术内容的有形的或无形的实体"。人类积累创造的知识，用文字、图形、符号、音频、视频等手段记录保存下来，并用于交流传播的一切物质形态的载体，都称为文献。

(1) 文献的基本要素

文献的基本要素由知识信息内容、信息符号、载体材料、记录方式四个部分组成。在构成文献时，文献的基本要素缺一不可。

① 知识信息内容是构成文献的核心要素，是文献所表达的思想意识、知识信息的涵义和内容。

② 信息符号是揭示和表达知识、信息内容的标识符号，是物化和标识文献信息的工具。现代文献采用的信息符号有文字、图形、编码、声频和视频等。

③ 载体材料是记录文献信息符号，使信息内容有所依附并便于传播交流的物质材料。

④ 记录方式是指将包含信息内容的信息符号存储到载体材料上去的方式。如书写、雕刻、打字、印刷、拍摄、录制、复印和计算机录入等。

(2) 文献的分类

根据不同的分类标准，文献可分成多种类型。常见的分类方法有按载体形式分类、按文献的加工深度分类、按出版形式分类等三种。

① 按文献的载体形式分类

a. 印刷型或纸型：以纸张为载体，通过手写、油印、铅印、胶印、影印、静电复印等手段，将文字固化在纸张上所形成的文献，是传统文献的基本形式，也是目前文献的主要形式，包括各种图书资料、连续出版物（期刊、报纸等）、学位论文、专利、标准、会议文献、政府出版物及复印品等。

优点：阅读方便，流传广泛，价格便宜。

缺点：信息存储密度低，占据空间较大，笨重，不易保存。

b. 微缩型：以感光材料为载体，以微缩照相技术为记录手段而产生的一种比印刷型文献大幅度缩小的文献。如缩微卡片、平片、胶卷等。

优点：体积小、存储密度高，便于传递、保存，可节省书库面积90%以上。

缺点：不能直接阅读，必须借助阅读机。

c. 机读型或电子型：以磁性材料为存储介质，以打字、穿孔或光学字符识别装置为记录手段，通过计算机处理而形成的一种文献形式。电子信息存于磁盘、磁带或光盘等媒体中的电子出版物，如电子图书期刊、各种联机信息库、光盘数据库、电子邮件等。

电子出版物的问世是信息时代的重要标志，极大地提高了信息的传递速度，加速了社会信息化的进程。

优点：信息容量大、出版周期短、易更新、方便检索、易复制、可交互、可共享。

缺点：阅读需要一定的设备，其长期保存问题以及版权问题等还没有得到解决。

d. 声像型或视听型：以磁性材料和感光材料为存储介质，借助特殊机械直接记录声音信息或图像信息而产生的一种文献形式，如录音带、录像带、唱片、幻灯片等。

优点：直观、形象，在传递信息知识方面有着不可替代的优势。

缺点：不能直接阅读，必须借助设备。

目前虽然电子型文献越来越普及，但还无法代替印刷型文献。

② 按文献的加工深度分类

按文献的加工深度，文献可分为：零次文献、一次文献、二次文献、三次文献。

a. 零次文献：记录在非正规物理载体上未经任何加工处理的，未经公开发表或未交流的文献。如实验记录、文章草稿、私人日记、笔记、书信、设计草图、内部报告、技术档案等。

零次文献是一种零星的、分散的和无规则的信息，是形成一次文献的素材，是近 20 年来被逐步认识和重视的一类文献。由于不公开交流，所以难以获得。

特点：内容新颖、原始、不成熟、不定型、分散性和非检索性。

b. 一次文献：又称原始文献，指以著者本人的研究或研制成果为依据，将理论、设计、试验、生产、研究等成果记录在正规物理载体上的文献，信息内容具体、丰富，大多数公开发表。如期刊论文、研究报告、会议论文、专利说明书、学位论文、技术标准等。日常大量的通俗性资料（期刊、报纸等）通常也属于一次文献。

一次文献数量庞大、种类繁多，是最基本的信息资源，是科技文献的主体，也是信息检索的主要对象。

特点：新颖性、创造性和系统性。

c. 二次文献：又称检索性文献，是指图书情报机构部门通过科学的方法，将大量分散的、无序的一次文献进行浓缩、整序、加工处理后，组织成系统的、有序的、便于查找和利用的文献。即对无序的一次文献的外部特征如题名、作者、出处等进行著录，或将其内容压缩成简介、提要或文摘，并按照一定的学科或专业加以有序化而形成的文献形式。如《全国西文科技学术会议录联合目录》、《全国报刊索引》、科学引文索引（SCI）、工程索引（EI）、科学技术会议录索引（ISTP）、《中国学术期刊文摘》、《环境科学文摘》、《化学文摘》等。

二次文献提供了一次文献信息资源的线索，是打开一次文献信息资源知识的钥匙。我们学习文献检索，就是学习如何利用二次文献查找一次文献。它不产生新的知识，但具有浓缩性、汇集性、有序性等特点。

d. 三次文献：又称参考性文献，利用二次文献作为工具，对一次文献进行分析研究，通过综合概括而编写出的文献，是文献信息研究的成果和产物，具有参考性和指导性。如综述、述评、学科年度总结、数据手册、百科全书等参考工具。

百科全书如《大英百科全书》《中国大百科全书》；年鉴如《江苏统计年鉴 2022》《中国环境统计年鉴 2022》；手册如《皮革化学品手册》《环境工程技术手册》《三废处理工程技术手册》。

特点：系统性、综合性、知识性、工具性、文字精练、简明扼要。

零次文献是一次文献的素材，一次文献是检索对象，二次文献是检索手段，三次文献是信息研究的成果。从零次文献、一次文献到二次文献、三次文献是一个从分散到集中、从无序到有序、从片面到全面的文献加工过程。二次文献以"篇"或"本"为单位进行加工；三次文献则归纳了较多的一次文献内容。

本课程的学习目的之一就是如何通过二次文献去检索一次文献，也就是通过检索工具找到原始文献。

③ 按出版形式分类

文献按出版形式可分为图书、期刊、报纸、会议文献、政府出版物、学位论文、专利文献、标准文献、档案、产品资料等。

a. 图书（book）：将文字、图画或其他符号书写或印刷于纸张上的具有完整装帧形式的非连续出版物。图书是较系统阐述某一专题或学科知识的出版物，是文献中最古老、最重要的一类。一般分为阅读类图书和参考类图书，包括专著、科普读物、教科书、丛书、文集、工具书、年鉴等。

图书的内容一般比较成熟、系统、全面。它是对已有研究成果、生产技术和经验或某一知识体系的论述或概括。科技图书是一种重要的科技读物，它提供综合性科学知识，在教育和培养科技人才方面作用显著。科技图书的出版周期一般较长，信息传递较慢，时效性不强。

图书的著录特征（外部特征）有书名、作者、版次、出版社、出版年、国际标准书号［简称 ISBN，是国际通用的图书或独立的出版物（除定期出版的期刊）唯一标识代码］、图书定价等。

科技图书主要收藏于图书馆，图书馆的新书来源主要是新华书店和网络书店、各类出版社。网络检索图书的途径有各公共和高校图书馆网站查阅馆藏书目、超星电子图书馆、读秀图书搜索。

b. 期刊（journal 或 magazine 或 periodical）：有固定刊名并标有刊物系列序号的连续性出版物，分定期出版和不定期出版。出版频率较短，有周刊、旬刊、半月刊、月刊、双月刊、季刊、半年刊等。有连续编号，如年份、卷号（Vol）、期号（No）。

期刊论文的标识有作者、题目、刊名、出版年、卷期号、页码等。正规出版的期刊都有 ISSN 号（国际标准期刊号）。"国内统一刊号"是"国内统一连续出版物号"的简称，即"CN 号"，它是新闻出版行政部门分配给连续出版物的代号。

期刊上刊载的论文大多数是原始文献，包含许多新成果、新水平、新动向，从期刊上得到的科技信息占信息来源的 65% 以上。

科技期刊的特点是：数量大、品类多、内容丰富、出版周期短、报道及时、发行面广、连续性强等，有较高的参考、实用价值。科技期刊有较高的学术性，与娱乐性、生活性大众期刊不同。科技期刊主要收藏于图书馆和专业信息部门，高校图书馆和专业类图书馆收藏专业期刊，具有一定特色。

c. 报纸（newspaper）：每期版式基本相同的、以报道新闻及其评论为主的一种定期出版物。按出版发行周期可以分为日报、晚报、双日报、周报、旬报等。特点是出版周期短，信息传递更及时、文字通俗。

d. 会议文献（conference document）：在国内外各种学术会议上发表的文献，如论文、记录、发言、评述以及总结等。会议文献包括会前文献和会后文献，会前文献又称预印本，会后文献是会议结束后的正式出版物，又称会议录。

会议文献的特点是新、快、针对性强。会议文献发表的最新研究成果或阶段性成果，能使专业人士获取许多有价值的信息和有益的启示，因而会议文献备受青睐。科学上的许多新发现、新观点、新成果都是在学术会议上首次发表的，因此会议文献具有较高的学术参考价值，是一种重要的信息资源。

e. 政府出版物（government publication）：政府部门及其专门研究机构发布或出版的文献，分为行政性和科技性两大类。行政性文献包括政府工作报告、会议记录、法令、条约、决议、规章制度、调查统计资料等；科技性文献包括科研报告、科普资料、科技政策、技术法规等。

政府出版物是政府用以发布政令和体现其思想、意志、行为的物质载体，同时也是政府的思想、意志、行为产生社会效应的主要传播媒介。其特点是具有正式性和权威性，通过政府出版物可以了解国家的有关科技、经济发展政策以及有关研究状况，有助于正确地确定科研方向，选择课题。对了解一个国家的科技和经济政策及其演变情况有一定的参考价值。

f. 学位论文（dissertation 或 thesis）：高等院校或研究机构的学生为取得各级学位，在导师指导下完成的科学研究、科学实验成果的书面报告。学位论文是表明作者从事科学研究取得创造性的结果或有了新的见解，并以此为内容撰写而成的，作为提出申请授予相应学位时评审用的学术论文。学位论文对问题的论述比较详细、系统，具有一定的独创性，对科研有一定的参考价值。

根据《中华人民共和国学位条例》的规定，学位论文分为学士论文、硕士论文、博士论文三种。学位论文一般不出版发行，而是保存在授予学位单位的图书馆里。

g. 技术档案（file 或 record）：技术档案是指生产建设活动中形成的对具体事物对象的真实记录材料，包括任务书、协议书、技术指标、审批文件、研究计划、方案大纲、技术措施、调查材料、试验和工艺记录等。技术档案是生产建设和科技工作的重要文献。

技术档案具有技术性、适用性、保密性等特征。一般由参与该技术活动的单位收藏，通常为内部使用，不公开出版发行，有些有密级限制，因此在参考文献和检索工具中极少引用。

h. 专利文献（patent document）：专利文献是一切与专利制度有关的专利文件的统称，如专利申请书和专利说明书、专利公报。专利说明书是公开的文献，但只能由各国专利局发行，它反映了当前最新的技术成果。

特点：集技术、经济、法律信息于一体，报道新技术速度快，内容详细、具体实用。

i. 标准文献（standard literature）：标准主要是对工农业新产品和工程建设的质量、规格、参数及检验方法所作的技术规定，标准文献主要指包括技术规范、技术标准、操作规程、建议、准则、术语、专门名词等在内的各种技术文件。标准是经权威机构批准的标准化工作成果，具有一定的法律约束力，反映了当时的技术工艺水平及技术政策。其标志性著录项目有：标准号，例如，GB/T 7714—2015（中国国家标准）。

j. 产品资料（products data）：产品资料是产品制造商为推销产品而印发的介绍产品情况的各种商业宣传品，如公司介绍、产品目录、产品样本、产品说明书等。介绍的一般是已投产和行销的产品，是厂商对定型产品的性能、构造、原理、用途、规格、使用方法和操作规程等所作的具体说明。具有技术成熟可靠、产品和技术信息较完整、及时性、图文并茂等特点。产品资料有助于了解有关领域的生产动态和发展趋势，是进行技术革新、开发新产品、设计、订货等方面不可缺少的信息源。

我们通常将除图书、期刊和报纸之外的有特定内容、特定用途、特定读者范围、特定出版发行方式的文献称为特种文献，包括会议文献、科技报告、学位论文、专利文献、标准文献、产品资料、政府出版物、档案资料等。特种文献内容涉及面广、种类多、数量大、报道快、参考价值高。特种文献有的作为图书或期刊等正式出版或发表，更多的是非正式出版、内部发行。

1.2.2 信息、知识、文献的关系

信息、知识和文献的关系如图 1-1 所示。事物可以发出信息，信息经过人的大脑加工、处理、创造可以形成知识，知识的传播可以形成新的信息；知识、信息被载体所记录可以形成文献。文献有目的地利用可形成新的信息或者知识。

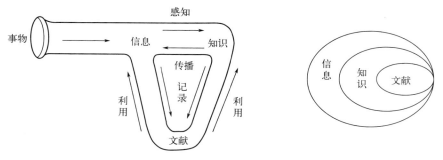

图 1-1 信息、知识、文献关系图

信息是生产知识的原料；知识是被人类系统化的信息；文献是存储、传递知识的载体。换句话说，文献是存储、传递被人类系统化的信息的载体。

1.3 文献检索基础知识

1.3.1 文献检索的概念

文献检索有广义和狭义两个概念。广义的文献检索包含文献信息组织、存储和信息查找、获取两个过程（见图 1-2）。图书馆和研究所是信息存储的主要机构，主要职责是：通过各种渠道采集馆藏文献，按照《信息与文献 资源描述》（GB/T 3792—2021）对文献的内部特征与外部特征进行揭示，利用规范化的检索语言及其使用规则对文献信息进行加工、整理，形成可供读者检索、利用的目录索引等二次文献。文献的检索过程是查找文献

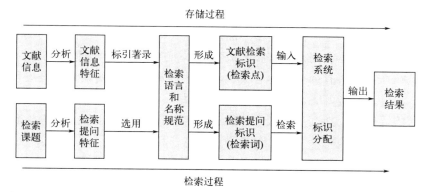

图 1-2 文献检索过程图

的过程，是读者根据检索课题的要求，按照检索语言或者名称规范提取规范化的词语，构成检索提问标识（表达式）的过程。狭义的文献检索仅指文献信息查找，指以文献内容（包括题录、文摘和全文）为检索对象，查找用户特定的时间和条件下所需文献的过程，检索结果是关于某主题知识的文献线索，它是通过二次文献，包括传统的以纸张为存储介质的目录、索引及现代计算机检索系统，找出所需的一次文献或三次文献的过程。即以科学的方法利用专门的工具，从大量的文献资料中迅速、准确、完整地查找到文献资料的过程。

1.3.2 文献检索的类型

根据检索内容、目的和方式可分为不同的类型。

1.3.2.1 根据检索的内容分类

（1）书目检索

书目检索以文献线索为检索对象，即检索系统存储的是"二次文献"，获得的是线索，检索者需阅读线索再决定取舍，例如 ISI、EI 等。书目检索以馆藏书目数据库和文摘、索引型数据库为检索对象，以获取文献的标题、作者、摘要、来源出处、收藏处所等与课题相关的一系列二次文献信息为检索目的，主要是相关性检索，学科覆盖面广。

（2）全文检索

全文检索以文献所含的全部信息作为检索内容，即检索系统存储的是整篇文章或整部图书的全部内容，例如 Wiley、ACS、RSC 等。全文检索以全文电子期刊、电子图书、学位论文、会议文献、电子报纸、政府出版物、技术标准、科技报告、专利等所有可以一步到位获取原文的数据库为检索对象，以获取全文为检索目的。

1.3.2.2 根据检索的目的分类

（1）数据信息检索

数据信息检索又称数值信息检索，以数值或者图表为检索对象，包括物质的各种参数、电话号码、银行账号、观测数据、统计数据等数字数据，也包括图表、图谱、市场行情、化学分子式、物质的各种特性等非数字数据，并提供一定的运算推导能力，是满足数据需求的检索过程。例如：检索"尼罗河的长度是多少？"

（2）事实检索

事实检索又称事项检索，是以从文献中提取的事项为检索内容的检索。检索对象包括事实、概念、思想、知识等非数值信息，也包括一些数据信息，但要针对查询要求，由检索系统进行分析、推理后，再输出最终结果。例如：利用检索系统检索"我国最早的高速公路是什么？"。

（3）概念检索

概念检索是查找特定概念的含义、作用、原理或使用范围等解释性内容或说明的检索。例如：利用字词典、百科全书、名录、手册、指南等检索特定概念。

1.3.2.3 根据检索的方式分类

（1）传统信息检索

以人工操作的方式，利用手工检索工具进行信息检索。检索速度相当慢，工作量大。

（2）现代信息检索

借助计算机技术、信息技术、通信技术、信息检索技术将信息组成计算机检索系统，并供用户进行信息检索。检索快捷，检索范围广，能多元检索。

1.3.3 文献检索语言

1.3.3.1 文献检索语言的概念

文献检索语言是根据文献信息的加工、存储和检索的共同需要而编制的专门语言，它是表达一系列文献信息内容和检索课题内容的概念及其相互关系的概念标识系统。简言之，文献检索语言是用来描述文献信息源特征并进行检索的语言。

文献检索语言是存储和检索的桥梁，使文献信息检索的存储与检索过程的对比进行得顺利。对信息处理人员来说，它是表达检索课题内容、形成文献标识并赖以组织文献的依据；对用户而言，它是表达检索课题，借以同检索系统中已经存储的文献标识进行比较进而获得所需文献的依据。在信息存储过程中，用它来描述信息的内容和外部特征，从而形成检索标识；在检索过程中，用它来描述检索提问，从而形成提问标识；当提问标识与检索标识完全匹配或部分匹配时，结果即为命中文献。

1.3.3.2 文献检索语言的类型

文献检索语言一般按照文献的特征进行分类。

（1）文献外部特征语言

文献外部特征语言以文献信息的外部特征作为检索语言，如著者语言、号码语言等。文献的外部特征主要有：著者、来源（书刊名、会议名称、网址）、卷期、页次、年月、号码（专利号、标准号、国际标准书号 ISBN、刊号 ISSN）、文种、国别、出版发行单位、出版发行类型等。

（2）文献内容特征语言

文献内容特征语言以文献的内容特征作为检索语言，如主题语言、引文语言等。文献的内容特征主要有：题名、主题、类属、文摘、引文（参考文献）等。

1.3.4 文献检索的途径、方法与步骤

1.3.4.1 文献检索的途径

文献检索的总体途径主要从三次文献开始，通过三次文献了解学科动态和发展水平，然后再检索二次文献，以便找到所需的一次文献（原始文献）。即：三次文献（学科动态，发展水平）→二次文献→一次文献。

在掌握了总体途径后，检索一次文献还应掌握各种具体的检索途径。而这些具体的检

索途径根据文献的内容特征与外部特征来确定，因而文献检索途径主要有如下几种：

(1) 题名途径

利用书刊、文献名称查找文献，是查找文献最方便的途径。许多检索工具是根据文献的书名或篇名来排列编制的，如图书馆的馆载书目等工具。因此，如果知道文献的书名或篇名时，即可从题名途径来查找文献。

(2) 著者途径

利用文献上署名的作者、编者或机关团体名称作为检索入口可查找文献。因此，如果知道文献的作者姓名，即可从著者途径来查找文献。在外文检索工具中，通常采用姓的全称在前，名的缩写在后的形式进行检索，如利用 PubMed 检索"吴建国"发表的文献时，需采用"Wu JG"进行检索。

(3) 序号途径

序号途径是利用文献特有序号作为检索入口查找文献的途径。文献的序号主要有专利号、公开号、报告号、合同号、标准号、国际标准书号和刊号、化学物质登记号等。

(4) 分类途径

分类途径按学科分类体系来检索文献，通常选择分类名或分类号作为检索入口。如《中国生物医学文献数据库》提供的分类途径基于《中国图书馆分类法》。

(5) 主题途径

主题途径利用反映文献资料内容的主题词来检索文献。主题词是经过规范化处理的词，其作用在于对同义词、近义词进行归并，能保证词语与概念一一对应，还能显示概念之间的相互关系，如等级关系和上下位关系等，因而有助于提高查全率和查准率。如 PubMed、《中国生物医学文献数据库》提供的主题检索途径，利用了美国国立医学图书馆编制的《医学主题词表》(MeSH)。

(6) 出版者途径

如果已知所要检索文献的出版机构名称，就可以从出版者途径来检索。

(7) 引文途径

引文途径是以文章末尾所附参考文献为检索入口查找文献的途径。通过引文检索可以查找一篇文献被后人引用的情况，评价该文的学术质量，同时也可以将主题上具有继承和发展关系的文献找出。

(8) 机构途径

机构途径是以著者的机构名称作为检索词查找该机构作者发表文献的途径。有些检索系统中机构信息并在作者地址字段中。

1.3.4.2 文献检索方法

文献检索方法是为了达到检索目的，根据检索计划或检索方案而具体实施的方法或手段。文献检索方法主要有四种：直接检索法、追溯法、循环法、直查法。

(1) 直接检索法（常用法）

直接检索法指直接利用检索系统（工具）检索文献信息的方法。它又分为顺查法、倒查法和抽查法。

① 顺查法：指按时间顺序，从过去到现在，由远及近地利用检索系统进行文献信息检索的方法。查全率高但费时，适用于专题文献、撰写综述等。

② 倒查法：指由近及远，从新到旧地利用检索工具进行文献信息检索的方法。查准率高但查全率受限制，适用于课题查新。

③ 抽查法：指针对检索课题的特点，选择有关该课题的文献信息最可能出现或最多出现的时间段，利用检索工具进行重点检索的方法。检索速度快，但查全率不高。

(2) 追溯法

追溯法指不利用一般的检索系统，而是利用文献后面所列的参考文献，逐一追查原文，然后再从这些原文后所列的参考文献目录逐一扩大文献信息范围，一环扣一环地追查下去的方法。

(3) 循环法（分段法或综合法）

循环法是指分期分段交替使用直接法和追溯法，以期取长补短，相互配合，获得更好的检索结果的方法。

(4) 直查法（辅助方法）

直查法包括排除法、限定法、扩查法。其中，排除法，即排除无关文献，逐步缩小查阅范围；限定法，即凭检索者的知识和经验限定范围查找；扩查法，即确定范围未能达到目的，通过联想取得新线索，扩大查找范围的方法。

1.3.4.3 文献信息检索的一般步骤

在进行文献检索时，虽然检索课题和需求各不相同，但为了达到检索目的，都要利用一定的检索工具，按照一定的检索途径和方法才能把需要的文献检索出来。一般来说需要经过以下几个步骤：

(1) 分析检索课题

课题分析是文献检索过程中最重要的环节，要全面了解课题的内容及用户对检索的各种要求。分析检索课题主要从以下几个方面进行：弄清用户信息需求的目的和意图；分析课题涉及的学科范围、主题要求；课题所需信息的内容、特征；课题所需信息的类型，包括文献类型、出版类型、年代范围、语种、著者、机构等；课题对查新、查准、查全的指标要求等。

(2) 制订检索策略

在分析检索课题的基础上，制订检索策略。检索策略包括：①选择检索方式，即是用计算机检索还是用手工检索；②根据需要选择检索工具（系统）或数据库；③选择检索方法，即根据课题的已知条件选定检索方法，选择检索途径和检索标识；④构造检索表达式。

(3) 试验性检索和修改检索策略

根据前面制订的检索策略，选定好检索工具后，用已经构造好的检索表达式进行试验性的检索。如果检索结果太多，改用专指度高的词；如果检索结果太少，改用上位词，同义词、近义词、相关词尽量选全。

(4) 正式检索

正式检索即用前面选择好的检索工具（系统）或数据库，输入检索表达式进行检索。

(5) 整理、分析检索结果

对检索结果进行分析，评估所获得的文献是否是所需文献、是否真实可靠、是否时效性强等；保留文献检索过程及成果，必要时要及时更新检索，留意最新动向。

1.3.5 计算机检索技术基础

计算机检索的实质就是由计算机将输入的检索式与系统中存储的文献特征标识及其逻辑组配关系进行类比、匹配的过程，需要人-机协同作用才能完成。

计算机检索系统主要由计算机、通信网络、检索终端设备和数据库组成。随着计算机技术、通信技术以及存储介质的发展，计算机信息检索经历了脱机批处理、联机检索、光碟检索、网络化检索四个阶段。

计算机检索技术是用户信息需求和文献信息集合之间的匹配比较技术。由于信息检索提问式是用户需求与信息集合之间匹配的依据，所以计算机检索技术的实质是信息检索提问式的构造技术。目前，计算机信息检索技术已经从基本的布尔逻辑检索、截词检索、词位限定检索、限制检索、短语检索等发展为高级的加权检索、自然语言检索、视觉检索、模糊检索、概念检索和相关检索等多种技术并存。

1.3.5.1 布尔逻辑检索

布尔逻辑检索是通过布尔逻辑运算符来实现的，这些运算符能把一些具有简单概念的检索词（或检索项）组配成一个具有复杂概念的检索式，用以表达用户的检索要求。布尔逻辑是计算机信息检索中最基本的也是最常用的技术，是当今检索理论中最成熟的理论之一，也是构造检索表达式最基本、最简单的匹配模式。

常用的布尔逻辑运算符有逻辑与、逻辑或、逻辑非三种。运算符优先顺序为：逻辑非、逻辑或、逻辑与，也可以利用括号改变其执行顺序。

(1) 逻辑与

用符号"and"或"*"表示，其逻辑表达式为：A and B 或 A * B。表示为检索记录中必须同时含有检索词 A 和 B 的文献，才算命中文献（如图 1-3）。

逻辑与可以缩小检索范围，提高查准率。参加逻辑与的检索词越多，检索的结果范围限制得越小，命中的文献也就越少。

(2) 逻辑或

用符号"or"或"＋"表示，其逻辑表达式为：A or B 或 A＋B。表示为检索记录中凡含有检索词 A 或检索词 B，或同时含有检索词 A 和 B 的，均为命中文献（如图 1-4）。

逻辑或可以扩大检索范围，提高查全率。用逻辑或组配相当于增加了检索词的同义词和近义词，从而扩大了检索范围。

(3) 逻辑非

用符号"not"或"－"，其逻辑表达式为：A not B 或 A－B。表示为检索记录中含有检索词 A，但不能含有检索词 B 的文献，才算命中文献（如图1-5）。

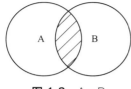
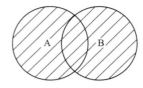
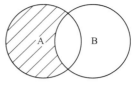

图 1-3　A * B　　　　　图 1-4　A+B　　　　　图 1-5　A－B

逻辑非可以排除不必要的信息，提高查准率。也是一种缩小检索范围的组配方式。但是使用逻辑非的组配时需要特别小心，常常会把有用的文献也排除掉。

布尔检索的特点：形式简洁，结构化强，语义表达力好。布尔运算关系有利于准确表达检索概念之间的逻辑关系。由于布尔运算以比较方式在集合中进行，故在软件中容易实现。但布尔检索也有局限性：不承认文献内容所涉及的多个概念的相对重要性，即没有规定每个检索词的权重，一个概念要么与文献内容完全相关，要么完全不相关，这常与实际情况相悖；不能妥善区别和处理用检索式中较多的概念标引的文献和用检索式中较少的概念标引的文献；不能对检索结果按与检索要求相关的程度排序输出，因而结果输出量较难控制。

1.3.5.2　截词检索

截词检索就是将检索词在合适的地方截断，然后对截出的片段进行检索，凡是满足这个截词所有字符（串）的记录，系统都为命中。

截词检索是一种常用的检索技术，特别是在英文检索中，更是使用广泛。英文的构词比较灵活，在词干上加上不同性质的前、后缀就可以派生出许多新的词，而且这些词在意义上都比较相近。如检索词的单复数形式，同一词英、美不同拼法，词根相同的词都可用截词检索。这样既可减少检索词的输入量，又可扩大查找范围，提高查全率。

按截断的位置区分，可以有后（右）截断、前（左）截断以及中间截断（中间屏蔽）。按截断的字符数量，可分为有限截断和无限截断两种类型。有限截断是指有具体截去的字符数（例如 educat**，可以检索 educator、educated），而无限截断则不指明具体截去的字符数。截断常使用截断符号，各检索系统所使用的截断符号有所不同，没有统一标准。常用的符号有"?"、"$"、"#"以及"*"。即便常用的"?"和"*"在不同的数据库中用法也不一定是相同的。在允许截词的检索工具中，一般是指右截词，部分支持中间截词，左截词比较少见。以下举例中用"?"来表示有限截断，用"*"表示无限截断。

（1）后截断

后截断也叫作右截断，即将一个词的后方或右方截去有限或无限个字符，在检索词词干后面加截词符。后截断是表示不限制或限制词尾可变化的字符数，即查找词干相同的所有词。后截断检索也叫"前方一致"检索，是最常用的检索技术。如"comput*"为无限后截断，可以检索包含以下词的文献：computable、computation、compute、computer、 computers、computing、computerize……

（2）前截断

前截断也叫左截断。前截断的检索方法也叫"后方一致"检索。前截断检索常用于复合词。如"*magnetic"（有磁性的，有吸引力的）为无限前截断的表达式，可检出包含下列词的文献：magnetic、electromagnetic、paramagnetic（顺磁的）、thermo-magnetic（热磁的）等。又如以"*经济"为检索词则数据库中含有经济、工业经济、农业经济等方面的文献均为命中文献。

前截断与后截断也可以组合起来使用。如"*chemi*"可以检出下列词：chemical、chemistry、chemist、electrochemical、electrochemistry、physicchemistry、thermochemistry等。

（3）中间截断（屏蔽）

中间截断（屏蔽）就是将提问字符串中间的字符用通配符代替，主要用于英式、美式不同拼法的英文单词，或单复数不同的单词。如：man、men、woman、women、organization、organisation、defense、defence等。检索时为防止漏检可用中间屏蔽的检索方法：m?n、wom?n、organi?ation、defen?e等。

（4）有限截断

有限截断是在检索词词干后面加若干个截词符，表示限制可变化的字符数。如"fib??"，相当于查找 fiber 或 fibre。

（5）无限截断

无限截断是在检索词词干后面加一个截词符，表示不限制词尾可变化的字符位数，即查找词干相同的所有词。如"comput*"，表示允许其后可带有任何字符且数量不限，相当于查找 compute、computed、computes、computing、computer、computers、computerize、computerized、computation、computations、computational、computationally 等词。

无论是前截断、后截断和中间屏蔽，从根本上来说，它们是逻辑或的运算，因此能扩大检索范围，提高查全率。此外还能减少输入检索词的工作量，简化检索步骤，节省机时和费用。在中文数据库中使用最多的是后截断检索。

有限截断比较精确，只检索出用户需要的词，而无限截断使用时必须注意词干不要太短，否则会检出许多无关的文献。应尽量选用不会引起误检的截断词。

1.3.5.3 限制检索

在检索系统中，为了提高检索的查准率，缩小检索范围，通常有一些限制的手段和方法。使用这些方法进行的检索通常称为限制检索。常用的限制方法是字段限定。数据库中每条记录都有许多字段，将检索词限定在特定的字段中进行的检索就叫作字段限定检索。检索时，系统只对指定字段进行匹配运算，提高了效率和查准率。

字段包括：表达文献内容特征的基本索引字段和表达文献外部特征的辅助索引字段。英文数据库中字段检索常用代码来表示。如"环境保护/TI；AU=陈景润"。

注意：目前各个检索系统所设立的字段是各不相同的，即同一字段，也可能采用不同的字段代码表示。如题名字段：在 Ei CPX Web 中，用"highway transport * within TI"

来表示；在 OCLC FirstSearch 中，用"TI：highway transport*"来表示。在进行字段检索时，为了避免出现检索误差，应先看一下该数据库的使用指南或说明。

在菜单式驱动检索界面中，通常用户不须使用限制符，只要在下拉菜单中选择某个字段名称，在提问框中输入检索词，就可完成字段限定检索。

1.3.5.4 词位限定检索

利用布尔逻辑运算符对检索词进行逻辑组配时，未限定检索词之间的位置关系，会影响某些课题的查准率并容易造成误检。为了弥补其不足，一般检索系统都提供文中自由词检索功能，也称全文检索功能。所谓全文检索是利用文献记录中任何有实义的关键词、词组或字符串作为检索词，词与词之间的位置关系可以用位置运算符来表达。位置运算符的使用，进一步强化了对概念的限制，比布尔逻辑运算符更能表达复杂的概念，并避免逻辑组配产生的词义含糊或误检。

全文检索的运算方式，不同的检索系统有不同的规定，主要差别有两点：规定的位置运算符不同；位置运算符的职能和使用范围不同。下面介绍几种数据库经常使用的位置运算符。

(1) W—With

W 运算符是 With 的缩写，表示在此运算符两侧的检索词必须按输入时的前后顺序排列，不能颠倒。所连接的词之间除可以有一个空格、标点或连接号外不得夹有任何其他单词或字母。

例：double(W)digit，检索结果：double digit 和 double-digit。

Wn（或 nW）表示在此运算符两侧的检索词必须按输入时的前后顺序排列，不能颠倒。但允许在连接的两个词之间最多插入 n 个单元词。

例：socialist(1W)economy，搜索结果：socialist commodity economy；socialist planned economy；socialist national economy。

(2) N—Near

N 运算符是 Near 的缩写，表示此运算符两侧的检索词必须紧密相连，所连接的词之间不允许插入任何其他单词或字母。但词序可以颠倒。

例：money(N)supply，检索结果为：money supply 和 supply money。

Nn（或 nN）表示在两个检索词之间最多可插入 n 个单词，且两词的词序任意。

例：finance???(2N)crisis，检索结果：financial crisis；crisis of the finance；crisis in Asian financial。

第2章 图书馆信息资源利用

2.1 图书馆概述

图书馆，英文名为 library，源于拉丁语 librarian，含义为藏书之所。图书馆随着文字的出现而产生，是一个专门搜集、整理、保存、传播文献并提供利用的科学、文化、教育机构。数千年前，文字的出现为人类文明开拓了崭新的境界，也为图书的发展奠定了坚实的基础。随着图书的出现，产生了如何整理、保存、利用图书的问题，也就产生了图书馆。根据记载，亚述巴尼拔图书馆是现今已发掘的文明遗址中保存最完整、规模最宏大、书籍最齐全的图书馆，主要收藏是泥版书，包括哲学、数学、语言学、医学、文学及占星学等各类著作，几乎囊括了当时的全部知识。关于我国图书馆的起源，根据史料记载，早在周朝我国就有了藏书机构，称为"藏室"。老子曾为"周守藏室之史"。从商周到秦朝为中国图书馆的起源时期，古代图书馆事业的蓬勃发展始于汉代，至唐、宋、元、明、清全面兴盛，形成以官府藏书、私人藏书、书院藏书和寺院藏书为主体的藏书体系，此时的藏书机构主要作用是进行图书的收藏和整理，仅供王公贵族、士子大夫等少数人使用。我国近代图书馆的产生和发展与维新运动和新文化运动有着密不可分的关系。1898 年，我国官办的第一所近代性质的大学图书馆"京师大学堂藏书楼"正式成立。1904 年，浙江徐树兰私人创办的古越藏书楼开馆。它收藏了广泛的藏书，并建立了完整的管理和借阅规程，创造了新的分类方法和编目条例。古越藏书楼的建立，标志着我国的图书馆进入近代图书馆时代。近代图书馆的特点是图书馆的藏书向社会开放，供广大群众使用，通过文献的利用来传播知识，进行社会教育。现代图书馆是指第二次世界大战结束直到现在的图书馆，是第三代图书馆。第二次世界大战结束后，科学技术迅猛发展，现代化技术设备广泛应用，特别是电子计算机的出现及其在图书馆得到应用，使图书馆的面貌发生了深刻的变化。世界各国的图书馆正在逐步实现现代化。现代化图书馆具有以下几个特点：①应用了电子计算机技术，实现了信息处理自动化；②缩微技术和声像技术的应用，除传统的印刷型文献外，出现了缩微品、录音带、录像带、磁盘、光盘等非印刷型文献；③现代技术的应用使图书馆知识信息加工工作逐渐深入和标准化，读者服务工作更加主动化、多样化；④图书馆组织向网络化、国际化方向发展，实现了最大范围的文献资源共享；⑤图书馆由传统的"知识宝库"变为"知识喷泉",除了保存文化典籍和进行社会教育外,传递科技情报信息已成为其日益重要的职能。

目前的中国国家图书馆是我国最大的图书馆,也是亚洲规模最大的图书馆。图书馆馆藏丰富,品类齐全,古今中外,集精结粹。随着社会的发展,我国数字图书馆研究和发展水平也基本与世界发达国家保持同步,整体的图书馆事业已经大踏步迈向现代化数字化。

2.1.1　图书馆的定义

我国古代图书馆先后有府、宫、阁、观、院、斋、楼等称谓,一般又称为"藏书楼"。19世纪末,"图书馆"一词才传入我国。关于图书馆的科学定义,不同时期、不同学者有着各种不同的认识和表述,近代比较有代表性的观点是,美国图书馆学家巴特勒提出:"图书馆是将人类记忆的东西移植于现在人们的意识之中的一个社会装置。"德国图书馆学家卡尔施泰认为:"图书是客观精神的容器,图书馆是把客观精神传递给个人的场所。"除此之外,还有一些其他表述,如《大英百科全书》中的定义为:图书馆是收藏图书并使人们阅读、研究或参考的设施。《美国百科全书》中的定义为:图书馆出现以来,经历了许多世纪,一直担负着三项主要职能:收集、保存和提供资料。图书馆是使书籍及其前身发挥固有潜力的重要工具。法国《拉鲁斯百科全书》中定义为:图书馆的任务是保存各种不同文字写成的、用多种方式表达的人类思想资料,图书馆收藏各种类别、按一定方法组织起来的图书资料,这些资料用于学习、研究或一般情报。日本《图书馆用语词典》中定义为:图书馆是收藏、组织、保存各种图书和其他资料、信息,并为使用者提供图书信息服务的公共性服务机构。我国的黄宗忠在《图书馆学导论》(1988年版)中指出,图书馆是对以信息、知识、科学为内容的图书馆文献进行搜集、加工、整理、存储、选择、控制、转化和传递,提供给一定社会读者使用的信息系统。简言之,图书馆是文献信息存储与传递中心。

综上所述,图书馆可以定义为将记载人类智慧的文化财富、文献信息进行收集、整理、加工、组织、存储、传递和开发,并为社会提供科学文化教育和信息服务的机构。图书馆的工作对象为文献信息和读者;图书馆的工作程序包括对信息进行收集、整理、存储、传递和开发;图书馆活动的目的是为读者提供利用与服务,以用为主。

2.1.2　图书馆的发展

图书馆的发展大致可分为古代、近代和现代图书馆三个阶段。

2.1.2.1　古代图书馆

在国外,18世纪中叶英国产业革命以前的图书馆统称为古代图书馆。在我国,自秦始皇统一中国后,直至鸦片战争以前的藏书机构,均属于古代图书馆。无论国内还是国外,古代图书馆主要特征是以藏书为主,仅供王公贵族等少数人使用。中国古代藏书包含四个分支:官府藏书、私家藏书、书院藏书、寺观藏书。

2.1.2.2 近代图书馆

18世纪后期至第二次世界大战结束这一时期的图书馆为近代图书馆，是第二代图书馆。近代图书馆的主要标志是公共图书馆的出现，特点是藏用兼顾、以用为主。1571年，意大利的佛罗伦萨创立了欧洲第一所公共图书馆——美第奇-洛伦佐图书馆，这个时期西方国家图书馆得到了迅速的发展，较早的有1648年建立的丹麦皇家图书馆，1661年建立的德国柏林皇家图书馆，1753年建立的英国伦敦大英博物院图书馆，1800年建立的美国华盛顿国会图书馆。18世纪末的法国资产阶级革命，推动了西方各国图书馆的蓬勃发展，到第二次世界大战前夕，西方各国图书馆都已经相当发达了。1840年鸦片战争后，西方向社会开放图书馆的浪潮也传到中国并得到了发展，1902年古越藏书楼建立，1903年成立了武昌文华公书林，1904年湖北省和湖南省图书馆相继成立，我国国家图书馆的前身京师图书馆也于1912年正式对外开放。从此，全国各省都先后设立了公共图书馆，到1936年，各类图书馆已达5000余所。近代图书馆的特点是从私有化转向社会化，由封闭收藏转向社会开放，并逐渐形成了采访、分类、编目、外借、咨询等一整套科学的工作方法。

2.1.2.3 现代图书馆

第二次世界大战结束直到现在的图书馆，属于现代图书馆，是第三代图书馆。第二次世界大战结束后，科学技术迅猛发展，现代化技术设备广泛应用，特别是计算机的出现及其在图书馆得到应用，使图书馆的面貌发生了深刻的变化。世界各国的图书馆正在逐步实现现代化。

2.1.3 图书馆的职能

图书馆的职能是指图书馆在人类社会中应有的作用和功能。图书馆的职能涉及社会生活的各个领域，且随着图书馆的发展，其职能也会随着社会及其自身的发展规律变化而变化，其职能概括起来，主要包括以下几个方面。

2.1.3.1 整序社会文献流的职能

社会文献的生产具有两个明显的特征：连续性和无序状态。所谓连续性是指社会文献一旦产生，它就不会停止运动，总是源源不断地涌现。社会文献的这种连续运动状态，称为"文献流"。所谓无序状态，是指社会文献的生产，从个体上看是自觉的、有目的的，而从整体看则是不自觉的、无目的的，文献的流向是分散的、多头的。文献的这种无序、自然排列的流动状态就叫作无序状态。社会文献流的无序状态，给读者带来了极大不便。为了使人们能够合理地、有效地、方便地利用文献，控制文献流的动向，就需要对文献加以整序。图书馆就是这样一种能够对文献流进行整序的社会机构。因此，对社会文献流的整序，就成为图书馆的基本职能之一。

2.1.3.2 保存人类文化遗产的职能

三千多年的科学文化史表明，有文字记载以来的全部文献资料，记载了从古至今人类历史的发展和演变，记录了人类征服自然、改造自然的进程。图书馆成了保存人类文化遗产的宝库，它与社会的生存发展有着密切的关系。图书馆的这项职能是其他职能的物质基础和前提，也正是因为图书馆的存在，使有史以来的文化典籍得以流芳千古，为人们所借鉴、利用。

2.1.3.3 传递情报的职能

图书馆中蕴藏着丰富的文献，汇集着最新的科研成果，拥有大量的情报源。及时加工和整序庞大的文献，迅速而准确地传递情报信息，实现文献的情报价值，是图书馆情报价值的体现。图书馆的工作过程，就是情报的输入、输出过程。它既是情报的吸收源、源源不断地吸收大量的科学情报；又是情报的发生源，不断地向用户提供科学情报。

2.1.3.4 社会教育的职能

图书馆在传播科学文化知识的过程中，对社会上的成员起着独特的教育作用。尤其在当今瞬息万变的时代，知识更新的周期在缩短。为了适应时代的需要，人们必须不断地学习，以弥补课堂学习的不足和更新的陈旧知识，这种学习是靠回归教育、终身教育和自学来完成的。图书馆是自学的重要场所，它对读者起着不同于其他教育机构的独特的施教作用，图书馆是学校课堂的延伸、扩展和深入。图书馆被誉为"没有围墙的大学"，恰当贴切地描述了图书馆的教育职能。

2.1.3.5 开发智力资源的职能

图书馆所收藏的图书资料及知识、信息是人类同自然斗争的智慧结晶，因而是一种智力资源。这种资源只有经过开发才能为人类服务并造福人类。这种资源与自然资源不同，能重复使用、长期使用还能再生出新的智力资源。

未来的信息社会需要有丰富知识的脑力劳动者。开发智力和培养人才光靠学校不够，主要靠信息中心和信息网络来承担。因此，图书馆必然应担负起开发智力资源的责任和义务。

除了上述五个职能外，图书馆还要满足社会及人类对文化娱乐的需要，丰富人们的文化生活，这对促进社会主义物质文明建设和精神文明建设同样有着重要作用。

2.1.4 图书馆的类型

图书馆的类型通常指具有共同特征、实现特有的共同功能的图书馆的种类。划分图书馆类型，主要有三方面的意义：第一，有助于把握不同类型图书馆的特点，科学制订各类图书馆的方针任务，从而更好地发挥各类型图书馆的作用；第二，有利于在全国或某一个地区范围内对图书馆事业的发展进行全面规划和统筹安排，促进图书馆网络建设；第三，有利于按照图书馆类型来研究图书馆活动，科学地总结不同类型的图书馆特点及其发展规律。

根据不同的划分标准，图书馆有不同的类型。目前，不同国家根据本国具体情况提出了一些划分标准。为了便于国际图书馆的交流和对世界图书馆事业做出统计，1974—2022年国际标准化组织颁布并修订了《信息和文献 国际图书馆统计标准》。其中《图书馆分类》将图书馆分为六大类：国家图书馆、高等院校图书馆、其他主要的非专门图书馆、学校图书馆、专门图书馆、公共图书馆。

在我国，划分图书馆类型通常采用三条标准：第一，按图书馆领导系统；第二，按图书馆的性质和职能；第三，按读者对象。根据上述标准划分出的图书馆的类型有国家图书馆、公共图书馆、高等学校图书馆、科学和专业图书馆、工会图书馆、儿童图书馆、军事图书馆等。

2.1.4.1 国家图书馆

国家图书馆是指凡按照法律规定和其他安排，负责收集和保管本国所有的主要出版物的副本，并起储藏文献作用的单位，不管其名称如何，都是国家图书馆。概括起来讲，国家图书馆是由国家创建的面向全国的中心图书馆，它担负着国家总库的职能，是一个国家图书馆事业发展的推动者和各类型图书馆的指导者。

2.1.4.2 公共图书馆

由于历史传统和文化背景的不同，人们对公共图书馆含义的理解也不一致。根据国际标准化组织颁布的《信息和文献 国际图书馆统计》（ISO 2789：2022）的规定，公共图书馆是那些免费或只收少量费用为一个团体或区域的公众服务的图书馆，它们可以为一般的群众服务或为专门类别的用户，如儿童、工人等服务，它们全部或大部分是接受政府资助的。在我国，公共图书馆是面向社会公众开放并为广大社会读者服务的。这一类型的图书馆是按行政区域建立的，受当地政府文化部门的领导，均建立在各级政府的所在地。目前，我国公共图书馆包括以下几个层次：国家图书馆、省（自治区、直辖市）图书馆、市（省辖市、地区）图书馆、县（市辖区）图书馆以及各级少年儿童图书馆等。

2.1.4.3 高等学校图书馆

高等学校图书馆是学校的文献信息中心，是为教学和科学研究服务的学术性机构，也是学校信息化和社会信息化的重要基地。现代化的图书馆、先进的试验设备以及高水平的教师队伍被视为当代高等学校的3大支柱。因此，为教学和科学研究服务是高等学校图书馆工作的出发点和归宿，并贯穿全部工作的各个环节。高校图书馆与教学和科研紧密相连，是学校教育中不可缺少的。高校图书馆主要履行两个职能，即教育职能和信息职能。

高等学校图书馆作为高等学校的重要组成部分，担负着教学和科研双重任务，是培养人才和开展科学研究的重要基地之一。根据中华人民共和国教育部关于《普通高等学校图书馆规程》要求，高等学校图书馆的主要任务是：建设包括馆藏实体资源和网络资源在内的文献信息资源，对资源进行科学加工整序和管理维护；做好流通阅览、资源传递和参考咨询工作，积极开发文献信息资源，开展文献信息服务；开展信息素质教育，培养读者的信息意识和获取、利用文献信息的能力；组织和协调全校的文献信息工作，实现文献信息资源的优化配置；积极参与文献保障体系建设，实行资源共建、共知、共享，促进事业的整体优化发展。

2.1.4.4 科学和专业图书馆

科学和专业图书馆属于专门图书馆。它是指政府部门、议会、协会、科学研究机构（大学研究所除外）、学术性学会、专业性协会、事业单位、社会群众组织、博物馆、商业公司、工业企业等或其他有组织的集团所属的图书馆。它收藏的大部分是某一特殊领域或课题的图书资料。在我国，科学和专业图书馆数量多，类型复杂，是图书馆事业的重要组成部分。我国科学和专业图书馆包括中国科学院系统的、中国社会科学院系统的、国务院各部委办所属的，以及各省市政府厅局所属的、报刊社和广电系统的、医院系统的、工交系统与金融系统的、厂矿企业的技术图书馆等。

2.1.4.5 其他类型的图书馆

除了国家图书馆、公共图书馆、高等学校图书馆和科学和专业图书馆外，根据划分图书馆类型的标准不同，还可以划分出其他类型的图书馆，如中小学图书馆、工会图书馆和军事图书馆等。

2.2 馆藏资源的获取

2.2.1 馆藏图书的索书号

图书馆的藏书是根据图书索书号进行分类排架的，不同种类的图书按分类号分门别类排列。

索书号是读者查找图书非常必要的代码信息。读者在借还图书的过程中会看到在图书书脊的下端有一个标签，上面有由字母和数字组成的号码，这个号码就是索书号。索书号相当于馆藏图书代码，它是识别图书的唯一标志。图书馆的图书就是按索书号井然有序地排列在书架上的，因此索书号又称图书排架号。认识索书号，可以了解图书的学科分类，快速找到图书馆的馆藏文献。

索书号的第一部分是分类号，分类号是根据图书的学科属性或其他特征，依据《中国图书馆分类法》所规定的类目将图书分门别类，给予的相应符号。它的标记是拉丁字母与数字的组合；索书号的第二部分是种次号，按某一种类的图书到馆分编的先后次序给予的顺序号，它便于将某一学科类别的图书集中在一起，起到方便读者按学科类别查找图书的作用。因此，图书馆的图书索书号组成为分类号＋种次号。例如：I247.5/100，I247.5是分类号，代表当代新体中长篇小说；100是种次号，代表同类文献的类别数量排列号。

2.2.2 馆藏图书的排列方式

图书排架按索书号顺序排列，每种图书均有索书号和其一一对应，所有书刊的排架均按索书号的大小排列，基本遵循"从左到右、从上到下、从A到Z，从0到9"的原则。具体为，对于整体书库来说，从左到右，所有图书按索引书号由小到大排列。

在查找图书时，按照索书号，先比较分类号，分类号按字母顺序排列，再按小数制依次比较排列，采用的是对位比较法，如H311排在H313之前；同一分类号下再排种次号，按从小到大的顺序依次排列，如H310.42/10排在H310.42/11之前。因此，要想快速借阅所需书籍，就要学会查找索书号。

2.2.3 馆藏图书的检索方法

2.2.3.1 图书馆资料的查阅途径和一般方法

图书馆对图书资料的分类整序一般有 5 种途径：分类途径、著者途径、主题途径、书名途径和序号途径。用户应熟悉图书分类的基本原则和分类体系。在查阅所需图书资料时，最便捷的方法就是利用图书馆提供的相关目录（索引、指南、读者目录等），根据已经掌握的待查文献线索选择最佳途径进行查找。

2.2.3.2 文献的优化与选择问题

现代科学技术的发展速度十分惊人，对文献信息的优化选择，获取最有利用价值的文献信息就显得十分必要。图书馆在文献入藏、选择方面已经做了大量的前期工作，为图书馆保证了馆藏结构和文献体系的最优化。从用户的角度来说，由于所需文献信息专业程度高、针对性强，因此，有必要对图书馆提供文献进行再选择。图书馆一般都要开展面向用户的有关检索知识和检索技能培训课程或咨询服务，了解和掌握常用检索工具和检索技能，对检索到的文献信息做出正确的判断和审慎的筛选是优化信息来源、节省阅读时间、提高工作效率的有效方法。

2.2.3.3 文献的阅读与积累问题

阅读文献是利用文献的基础，阅读是获取知识和信息的重要途径。每个图书馆都尽量为用户提供舒适、方便的阅读文献的环境。阅读的方式一般可以分为无目的的阅读和有目的的阅读两种，一般提倡后者，即阅读要有的放矢。经常阅览本学科（专业）核心期刊、期刊目次以及综述、述评等三次文献，有助于及时了解学科发展现状和动态，产生科学创新的火花和灵感，寻求新的研究方向。阅读是积累的基础。文献积累是科学研究过程中一项基础性的、长期的工作。要养成良好的积累文献信息的习惯。文献积累通常有两条途径：一是信息交流的非正式渠道；二是信息交流的正式渠道。

2.3 图书馆网上服务类型

由于各图书馆的情况不同，条件各异，提供的网上服务也各不相同，其中带共性的、最常规的服务主要有以下几项。

2.3.1 联机公共目录查询系统（OPAC）

联机公共目录查询是图书馆提供的最基本的网上服务项目，也是读者通过校园网利用图书馆资源的一种途径。在图书馆主页，点击相应选项，根据屏幕提示输入检索词，即可获得所查图书的收藏及外借情况。

读者到图书馆查阅图书资料时，通常要利用联机公共目录检索系统（online public

access catalogue，OPAC）。OPAC 是供图书馆读者查询馆藏的联机目录检索系统，它取代了卡片目录手工检索系统，通过计算机网络对馆藏的信息资源进行检索。在 OPAC 上可以检索图书馆的书目数据库。OPAC 是网络上的公共资源，凡互联网用户都可检索，读者也可检索国内外其他图书馆的 OPAC。

2.3.2 查询借书信息及办理预约、续借手续

读者可以通过互联网查询本人在图书馆的借书记录，了解借书数量、还书日期，以便及时归还。读者也可以在网上办理预约、续借手续。

2.3.3 本馆购买的数据库资源检索

图书馆购买的数据库是最重要的网上服务项目，也是用户通过互联网利用图书馆资源、获取文献信息的主要途径。在图书馆主页（图 2-1）点击相应链接，进入数据库检索系统页面，在这个页面上将列出所有可供检索的数据库名称。如南京师范大学图书馆数字资源导航页面，如图 2-2 所示。选择想要检索的数据库，即可进入该数据库的检索页面。

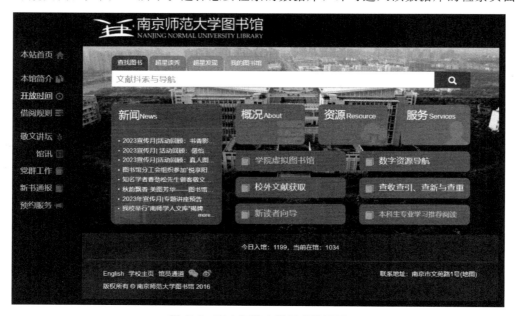

图 2-1 南京师范大学图书馆页面

高校图书馆的数据库都是根据本校专业设置、学科分布及发展前景而购买的，数据库都非常有名且有价值。不同数据库检索系统的检索途径和检索方法各不相同，读者可根据系统屏幕提示逐步操作，直到获得满意的检索结果。

2.3.4 通过 Video 点播

通过 Video 点播，读者可在互联网上观看和欣赏 VCD 节目和多媒体信息。

图 2-2　南京师范大学图书馆数字资源导航页面

2.3.5　网络资源信息导航

图书馆主页提供一些利用率比较高的网站链接,包括专利网站、国内外期刊检索网站、标准检索网站、其他资源等,提供网络资源信息导航服务。这些导航服务的功能有强有弱,范围有宽有窄,其中使用较多的有以下几类:

① 搜索引擎导航,它可以帮助读者链接不同的引擎,并通过这些搜索引擎获得所需的信息。

② 大学或图书馆导航,它可以帮助读者链接其他大学或图书馆,并通过这些图书馆主页获得所需信息。

③ 学科资源导航,这类导航系统对网上纷繁的电子信息进行收集、加工和整理,形成网上虚拟资源,建立各学科的导航库。

读者通过浏览和查询这些资源库,可以最快的速度和最短的时间获得有关学科最全面的网上信息。

第3章
中文全文数据库文献检索

3.1 中国知网

3.1.1 概述

中国知识基础设施（China National Knowledge Infrastructure，CNKI）于1999年6月由清华大学、清华同方发起，内容涵盖了自然科学、工程技术、人文与社会科学期刊、博硕士论文、报纸、图书和会议论文等公共知识信息资源。现已建成为世界上全文信息量规模最大的"数字图书馆"。

CNKI目前设立了电信全国中心、华北地区中心、西北地区中心、西南地区中心、华东北地区中心、教育全国中心、华中地区中心、华南地区中心、东北地区中心、华东南地区中心等15个数据交换服务中心，500多个镜像站，用户可以选择临近的站点上网。CNKI源数据库系列包括中国学术期刊网络出版总库、中国工具书集锦在线、中国博士学位论文全文数据库、中国优秀硕士学位论文全文数据库、中国重要报纸全文数据库、中国重要会议论文全文数据库、中国图书全文数据库和中国年鉴全文数据库等。另外，CNKI还有一系列专业知识仓库：中国医院知识仓库（CHKD）、中国基础教育知识仓库（CFED）、中国企业知识仓库（CEKD）、中国城市规划知识仓库（CCPD）和中国农业知识仓库。用户通过付费方式可以检索CNKI数据库和知识仓库的全文，但从主页进入"免费资源"栏目，亦可浏览本年度以前的题目和摘要。图3-1为"中国知网"主页。

3.1.1.1 文献资源

(1) 中国期刊全文数据库

该数据库收录了1994年以来国内公开发表的核心期刊与专业特色期刊的全文，收录了自1915年至今出版的中文学术期刊8450余种，含北大核心期刊1970余种，网络首发期刊2870余种，共计6250万余篇全文文献。出版内容以学术、工程技术、政策指导、高级科普、行业指导及教育类期刊为主，内容覆盖自然科学、工程技术、农业、哲学、医学、人文社会科学等各个领域。产品分为十大专辑：基础科学、工程科技Ⅰ、工程科技Ⅱ、农业科技、医药卫生科技、哲学与人文科学、社会科学Ⅰ、社会科学Ⅱ、信息科技、

图 3-1 "中国知网"主页

经济与管理科学。十大专辑分为 168 个专题,以在线数据库和光盘的形式出版。

该数据库的特点为:①具有引文链接功能;②实现了全文信息的数字化;③每篇论文都获得了出版授权。

(2) 中国优秀博硕士学位论文全文数据库

该数据库收录了 2000 年以来全国 300 家博士培养单位的 8 万多本论文集,每年新增约 28000 多篇优秀博硕士学位论文。数据库的分类方法和更新频率与"中国期刊全文数据库"相同。

该数据库除了具有与"中国期刊全文数据库"相同的特点外,还具有两个特点:提供知识分类与学科专业两套导航系统,提供 OCR 识别功能,可实现版面内容的随意选取与在线编辑。

(3) 中国重要报纸全文数据库

该数据库收录了 2000 年 6 月以来国内公开发行的 430 多种重要报纸,每年精选 80 万篇文献,涉及文化、艺术、体育及各界人物、政治、军事与法律、经济、社会与教育、科学技术、恋爱婚姻家庭与健康等方面具有学术性、资料性的报纸全文。这些内容分为六大专辑,36 个专题数据库,便于用户按知识分类和阅读习惯查阅。

(4) 中国重要会议论文全文数据库

该数据库收录了 1998 年以来我国各级政府、高等院校、科研院所、学术机构等单位的论文及相关资料，每年增加1500本论文集，约10万篇论文及相关资料，内容覆盖理工、农业、医药卫生、文史哲、经济政治法律、教育与社会科学综合等各方面的文章。

(5) 科学文献计量评价数据库系统光盘

该系列数据库只有光盘版，包括：中国科学引文数据库、中国社会科学引文数据库、中国科学计量指标数据库、中文核心期刊要目、中国期刊信息数据库、中国学术论文作者数据库、中国学术期刊引证报告数据库等7个数据库，由中国科学院文献情报中心、中国社会科学院文献信息中心、北京大学图书馆、中国学术（光盘版）电子杂志共同建设。

3.1.1.2 知识仓库

CNKI通过对已有资源的整合，建立了中国基础教育知识仓库、中国医院知识仓库、中国企业知识仓库、中国城市规划知识仓库等专业型知识仓库，供相关领域的科研人员使用。免费检索的内容有"中国互联网资源整合库"，另外还有15种"中国企业知识仓库"、8种"中国基础教育知识仓库"、15种"中国医院知识仓库"，并推出了中国期刊信息与知识数据库。

(1) 中国基础教育知识仓库

中国基础教育知识仓库中包含的数据库有：中学期刊报纸全文数据库、小学期刊报纸全文数据库、多媒体教育教学素材库、多媒体课件与案例库、清华同方高考资源库、中小学图书库等，文献总量已达300多万篇（部），每年新增120多万篇（部）。其中，期刊、报纸文献选自我国1100多种基础教育类报刊和6600多种各学科领域的学术期刊；20多万部图书选自北京四中、北京教育学院、清华大学等图书馆；5万多本博硕士论文选自全国1500多个博士培养点及其相关硕士培养点；会议论文来自全国重要教育会议论文集。

(2) 中国医院知识仓库

中国医院知识仓库中数据库有：医药卫生期刊全文数据库、医药卫生博硕士论文全文数据库、医药卫生重要报纸全文数据库等，数据内容涉及700多种医药类专业期刊、2300多种非医药类期刊所提供的文献，280多种报纸，以及医学博硕士论文、我国重要的医药卫生会议论文、部分医药卫生类工具书和教材。首次推出的中国医院知识仓库收录了1994年至今的各类医学文献达160多万篇，内容涵盖基础医学、临床医学、中国医学、诊疗技术、特种医学、预防保健、药学、医疗器械、管理、医学教学等医药卫生各个领域。

(3) 中国企业知识仓库

中国企业知识仓库包括行业技术知识库、管理创新知识库、行业信息数据库，收录了国内5400余种期刊，以及博硕士论文、报纸、行业标准、法律法规、行业统计数据、行业研究报告、技术发展动态、国外经济发展动态等，涵盖企业技术创新、经营决策、企业管理、WTO、行业动态等方面的内容。

3.1.2 检索指南

最新版本的CNKI总库采用一框式检索，将检索功能浓缩至"一框"中，根据不同检索项的需求特点采用不同的检索机制和匹配方式,体现智能检索优势,操作便捷,检索结果兼顾检全和检准。

3.1.2.1 操作方式

进入数据库后,在平台首页选择检索范围,下拉选择检索项,在检索框内输入检索词,点击检索按钮或键盘回车,执行检索。如图 3-2 所示。

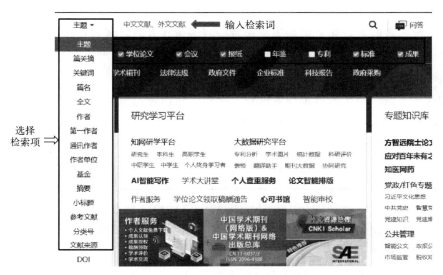

图 3-2 CNKI 总库采用一框式检索

3.1.2.2 检索项

总库提供的检索项有:主题、关键词、篇名、全文、作者、第一作者、通讯作者、作者单位、基金、摘要、参考文献、分类号、文献来源等。

(1) **主题检索**

主题检索包含一篇文章的所有主题特征,同时在检索过程中嵌入了专业词典、主题词表、中英对照词典、停用词表等工具,并采用关键词截断算法,将低相关或微相关文献进行截断。

(2) **关键词检索**

关键词检索的范围包括文献原文给出的中、英文关键词,以及对文献进行分析计算后机器标引出的关键词。机器标引的关键词基于对全文内容的分析,结合专业词典,解决了文献作者给出的关键词不够全面准确的问题。

(3) **篇名检索**

期刊、会议、学位论文、辑刊的篇名为文章的中、英文标题。报纸文献的篇名包括引题、正标题、副标题。年鉴的篇名为条目题名。专利的篇名为专利名称。标准的篇名为中、英文标准名称。成果的篇名为成果名称。古籍的篇名为卷名。

(4) **全文检索**

全文检索指在文献的全部文字范围内进行检索,包括文献篇名、关键词、摘要、正文、参考文献等。

（5）作者检索

期刊、报纸、会议、学位论文、年鉴、辑刊的作者为文章中、英文作者。专利的作者为发明人。标准的作者为起草人或主要起草人。成果的作者为成果完成人。古籍的作者为整书著者。

（6）第一作者检索

只有一位作者时，该作者即为第一作者。有多位作者时，将排在第一位的作者认定为文献的第一责任人。

（7）通讯作者检索

目前期刊文献对原文的通讯作者进行了标引，可以按通讯作者查找期刊文献。通讯作者指课题的总负责人，也是文章和研究材料的联系人。

（8）作者单位检索

期刊、报纸、会议、辑刊的作者单位为原文给出的作者所在机构的名称。学位论文的作者单位包括作者的学位授予单位及原文给出的作者任职单位。年鉴的作者单位包括条目作者单位和主编单位。专利的作者单位为专利申请机构。标准的作者单位为标准发布单位。成果的作者单位为成果第一完成单位。

（9）基金检索

根据基金名称，可检索受到此基金资助的文献。支持基金检索的资源类型包括：期刊、会议、学位论文、辑刊。

（10）摘要检索

期刊、会议、学位论文、专利、辑刊的摘要为原文的中、英文摘要，原文未明确给出摘要的，提取正文内容的一部分作为摘要。标准的摘要为标准范围。成果的摘要为成果简介。

（11）参考文献检索

检索参考文献里含检索词的文献。支持参考文献检索的资源类型包括：期刊、会议、学位论文、年鉴、辑刊。

（12）分类号检索

通过分类号检索，可以查找到同一类别的所有文献。期刊、报纸、会议、学位论文、年鉴、标准、成果、辑刊的分类号是中图分类号。专利的分类号是专利分类号。

（13）文献来源检索

文献来源指文献出处。期刊、辑刊、报纸、会议、年鉴的文献来源为文献所在的刊物。学位论文的文献来源为相应的学位授予单位。专利的文献来源为专利权利人/申请人。标准的文献来源为发布单位。成果的文献来源为成果评价单位。

3.1.2.3 检索推荐/引导功能

平台提供检索时的智能推荐和引导功能，根据输入的检索词自动提示，可根据提示进行选择，更便捷地得到精准结果。使用推荐或引导功能后，不支持在检索框内进行修改，修改后可能得到错误结果或得不到检索结果。

(1) 主题词智能提示

输入检索词，自动进行检索词补全提示。适用字段：主题、篇名、关键词、摘要、全文。例如：输入"基因"，下拉列表显示"基因"开头的热词，通过鼠标（键盘）选中提示词，鼠标点击检索按钮（直接回车）或者点击提示词，执行检索（图3-3）。

图 3-3　主题词智能提示

(2) 作者引导

输入检索词，进行检索引导，可根据需要进行勾选，精准定位所要查找的作者。例如：输入"王大中"，勾选第一层级的"王大中 清华大学"，就能够检出所有清华大学的王大中所发表的文献（图3-4），检索时精准定位所查找的作者，排除同名作者，并且不管原文机构是否含"清华大学"字样，只要规范为清华大学的，都可以被检到。某作者同时有多个单位，或需检索某作者在原单位与现单位所有发文的，则在引导列表中勾选多个单位。例如：检索语言学领域的李行德所发的文献，勾选他的所有单位，即可得到结果（图3-5）。

若两个作者的一级机构相同，二级机构不同，通过勾选相应的二级机构，可精准定位。例如：要检索北京大学物理学院的张欢所发的文章，则勾选二级机构名含"北京大学物理学院"的条目（图3-6）。

图 3-4　作者引导（1）

第 3 章　中文全文数据库文献检索

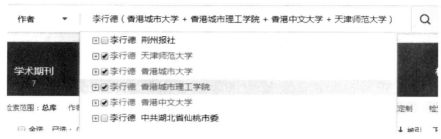

图 3-5 作者引导（2）

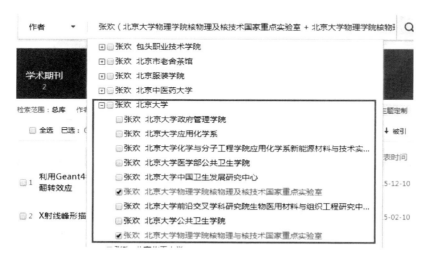

图 3-6 作者引导（3）

（3）基金引导

输入检索词，下拉列表显示包含检索词的规范基金名称，勾选后用规范的基金代码进行检索，精准定位。例如：输入"自然科学"，勾选"国家自然科学基金"后点击检索，检索结果是将原文基金名称规范为国家自然科学基金的全部文献（图 3-7）。

（4）文献来源引导

输入检索词，下拉列表显示包含检索词的规范后的来源名称，勾选后用来源代码进行检索，精准定位。有文献来源引导功能的资源类型包括：期刊、报纸、学位论文、年鉴、辑刊。例如：输入"工业经济"，列表中勾选所要查找的来源名称，检索结果会包含此来源现用名及曾用名下的所有文献（图 3-8）。

3.1.2.4　一框式检索

CNKI 提供智能化的搜索，用户只要输入任意一个或几个语词，系统将会智能地利用联想、比较、判断、推理、学习等手段，在综合考察文献的内容和外部属性特征与检索词的相关性之后，对内容进行相关度排序，输出检索结果（图 3-9）。

一框式检索根据检索项的特点，采用不同的匹配方式，如相关度匹配和精确匹配，采用相关度匹配的检索项为：主题、篇名、全文、摘要、参考文献、文献来源。根据检索词在该字段的匹配度，得到相关度高的结果。采用精确匹配的检索项为：关键词、作者、第

图 3-7 基金引导

一作者、通讯作者。

初级检索窗口上方是检索区,在检索输入框中可以输入单个词或多个词。多词检索时词与词之间要用逻辑运算符组配,可用的逻辑运算符有:逻辑与(＊)、逻辑或(＋)、逻辑非(－)。每行检索表达式前要指定检索入口,可选的检索入口有:主题、篇名、关键词、摘要、作者、作者单位、导师、第一导师、导师单位、网络出版投稿人、论文级别、学科专业名称、学位授予单

图 3-8 文献来源引导

位、学位授予单位代码、目录、参考文献、全文、中图分类号、学位年度、论文提交日期、网络出版投稿日期,其中"主题"是默认的多字段检索入口。在选择期刊全文数据库时,检索结果的显示字段有中英文篇名、中英文作者姓名、作者单位、文献出处、中英文关键词、中英文摘要等。检索字段在使用"篇名""主题""关键词"3 个字段进行精确或模糊匹配检索时,应注意中国知网的以下检索特点:

(1)选择篇名、主题、关键词作为检索入口时首先在本字段检索,若所选字段没有命中则系统认为没有命中文献;若所有字段有匹配的字符串则还会对其他字段的字进行匹配。这种匹配思路可能有助于判断文献相关度。

(2)选择主题和关键词作为检索入口时,系统不仅在作者关键词字段检索,也在机编关键词字段检索,但机编关键词未在检索结果中显示。

(3)选择精确匹配模式时,篇名、主题和关键词途径检索的功能相同,只对篇名、关

图 3-9 CNKI 一框式检索结果

键词、摘要字段进行截词检索。例如输入"信息资源检索",系统只会用"信息资源"一词进行检索,并忽略"检索"这个概念,从中也可以看出系统遵循的是最小概念原则从而保留词组进行截词检索的。

(4)选择模糊匹配模式时,对所有显示字段按最大概念原则抽取单元词进行检索。例如系统会将输入的"信息资源检索"拆成"信息""资源""检索"3 个词分别进行检索,查全率大大高于精确匹配检索。

在检索词输入框左侧还有 3 个 CNKI 特有的功能:第一个是词频限定下拉列表,可指定检索词在指定字段中出现的最大次数,用于控制检索精度;第二个按钮可启动在退出系统前所使用过的所有检索词的历史列表,选择其中某个词后可替换当前词;第三个按钮是机内主题词表,在已输入一个检索词后点击该按钮会弹出一个相关词窗口,供用户扩大选词范围。

3.1.2.5 高级检索

在首页点击"高级检索"进入高级检索页(见图 3-10),或在一框式检索结果页点击"高级检索"进入高级检索页(见图 3-11)。

进入高级检索页面后,可根据自身需要选择"高级检索""专业检索""作者发文检索""句子检索"等不同模式,如图 3-12 所示。

图 3-10 高级检索入口(1)

图 3-11　高级检索入口（2）

图 3-12　高级检索页面

高级检索支持使用运算符"＊、＋、－、""、（）"进行同一检索项内多个检索词的组合运算，检索框内输入的内容不得超过 120 个字符。输入运算符"＊（与）、＋（或）、－（非）"时，前后要空一个字节，优先级需用英文半角括号确定。若检索词本身含空格或"＊、＋、－、（）、/、％、＝"等特殊符号，进行多词组合运算时，为避免歧义，须将检索词用英文半角单引号或英文半角双引号引起来。例如，在篇名检索项后输入"神经网络＊自然语言"，可以检索到篇名包含"神经网络"及"自然语言"的文献；在主题检索项后输入"（锻造＋自由锻）＊裂纹"，可以检索到主题为"锻造"或"自由锻"，且有关"裂纹"的文献。如果需检索篇名包含"digital library"和"information service"的文献，在篇名检索项后输入"'digital library' ＊ 'information service'"；如果需检索篇名包含"2＋3"和"人才培养"的文献，在篇名检索项后输入"'2＋3'＊人才培养"。

3.1.2.6　专业检索

在高级检索页切换"专业检索"标签，可进行专业检索（图 3-13）。专业检索用于图书情报专业人员查新、信息分析等工作，使用运算符和检索词构造检索式进行检索。专业检索的一般流程：确定检索字段、构造一般检索式，借助字段间关系运算符和检索值限定运算符可以构造复杂的检索式。专业检索表达式的一般式：＜字段＞＜匹配运算符＞＜检索值＞。

（1）检索字段

在文献总库中提供以下可检索字段：SU＝主题，TI＝题名，KY＝关键词，AB＝摘要，

图 3-13 专业检索

FT=全文,AU=作者,FI=第一责任人,RP=通讯作者,AF=机构,JN=文献来源,RF=参考文献,YE=年,FU=基金,CLC=分号,SN=ISSN,CN=统一刊号,IB=ISBN,CF=被引频次。

(2) 匹配运算符

文献总库支持的匹配运算符见表 3-1。

表 3-1 匹配运算符

符号	功能	适用字段
=	='str'表示检索与 str 相等的记录	KY、AU、FI、RP、JN、AF、FU、CLC、SN、CN、IB、CF
	='str'表示包含完整 str 的记录	TI、AB、FT、RF
%	%'str'表示包含完整 str 的记录	KY、AU、FI、RP、JN、FU
	%'str'表示包含 str 及 str 分词的记录	TI、AB、FT、RF
	%'str'表示一致匹配或与前面部分串匹配的记录	CLC
%=	%='str'表示相关匹配 str 的记录	SU
	%'str'表示包含完整 str 的记录	CLC、ISSN、CN、IB

举例:

① 精确检索关键词包含"数据挖掘"的文献:KY=数据挖掘。

② 模糊检索摘要包含"计算机教学"的文献:AB % 计算机教学,模糊匹配结果为摘要包含"计算机"和"教学"的文献,"计算机"和"教学"两词不分顺序和间隔。

③ 检索主题与"大数据"相关的文献:SU %=大数据,主题检索推荐使用相关匹配运算符"%="。

(3) 比较运算符

文献总库支持的比较运算符见表 3-2。

表 3-2　比较运算符

符号	功能	适用字段
BETWEEN	BETWEEN（'str1','str2'）表示匹配 str1 与 str2 之间的值	YE
＞	大于	YE CF
＜	小于	
＞＝	大于等于	
＜＝	小于等于	

举例：

① YE BETWEEN（'2010','2018'），检索出版年份在 2010 至 2018 年的文献。

② CF＞0 或 CF＞＝1，检索被引频次不为 0 的文献。

（4）逻辑关系运算符

逻辑关系运算符适用于字段间的逻辑关系运算，文献总库支持的逻辑关系运算符见表 3-3。

表 3-3　逻辑关系运算符

符号	符号
AND	逻辑"与"
OR	逻辑"或"
NOT	逻辑"非"

举例：

① 检索邱均平发表的关键词包含知识管理的文章，检索式：KY＝知识管理 AND AU＝邱均平。

② 检索主题与知识管理或信息管理相关的文献，检索式：SU ％＝知识管理 OR SU ％＝信息管理。

③ 检索篇名包含大数据，但不是大数据集的文章，检索式：TI＝大数据 NOT TI＝大数据集。

（5）复合运算符

复合运算符主要用于检索关键字的复合表示，可以表达复杂、高效的检索语句。文献总库支持的复合运算符见表 3-4。

表 3-4　复合运算符

符号	符号
＊	'str1＊str2'：同时包含 str1 和 str2
＋	'str1＋str2'：包含 str1 或包含 str2
－	'str1－str2'：包含 str1 但不包含 str2

例如：检索关键词为转基因水稻的文章，检索式：TI＝转基因＊水稻

3.1.2.7 学者检索

学者检索是通过学者姓名、单位信息，查找学者发表的全部文献及被引下载等情况的检索方式（图 3-14）。通过学者知网节可以全方位地了解学者主要研究领域、研究成果等情况。对检索到的同名作者，用户可选择同名作者进行合并，合并后学者信息可以定制到个人馆中。

图 3-14　学者检索

3.1.2.8 句子检索

句子检索是通过用户输入的两个关键词，查找同时包含这两个词的句子。由于句子中包含了大量的事实信息，通过检索句子可以为用户提供有关事实的答案。

3.2　万方数据库资源系统

3.2.1　概述

万方数据库资源系统是依托中国科学技术信息研究所（万方数据股份有限公司）资源而建立的，涵盖经济、文化、教育等相关信息的综合信息服务系统。它汇集期刊论文、学位论文、会议论文、科技成果、专利技术、标准法规、政策法规、科技文献、论文统计、机构与名人等不同类别的近百个数据库。其中数字化期刊数据库是该系统的重要组成部分，收集了哲学政法、社会科学、经济财政、教科文艺、基础科学、医药卫生、农业科学、工业技术等八大类一百多个类目近五千种期刊的全文数据，并通过统一平台实现了跨库检索服务。万方数据库资源系统资源列于表 3-5。

表 3-5　万方数据库资源系统资源

序号	资源	简介
1	学术期刊	收录始于 1998 年，包含 8000 余种期刊，其中包含北京大学、中国科学技术信息研究所、中国科学院文献情报中心、南京大学、中国社会科学院历年收录的核心期刊 3300 余种，年增 300 万篇，每天更新，涵盖自然科学、工程技术、医药卫生、农业科学、哲学政法、社会科学、科教文艺等各个学科
2	学位论文	收录始于 1980 年，年增 35 万余篇，涵盖基础科学、理学、工业技术、人文科学、社会科学、医药卫生、农业科学、交通运输、航空航天和环境科学等各学科领域
3	会议论文	会议资源包括中文会议和外文会议，中文会议收录始于 1982 年，年收集约 2000 个重要学术会议，年增 10 万篇论文，每月更新。外文会议主要来源于 NSTL 外文文献数据库，收录了 1985 年以来世界各主要协会、出版机构出版的学术会议论文共计 1100 万篇全文（部分文献有少量回溯），每年增加论文 20 万余篇，每月更新

续表

序号	资源	简介
4	科技报告	中文科技报告收录始于 1966 年,源于中华人民共和国科学技术部,共计 10 万余份。外文科技报告收录始于 1958 年,涵盖美国政府四大科技报告(AD、DE、NASA、PB),共计 110 万余份
5	专利资源	涵盖 1.56 亿条国内外专利数据。其中,中国专利收录始于 1985 年,共收录 4060 万余条专利全文,可本地下载专利说明书,数据与国家知识产权局保持同步,包含发明专利、外观设计和实用新型三种类型,准确地反映中国最新的专利申请和授权状况,每年新增 300 万条。国外专利 1.1 亿余条,均提供欧洲专利局网站的专利说明书全文链接,收录范围涉及美国、日本、英国、德国、法国、瑞士、俄罗斯、韩国、加拿大、澳大利亚、世界知识产权组织、欧洲专利局等的数据,每年新增 1000 万余条
6	法律法规资源	收录始于 1949 年,涵盖国家法律法规、行政法规、地方性法规、国际条约及惯例、司法解释、合同范本等,权威、专业。每月更新,年新增量不低于 8 万条
7	标准资源	收录了所有中国国家标准(GB)、中国行业标准(HB),以及中外标准题录摘要数据,共计 200 余万条记录,其中中国国家标准全文数据内容来源于中国质检出版社,中国行业标准全文数据收录了机械、建材、地震、通信标准以及由中国质检出版社授权的部分行业标准
8	地方志	地方志,也称为"方志"。地域性是地方志区别于其他资源的特点之一,按地方志记载的地域范围,地方志可分为全国志、省志、市志、县志、乡镇村志和区域志。按地方志记载的内容范围,可分为综合志、专业志和部门志。万方数据方志收集了 1949 年以后出版的中国地方志的所有条目
9	成果资源	收录了自 1978 年以来国家和地方主要科技计划、科技奖励成果,以及企业、高等院校和科研院所等单位的科技成果信息,涵盖新技术、新产品、新工艺、新材料、新设计等众多学科领域,共计 64 万多项。数据库每两月更新一次,年新增数据 1 万条以上

3.2.2 检索指南

万方数据资源系统具有科学、先进的检索方法和友好、人性化的检索界面(图 3-15),同时检索途径和检索模式灵活多样,可以满足专业检索人员和普通用户的需求。其检索方法主要有分类检索、高级检索、二级检索、专业检索以及关联检索。

3.2.2.1 单库检索

在首页快速检索框选择资源类型,输入关键词即可进行检索。快速检索界面如图 3-16 所示。点击"高级检索",可进入高级检索界面。通过限定文献类型、多个检索词的位置、出版日期、引用次数、排序方式等对结果进行全面限制。

点击跨库检索下的各单库名称可进入单库检索。如会议论文库,可通过会议名称和主办单位等进行浏览和检索。单库检索界面如图 3-17 所示。

3.2.2.2 跨库检索

跨库检索中心是万方数据资源统一服务系统的检索业务集成系统,输入一个检索式,便可以看到多个数据库的查询结果,并可进一步得到详细记录和下载全文。跨库检索界面如图 3-18 所示。选择一个或多个数据库,选择检索项(全部、作者、单位、中图分类号、关键词、摘要),输入关键词,限定年度范围(可选时间跨度为 2017—2022 年),单击"检索"即可。

图 3-15　万方数据资源系统主页

图 3-16　万方数据资源快速检索界面

图 3-17　万方数据会议论文库检索界面

图 3-18 万方数据跨库检索界面

3.2.2.3 高级检索

高级检索用于多个检索词的组合检索，可以从多途径联合检索。打开"高级检索"界面，如图 3-19 所示，可从"题名""作者""刊名""关键词""摘要"以及期刊发表的年卷期等多种检索途径，进行组合检索，检索结果见图 3-20。

图 3-19 万方数据高级检索界面

3.2.2.4 专业检索

检索表达式使用 CQL 检索语言，含有空格或其他特殊字符的单个检索词用引号（""）括起来，多个检索词之间根据逻辑关系，使用"and"或"or"连接。专业检索界面如图 3-21 所示，检索结果如图 3-22 所示。

图 3-20　万方数据高级检索结果

图 3-21　万方数据专业检索界面

图 3-22　万方数据专业检索结果

3.2.2.5 检索结果处理

（1）题录显示

检索结果以简单题录形式显示，显示内容包括题名、作者、文献出处和简短摘要。检索结果题录显示界面如图3-23所示。

图3-23 万方数据检索结果题录显示界面

（2）查看全文

查看全文前，先要确保已安装了Adobe Reader浏览器。如果未安装，先到图书馆主页的"工具下载"里下载Adobe Reader浏览器，安装后方可查看全文。通过对检索结果的粗略浏览，选择需要查看的文献，单击题名或在线阅读，就可看到相关文献的全文原貌。

（3）文件保存及编辑

打开原文界面后，单击"文件"选项，选择保存方式"另存"，保存到相应的路径下，下次就可脱机查看。用鼠标选中需要编辑转化的文献，右击，选择"复制"，就可以将其保存在Word或记事本里，转化后就可直接进行文字编辑。

3.3 维普科技期刊全文数据库

3.3.1 概况

重庆维普资讯有限公司是科学技术部西南信息中心下属的一家大型的专业化数据公司，其产品覆盖自然科学、社会科学、工程技术、医药卫生、教育研究、农业科学等各个领域。其主要产品——中文科技期刊数据库，是经原国家新闻出版总署批准的大型连续电子出版物，收录中文期刊14000余种，全文5700万余篇，引文7000万余条。按照《中国图书馆分类法》进行分类，所有文献被分为社会科学、自然科学、工程技术、农业科学、医药卫生、经济管理、教育科学和图书情报8个专辑。8大专辑又细分为36个专题。数据库资源列表如表 3-6 所示。现维普资讯网的注册用户数超过 1200 万，累计为读者提供了超过 15 亿篇次的文章阅读服务。

表 3-6 数据库资源列表

马克思主义、列宁主义、毛泽东思想、邓小平理论	哲学、宗教	社会科学总论	政治、法律
军事	语言、文字	文学	艺术
历史、地理	数理科学	化学	天文和地球科学
生物科学	金属学与金属工艺	机械和仪表工业	经济管理
一般工业技术	矿业工程	石油和天然气工业	冶金工业
能源与动力工程	原子能技术	教育科学	电气和电工技术
电子学和电信技术	自动化和计算机	化学工业	轻工业和手工业
图书情报	航空航天	环境和安全科学	建筑科学与工程
水利工程	交通运输	农业科学	医药卫生

维普数据库具有以下特点：

① 由专业质检人员对题录文摘数据进行质检（包括标引和录入错误），确保原始文本数据的质量。考虑到在期刊收录过程中存在缺期情况，公司定期进行刊期统计并做增补，数据完整率达到 99% 以上。在主题标引用词基础上，编制了同义词库、同名作者库并定期修订，有助于提高文献检全率。

② 具有检索入口多、辅助手段丰富、查全查准率高和人工标引准确的传统优点，系统内核采用国内最先进的全文检索技术。

③ 采用国际通用的高清晰 PDF 数据格式。

④ 期刊全文采用扫描方式加工，保持了全文原貌。全文文件支持通用的文字识别软件。

⑤ 通过与期刊社签订入编协议，按税前发行收入的 10% 支付著作权使用报酬，基本解决了版权保护问题。

3.3.2 检索指南

维普资讯网上供广大读者检索使用的是中文科技期刊数据库（全文版）。网站提供的检索方式有两种：适用于大众用户的简单检索和适用于专业检索用户的高级检索。

3.3.2.1 简单检索

登录维普资讯网首页，在数据库检索区，输入需要查找的检索词，单击搜索按钮，即可进入结果页面，显示检索到的文章列表。

（1）检索字段

维普资讯网首页基本检索有多个供检索的字段：主题或关键词、篇名、摘要、作者、第一作者、作者单位、文献来源、分类号、基金。基本检索界面如图 3-24 所示。默认为主题或关键词字段。检索结果界面上的检索，没有提供选择检索字段的功能，默认是在"任意字段"进行检索。

图 3-24　维普资讯网首页基本检索界面

(2) 检索入口

在维普资讯网首页上有两种检索入口,适用于大众用户的基本检索入口和适用于专业检索用户的高级检索的入口,如图 3-25 所示。

图 3-25　维普资讯网首页检索入口

(3) 检索规则

基本检索的表达式输入类似 Google 等搜索引擎,直接输入需要查找的检索词,单击文章搜索按钮即可实现检索。多个检索词之间用空格或者"*"(代表"与"),"+"(代表"或"),"-"(代表"非")连接。在检索过程中,如果检索词中带有括号或逻辑运算符等特殊字符,必须在该检索词上用双引号括起来,以免与检索逻辑规则冲突。双引号外的"*""+""-",系统会当成逻辑运算符(与、或、非)进行检索。

(4) 检索结果及重新检索

在检索入口中输入检索词,单击检索按钮,即可得到检索结果。检索结果界面如图 3-26 所示。

检索结果界面包括:

① 检索功能框和高级检索入口。(如果对当前的检索结果不满意,要调整检索式重新检索,可直接在检索框中输入检索条件,点击检索。)

② 当前检索条件及检索结果数量。

③ 符合当前检索条件的热门文章展示(热门文章即高被引文章,是通过引文统计分

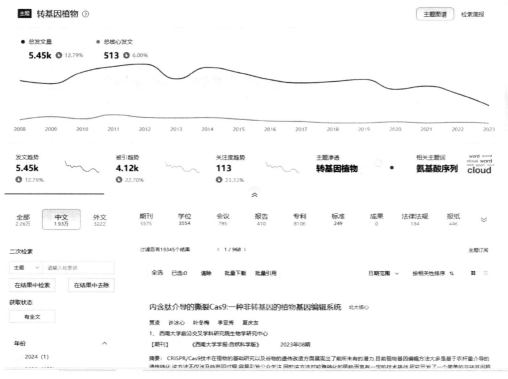

图 3-26 维普资讯网检索结果界面

析得出的被引频次比较高的文章,也就是受关注度比较高的文章)。

④ 针对符合检索条件的检索结果进行文摘处理。

⑤ 对检索结果进行时间筛选(可对当前检索结果按时间筛选,提供了 5 个时间段:1 个月内、3 个月内、半年内、1 年内、当年内)。

⑥ 符合检索条件的文章展示。

⑦ 翻页功能展示。

(5) 单篇文章详细信息浏览

在检索结果展示区,提供了文章的标题、文摘、作者、刊名、出版日期等信息供浏览。如果想浏览更详细的文章信息或者下载全文,可单击文章的标题,进入单篇文章的详细信息展示界面进行阅读。单篇文章的详细信息展示界面,除了有文章的基本信息(文章标题、作者及所在机构、文章所属期刊、文摘、关键词、文章所属学科分类、文章的相关文献)以外,还提供了一些附加功能,包括评论当前文章、推荐文章给别人、相关文章、相关期刊、关注本文的读者还关注的其他文章、关注本文的其他读者、当前文章所属学科的社区讨论热点问题等。

(6) 相关文章

单篇文章的详细信息展示页上的相关文章包含 3 种文献:参考文献、引证文献、耦合文献(引用了同一篇文章的两篇文献)。如果读者想查看当前文章的参考文献,直接单击"参考文献"即可查看到当前文章的所有参考文献。

① 参考文献：参考文献是作者写作论著时所参考的文献书目。
② 引证文献：当前文章作为参考文献，被其他文章引用的情况。
③ 耦合文献：当两篇文献参考引用了同一篇文献时，这两篇文献之间的关系称为耦合文献。

3.3.2.2 高级检索

登录维普资讯网首页，在数据库检索区，单击"高级检索"，即可进入高级检索界面（图 3-27）。图中所有按钮均可以实现相对应的功能。读者只需要在前面的输入框中输入需要查看的信息，再单击相对应的按钮，即可得到系统给出的提示信息。查看同义词：例如输入"土豆"，单击"同义词扩展"按钮，即可检索出土豆的同义词"春马铃薯""马铃薯""洋芋"，用户可以全选，以扩大搜索范围。

读者也可用检索式进行高级检索，点击"检索式检索"（图 3-28），可在检索框中直接输入逻辑运算符、字段标识符等，对相关检索条件进行限制后单击"检索"按钮即可。

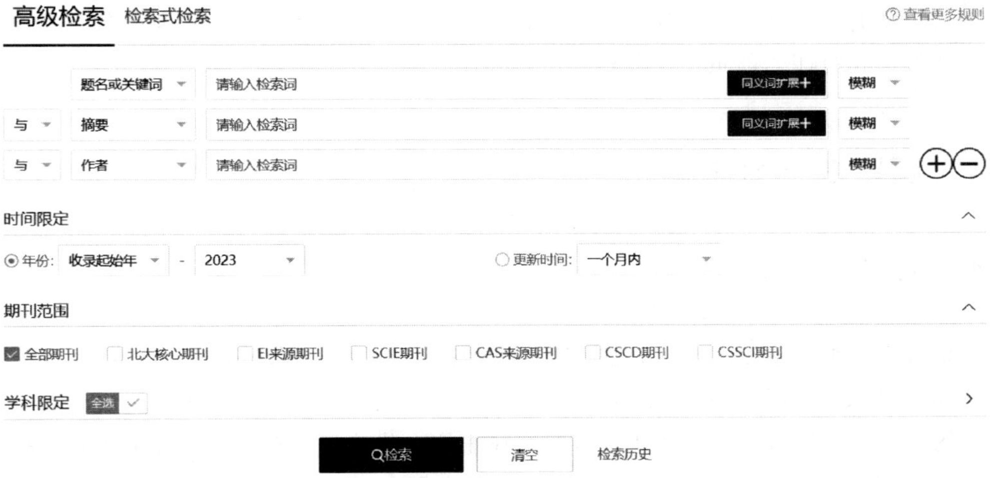

图 3-27 高级检索界面

图 3-28 检索式检索界面

3.3.2.3 期刊导航

点击"期刊导航"按钮，进入按学科分类排列的期刊导航界面，点击选中的学科类目，进入该学科期刊检索界面，可进行期刊搜索、刊名字顺、学科分类检索。

3.3.3 检索结果的输出

3.3.3.1 标记

在选中的结果题录前的小方框内打"√"做标记，可进行打印和下载，但标记只对"下载题录"有效。若检索结果不止一个页面，可以逐页标记。

3.3.3.2 保存、打印

下载题录时，应首先在"选择"框中选择"当前记录""标记记录""全部记录"，然后点击"下载题录"，利用维普浏览器的保存和打印功能。

下载全文时则不能使用上述方法，而是在全文显示页面利用维普浏览器的存盘、打印功能，选择保存打印当前页、当前篇、所有篇。

3.4 超星数字图书馆

3.4.1 概况

超星数字图书馆于1993年由北京世纪超星信息技术发展有限责任公司投资兴建，是国家"863"计划中国数字图书馆示范工程项目。2000年1月在互联网上正式开通，是国内专业的数字图书馆解决方案提供商和数字图书资源供应商。超星数字图书馆目前拥有数字图书80多万种，其中包括文学、经济、计算机等50余大类，500万篇论文，超16万集的学术视频，被称为世界上最大的综合性中文在线图书馆之一。

超星数字图书馆向用户提供免费和收费的阅览服务，并延伸出原创作品免费发布、读书社区、博客等平台。每一位读者下载超星阅览器即可通过互联网阅读超星数字图书馆中的图书资料。凭超星读书卡可将馆内图书下载到用户本地计算机上进行离线阅读。专用超星图书阅览器是阅读超星数字图书馆馆藏图书的必备工具，可从超星数字图书馆网站免费下载。

3.4.2 使用方法

超星数字图书馆除了支持网页版的浏览，还提供基于iOS、Android系统的手机客户端体验——超星移动图书馆。超星移动图书馆客户端的布局清晰明了，操作方便，内容模块化，提供了更好的用户体验。客户端内同样嵌入了基于元数据整合的一站式搜索引擎，不仅提供海量图书的检索与全文阅读，还提供图书资源的下载，阅读资源更加方便快捷。

馆藏书目模块与传统 OPAC 系统对接，实现馆藏查询、续借、预约等功能，另外客户端推出条码扫描功能，馆藏书目情况一拍即得。超星移动图书馆客户端可以在主流市场下载，如安卓市场、安智市场、91、360、豌豆荚、应用宝、google play 以及苹果商店。客户端主要有三大功能：

（1）图书馆服务

用户利用客户端可以随时获取图书馆的信息公告，在线查询馆藏，远程预约借书、续借，还可以实现与图书馆的在线咨询、荐购图书、意见反馈等交流互动。

（2）数字资源移动阅读服务

用户可以利用移动图书馆实现学术资源手机端的一站式检索，并随时随地浏览电子图书、期刊、报纸、名师讲坛等图书馆数字资源。

（3）读者学习交流社区服务

用户可以在移动图书馆建立自己的学习交流圈，通过小组、笔记等功能，随时随地记录和分享自己的阅读感悟及兴趣爱好。

3.4.3 检索功能

3.4.3.1 分类浏览

超星数字图书馆主页面见图 3-29，在页面的左侧设置了分类目录区。超星数字图书馆采用"中图法"对图书进行分类。读者可直接逐级点击相应类目，直至找到需要的信息为止。

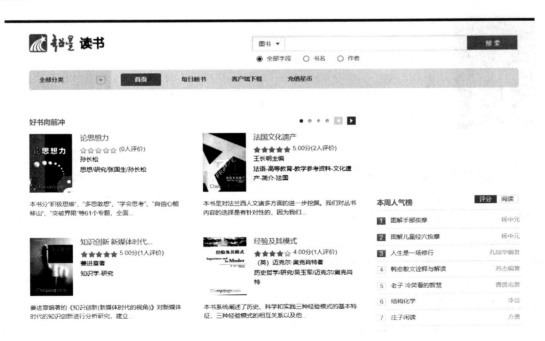

图 3-29　超星数字图书馆主页面

3.4.3.2 快速检索

在超星数字图书馆主页面上方是关键词快速检索区。关键词输入框左侧是学科分类限定选项,默认在全部类目范围内查找。输入框下方是检索入口限定,包括书名、作者,以及在这2个字段中查找的"全部字段"选项。若同时输入两组关键词,中间的空格代表"逻辑与"运算符。

3.4.3.3 高级检索

高级检索窗口允许书名、作者、主题词三者之间的任意组配,组配形式有"逻辑与"和"逻辑或"两种。

3.4.3.4 检索结果

每条检索结果列出4种书目数据,包括书名、作者、出版日期,主题词,分类类名和图书简介。其中书名和分类类名是热链。若已经安装了超星浏览器点击书名可浏览全文,书名旁的小方图即表示该记录已与PDG格式的全文建立了链接。点击分类类名可根据该书所属的类目进行分类检索。也可以检索其上位类。显示方式有按详细信息显示和按列表显示两种,默认按详细信息显示。检索结果的排序也有按书名和出版日期两种形式可选,默认按书名排序。点击"收藏到我的图书馆"可将该书信息存储到读者在超星的网上专区,便于以后再次阅读。图3-30是书目检索结果页。

图3-30 书目检索结果页

在书目检索结果页中选择自己想要看的图书,点击"网页阅读"进入阅读图书界面(图3-31)。超星电子书以页为单位扫描存储成的PDG格式文件,结合专门开发的超星阅览器,可以提供多种浏览、书签、标注功能,也可以将PDG格式文件转为TXT文本文件。在阅读过程中,可利用窗口上方的[T]按钮选择读者想复制的段落,弹出识别文字窗口。将文字识别框内的文字复制粘贴到word文档中就可以编辑了。

超星数字图书馆中的图书除可在线阅读外,还可以下载到本地机上阅读。点击"下载"会出现下载页面,选择下载路径即可下载图书。

对一些以后还要阅读的图书可以加上标签,系统会将这些书加入专门建立的一个文件夹中,通过"添加个人书签"可直接调出已阅图书。通过标签阅读首先要"建立书

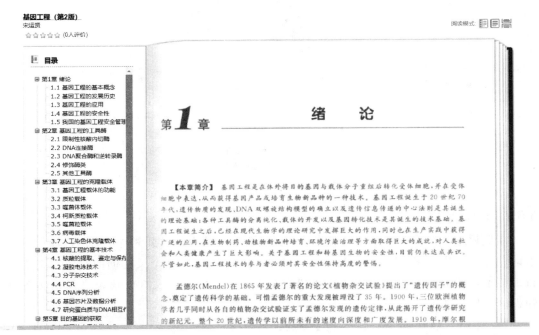

图 3-31　在线图书阅读

签用户"并注册，注册成功后经"登录"进入图书检索界面，然后在所选图书上点击"添加书签"，以后重新登录时就可以看到事先打上标签的图书列表，点击书名就可以直接阅读了。

3.5　读秀学术搜索

3.5.1　概述

读秀学术搜索是超星公司 2007 年推出的数字文献平台。读秀为读者提供以 430 万种图书、10 亿页全文资料等一系列学术资源为基础组成的超大型全文数据库和资料基本信息数据库，将馆藏纸质图书、电子图书、期刊等各种资源整合，实现一站式检索。不论是学习、研究，还是写论文、做课题，读秀都能够为读者提供全面、准确的学术资料，是一个真正意义上的学术搜索引擎及文献资料服务平台（搜索页面见图 3-32）。

3.5.2　检索指南

读秀学术搜索提供知识、图书、期刊、报纸、专利、标准、音视频、讲座、百科、词典、学位论文、会议论文、课程、文档、考试辅导、信息资讯、电子书、政府信息共 18 个主要检索频道。下面介绍知识、图书、音视频 3 个检索频道。

图 3-32 读秀学术搜索界面

3.5.2.1 知识检索

知识频道，将数百万种的图书等学术文献资料打散为 6 亿页资料，当用户输入一个检索词，如"现代矿床学"，将获得所有包含"现代矿床学"这个关键词的章节、文章等条目 167 条，图书相关的有 798 篇，期刊论文 650 篇，学位论文 304 篇，会议论文 79 篇。知识检索界面如图 3-33 所示。

图 3-33 知识检索界面

选择知识频道，在搜索框中输入关键词，然后单击"中文搜索"，系统将在海量的图书数据资源中，围绕该关键词深入到图书的每一页资料中进行信息深度查找。如果单击"外文搜索"，则自动进入到外文期刊频道进行搜索。为了能够快速找到需要的结果，建议使用多个关键词或较长的关键词进行检索。

搜索结果界面如图 3-34 所示，用户可以通过右上角的"在结果中搜索"来缩小检索

图 3-34 搜索结果界面

范围。单击标题或"本页阅读"即可查阅文献，右侧为各频道的相关检索结果。

在界面最上方，有一排功能按钮能满足各种操作与需求。

3.5.2.2 图书检索

图书频道为读者提供 310 万种图书的查找。当用户查找到某一本书时，读秀为用户提供该图书的封面页、版权页、前言页、目录页以及正文部分页（7~30 页不等）的试读。同时如果该本图书在馆内可以借阅或者进行电子全文的阅读，读秀提供给读者"本馆馆藏纸书""本馆电子全文"两个相关链接，可以使读者直接借阅图书或者阅读全文。另外读者也可以通过"图书馆文献传递中心"，对图书进行文献传递（将图书原文发送到自己的邮箱），每次文献传递不超过本书的 20%。

选择图书频道，在搜索框输入关键词，然后单击"中文搜索"，系统将在海量的图书数据资源中进行查找。如果需要获得外文资源，可单击"外文搜索"。图书检索界面如图 3-35 所示。

图 3-35 图书检索界面

另外，用户可以在搜索框下方选择"全部字段""书名"或"作者"选项，以实现精确查找；还可以通过右侧的"高级检索"选项更精确地查找图书。

搜索结果界面如图 3-36、图 3-37 所示。

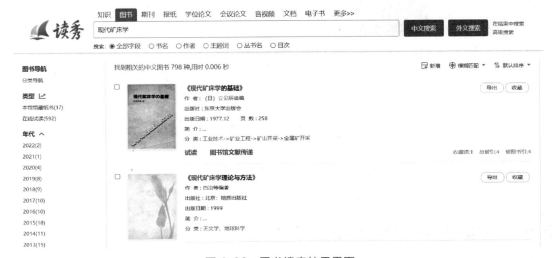

图 3-36 图书搜索结果界面

3.5.2.3 音视频搜索

选择音视频频道，在搜索框中输入关键词，然后单击"中文搜索"按钮，系统将在视频数据资源中进行查找。另外，用户可以在搜索框下方选择"全部字段""视频名称""简介""字幕"或"关键词"。视频搜索界面如图 3-38 所示。

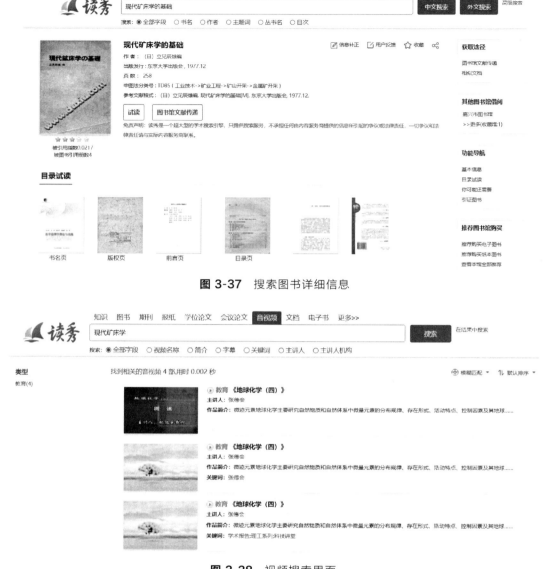

图 3-37 搜索图书详细信息

图 3-38 视频搜索界面

3.6 中国生物医学文献服务系统

3.6.1 数据库概述

中国生物医学文献服务系统（SinoMed），由中国医学科学院医学信息研究所/图书馆研制，2008 年首次上线服务，整合了中国生物医学文献数据库（CBM）、中国医学科普文献数据库（CPM）、西文生物医学文献数据库（WBM）、北京协和医学院博硕学位论文库

(PUMCD)等多种资源，学科范围广泛，年代跨度大，是集文献检索、引文检索、开放获取、原文传递及个性化服务于一体的生物医学中外文整合文献服务系统。

(1) 中国生物医学文献数据库（CBM）

中国生物医学文献数据库（CBM）收录1978年至今国内出版的生物医学学术期刊3120余种，其中2023年在版期刊1550余种，文献题录总量1290万余篇。全部题录均进行主题标引、分类标引，同时对作者、作者机构、发表期刊、所涉基金等进行规范化加工处理；2019年起，新增标识2015年以来发表文献的通讯作者，全面整合中文DOI（数字对象唯一标识符）链接信息，以更好地支持文献发现与全文在线获取。

(2) 中国医学科普文献数据库（CPM）

中国医学科普文献数据库（CPM）收录1989年以来近百种国内出版的医学科普期刊，文献总量达60万余篇，重点突显养生保健、心理健康、生殖健康、运动健身、医学美容、婚姻家庭、食品营养等与医学健康有关的内容。

(3) 西文生物医学文献数据库（WBM）

西文生物医学文献数据库（WBM）收录世界各国出版的重要生物医学期刊文献题录3630万余篇，其中协和馆藏期刊9000余种，免费全文640万余篇；年代跨度大，部分期刊可回溯至创刊年，全面体现协和医学院图书馆悠久丰厚的历史馆藏。

(4) 北京协和医学院博硕学位论文库（PUMCD）

北京协和医学院博硕学位论文库（PUMCD）收录1981年以来北京协和医学院培养的博士、硕士学位论文全文1.8万篇，涉及医学、药学各专业领域及其他相关专业，内容前沿丰富。

(5) 日文生物医学文献数据库

日文生物医学文献数据库收录1995年以来日本出版的日文重要生物医学学术期刊90余种，部分期刊有少量回溯。每月更新。

(6) 俄文生物医学文献数据库

俄文生物医学文献数据库收录1995年以来俄罗斯出版的俄文重要生物医学学术期刊30余种，部分期刊有少量回溯。每月更新。

(7) 英文会议文摘数据库

英文会议文摘数据库收录2000年以来世界各主要学协会、出版机构出版的60余种生物医学学术会议文献，部分文献有少量回溯。每月更新。

(8) 英文文集汇编文摘数据库

英文文集汇编文摘数据库收录馆藏生物医学文集、汇编，以及能够从中析出单篇文献的各种参考工具书等240余种（册）。报道内容以最新出版的文献为主，部分文献可回溯至2000年。每月更新。

3.6.2 数据库特点

(1) 数据深度加工，准确规范

SinoMed一贯注重数据的深度加工和规范化处理。根据美国国立医学图书馆《医学主题词表（MeSH）》（中译本）、中国中医科学院中医药信息研究所《中国中医药学主题词表》，以及《中国图书馆分类法·医学专业分类表》对收录文献进行主题标引和分类标引，使文献内容揭示更加全面、准确。

（2）检索功能强大，方便易用

智能检索、多内容限定检索、主题词表辅助检索、主题与副主题扩展检索、分类表辅助检索、定题检索、作者机构限定、多知识点链接检索、检出结果统计分析等功能，使检索过程更快、更高效，使检索结果更细化、更精确。

（3）全文服务方式多样，快捷高效

学位论文在线阅读、免费原文直接获取、非免费原文多渠道链接及在线索取等服务，为用户提供经济、便捷的全文获取途径，让用户在有效利用自己电子馆藏的同时，充分享受北京协和医学院图书馆的丰富馆藏资源。

3.6.3 检索指南

中国生物医学文献服务系统提供精准搜索、精准链接、精准分析的服务，检索系统启动后进入主界面（图3-39）。基本检索功能包括：文献检索、引文检索、期刊检索，另外还提供了文献传递和数据服务的功能。

图 3-39 中国生物医学文献服务系统主页

（1）文献检索

文献检索提供了跨库检索、中文文献检索、西文文献检索、博硕论文检索及科普文献检索的功能。每一项检索功能的检索方式包括：智能检索、快速检索、高级检索、主题检索、分类检索、链接检索及检索历史。

（2）引文检索

引文检索可以根据以下字段，包括被引文献题名、被引文献主题、被引文献作者、被引文献第一作者、被引文献出处、被引文献机构、被引文献第一机构及被引基金，作为关键词进行检索。检索时支持逻辑运算符"AND""OR""NOT"的使用，多个检索词之间的空格执行"AND"运算，如"肝炎 AND 预防"。

（3）期刊检索

检索的时候从"检索入口"处选择刊名、出版地、出版单位、期刊主题词或者 ISSN 直接查找期刊。也可通过"首字母导航"逐级查找浏览期刊。

3.7 化学专业数据库

3.7.1 概况

化学专业数据库是中国科学院上海有机化学研究所承担建设的综合科技信息数据库的重要组成部分，是中国科学院知识创新工程信息化建设的重大专项，是服务于化学化工研究和开发的综合性信息系统。系统目前提供一个方面的服务，分别是化学工作辅助工具服务、化学数据检索服务、行业研究报告服务、用户咨询服务和化学数据加工服务。可以提供化合物有关的命名、结构、基本性质、毒性、谱学、鉴定方法、化学反应、医药农药应用、天然产物、相关文献和市场供应等信息。用户需要注册后才能使用这些服务，部分服务因涉及知识产权等问题，需要确认用户身份的正确性。目前除面向单位的批量化学数据加工服务外，所有服务均对用户免费。输入网址"https：//www.organchem.nsdc.cn/scdb/"就可以进入主页，如图 3-40 所示。

图 3-40　化学专业数据库首页

化学工作辅助工具服务目前包括四个功能：化合物名称中英互译、化学专业词汇中英互译、从结构生成名称、从名称生成结构。

化学数据检索服务包括了化学结构、谱学、反应、文献、产品等 20 个不同的数据检索功能。

化学数据加工服务提供单个和批量化合物结构数据的加工服务，主要用于生成二维结构图形、三维结构模型，提供化合物结构检索索引和化合物结构登录服务。其中化合物结构检索索引用于建立用户自己的结构检索功能，化合物结构登录服务可用于化学数据基于内容层面的跨平台整合。

3.7.2 主要数据库目录

化学专业数据库的目录分为化学结构与鉴定、天然产物与药物化学、安全与环保、化学文献、化学反应与综合五大类，包括化合物结构数据库、核磁谱图数据库、质谱谱图数据库、中药与有效成分数据库、植物化学成分数据库、中国化学文献数据库、化学核心期刊文献数据库、精细化工产品数据库、专业情报数据库、中国化学专利数据库、生物活性数据库等 31 个数据库。

3.7.3 检索指南

分别以化学核心期刊文献数据库和中国化学文献数据库为例介绍数据库检索方法。

3.7.3.1 化学核心期刊文献数据库检索指南

该数据库收录了国外化学期刊文献的文摘，所有记录描述均为英文。文摘详细内容包含了期刊的 ISSN 号、印刷语种、英文题名、作者及单位、来源期刊、年卷期页、英文文摘、关键字、相关化合物、参考文献等信息。该数据库不包括文献原文。

（1）普通检索

用户可使用普通检索方式，也就是选择单个检索项进行检索，如可选择文献中的关键字、作者名、期刊名、作者单位名进行检索，检索关键词只接收英文输入，也可以将多个检索项组合在一起检索。检索内容的输入方式如图 3-41 所示。

（2）高级检索

高级条件检索，就是将多个检索项组合在一起检索。各检索项可相同，也可不同。

如图 3-42 所示，在 2 个 Keyword 的检索项中分别输入 "hydrogen bond" 和 "Myoglobin"，选择组合关系为 "AND"，检索关键字同时有 "hydrogen bond" 和 "Myoglobin" 的文献，得 26 条记录（图 3-43）。

3.7.3.2 中国化学文献数据库检索指南

该数据库收录了 1990 年至今的国内化学期刊文献，包括文摘、刊名、作者、关键字、出版日期等，此外，部分文献还收录了一些具体数据，如文献中的化合物、图表、实验数据等。

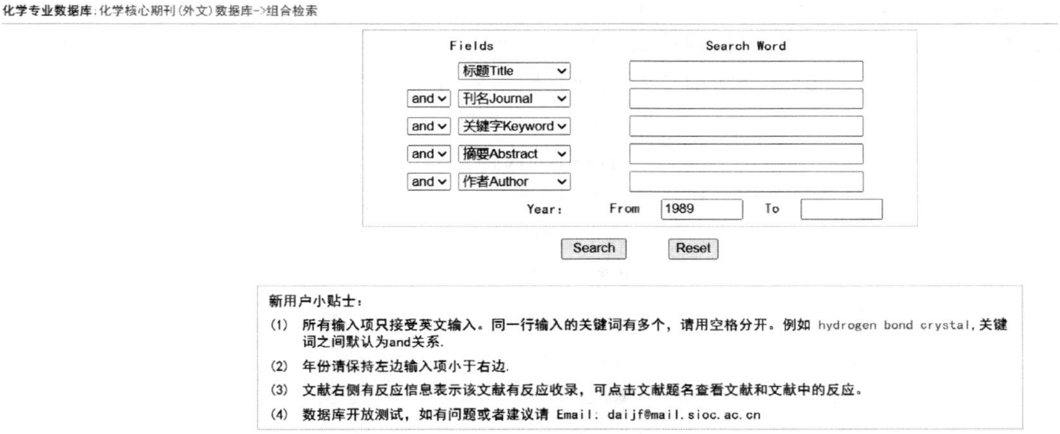

化学专业数据库:化学核心期刊(外文)数据库->组合检索

图 3-41 普通检索界面

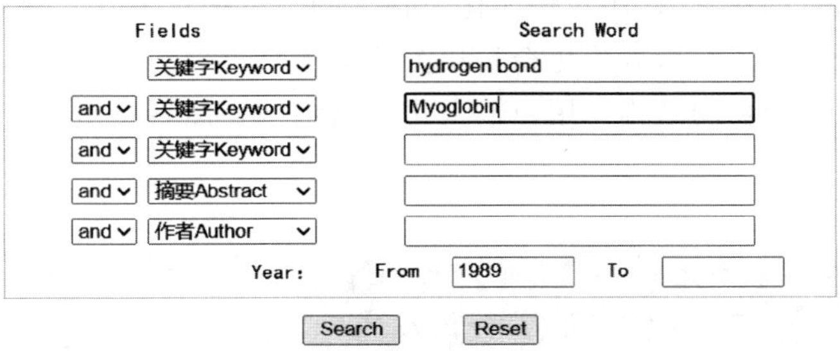

图 3-42 组合检索

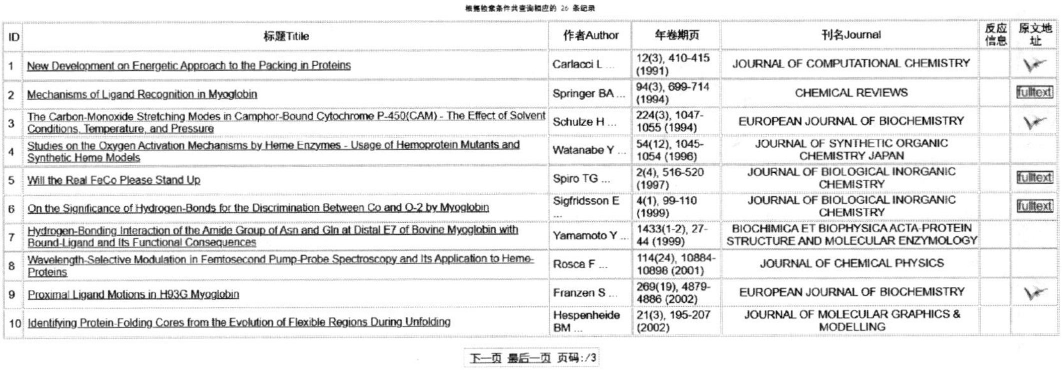

图 3-43 组合检索的结果

第 3 章 中文全文数据库文献检索 059

用户可通过文献的关键字、作者名、期刊名、发行机构名进行检索或使用高级检索，也可以通过其他入口检索，比如图表信息、化合物、实验数据等。图 3-44 是数据库的检索首页，页面上部是文献信息的检索，如果想通过其他信息检索文献，可选择下面表格中的分类入口。下面以化合物结构检索为例介绍检索方法。

图 3-44　中国化学文献数据库检索首页

点击"化合物结构检索"，用户输入化合物结构，系统首先在化合物结构数据库中查找该化合物的记录信息，然后寻找化合物相关的文献。

第一步：输入化合物的结构。用户输入化合物结构，然后点击提交检索，如图 3-45，可得检索结果。

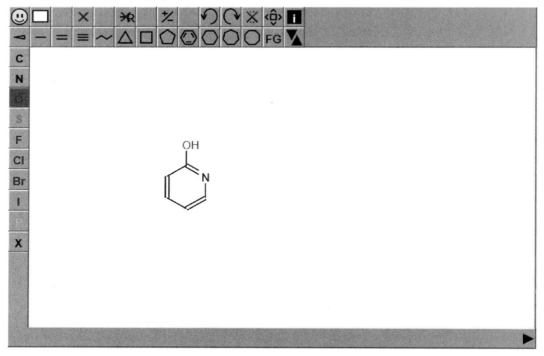

图 3-45　输入化合物结构

第二步：根据化合物查找相关文献图 3-46 中显示了命中的化合物记录列表，最右边一列的详细资料有两种情况，有相关文献链接的表示该化合物有相关文献记录，只有化合物结构链接的就表示该化合物没有相关文献记录。

第三步：查看化合物的相关文献。图 3-47 显示了化合物的相关文献记录列表，列出了文献名、作者、刊名及年卷期和页码。点击文献名对应的链接，可查看文献的详细信息，如图 3-48 所示。

SRN号	47846
英文名称	pyridin-2-ol
中文名称	吡啶-2(3H)-酮
分子式	C5H5NO
规范SMILES	O=c1cccc[nH]1
InChI	InChI=1S/C5H5NO/c7-5-3-1-2-4-6-5/h1-2,4H,3H2
InChI_Key	FPGGLMIYNLQOID-UHFFFAOYSA-N
物质结构	

类药性预测

氢给体数	1	氢受体数	2
可旋转键数	0	极性表面面积	29.10
化合物透过表层细胞的表观渗透系数		-6.42	
有效透性系数		-3.14	
血脑屏障穿透能力		-2.91	

结构与鉴定	三维结构 其他理化性质 物性计算数据 红外谱图 质谱谱图 核磁谱图
文献信息	中文文献 英文文献 化学专利
反应与试剂	反应(Reactant) 反应(Product) 化学试剂 纯化方法
生物生态活性	生物活性与靶点new! 环境化学与生态活性
安全与环保	物质毒性 MSDS说明书
天然来源	植物成分new!
共享数据	热化学性质 相变数据 物质活性 NISTnew! PUBchemnew!

图 3-46 化合物检索结果

序号	文献名	作者	刊名	年、卷、页码
1	吡啶的取代衍生物的化学位移计算	王宏钧	结构化学	1986,5(3),185-189
2	可逆性胆碱酯酶抑制剂的研究:2-氯化-1,3,2-二氧磷杂环己烷类化合物的合成	崔太安 ..	药学学报	1987,22(11),827-832
3	金属簇合物的化学反应性	陈冬玲 ..	大学化学	1990,5(2),28-34,41
4	[Tb(CH-3COO)-3(H-2O)-2]-2的合成及其结构测定	张明杰 ..	无机化学学报	1992,8(2),164-167 ;图2表3参6
5	羟基取代的含氮六节芳杂环的结构及其在水中的溶解度	姚子鹏 ..	大学化学	1993,8(4),23-29
6	双核铜配合物$[C_2(CH_3COO)_2C_5H_5NO]_2$的合成和晶体结构	孙洪业 ...	北京大学学报(自然科学版)	1994,30(2),177-180
7	吡酮酸类抗感染药物的合成与有关化学的研究进展	郭惠元	药学学报	1998,33(8),629-640
8	钴/氮杂环催化剂体系对庚烯氢酯基化反应的影响	陈静 ...	分子催化	2001,15(2),146-148
9	2-羟基吡啶与水氢键作用的理论研究	陈文凯 ...	结构化学	2002,21(5),567-571;参26
10	酪氨酸酶催化氧化羟基吡啶类化合物的反应研究	徐迪 ...	中山大学学报 自然科学版	2002,41(6),33-35;参7

图 3-47 化合物相关文献列表

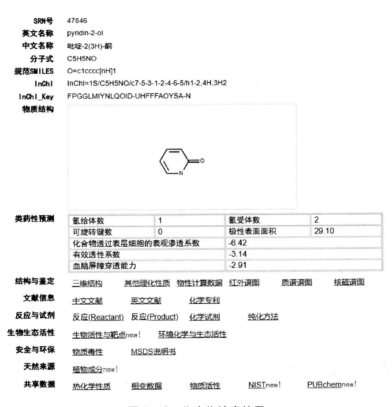

期刊ISSN号	0254-5861
语种	英文
中文题名	吡啶的取代衍生物的化学位移计算
英文题名	The calculation of chemical shifts in substituted pyridines
作者	王宏钧
作者单位	中国科学院福建物质结构研究所
来源期刊	结构化学
年,卷,页数	1986,5(3),185-189
中文文摘	苯的取代物的化学位移计算原理和方法被推广用来吡啶取代衍生物的化学位移。确定了一系列有关这类化学位移计算的经验参数。根据54个化合物的154个S值的计算表明,计算结果与实验值之间的标准误差为0.09ppm。可以用耦合常数组作为标准以确定取代的吡啶的分子结构,并解释取代的吡啶的质子模拟光谱实验的NMR参数。
英文文摘	The principle and method for the calculation of chem. shifts of substituted benzenes have been extended to calculation of the chem. shifts in substituted pyridines. Empirical parameters for calculation of the chem. shifts are determine The calculated results of 154 d values from 54 compounds show that the standard deviation between the calculated and the experimental values is 0.09 ppm. The combination of the coupling constants can be used to provide a criterion for the determination of mol. structure in substituted pyridines and to assign NMR parameters for the experiment of proton simulated spectra of substituted pyridines.
关键字(中文)	吡啶 P;计算;核磁共振谱法;化学位移;取代基
关键字(英文)	PYRIDINE P;CALCULATION;NMR SPECTROMETRY;CHEMICAL SHIFT;SUBSTITUENT GROUP
图表	无图表
Pcode	0254586119860050030185a
相关化合物	1) 4-乙烯基吡啶 2) 异尼古丁腈 3) 尼古丁腈 4) 吡啶-3-基甲酚 5) 2-乙烯基吡啶 6) 氰基吡啶 7) 2-乙基吡啶 8) 4-甲基吡啶 9) 3-甲基吡啶 10) 吡啶-3-酚 11) 2-溴吡啶 12) 2-甲基吡啶 13) 2-氯吡啶 14) 吡啶-2(3H)-酮 15) 异尼古丁醛肟 16) 2-苯基吡啶 17) 4-溴吡啶 18) 3-乙烯基吡啶 19) 甲基吡啶醛 20) 1-(吡啶-4-基)乙酮 21) 1-(吡啶-2-基)乙酮 22) 甲基吡啶醛肟 23) 1-(2-甲基吡啶-3-基)乙酮 24) 甲基吡啶酸丁酯

图 3-48 化合物相关文献的详细信息

3.8 中国药学文摘数据库

3.8.1 概述

中国药学文摘数据库（China Pharmaceutical Abstracts，简称 CPA）是国家药品监督管理局信息中心编辑出版的国内唯一的大型药学文献数据库，内容涵盖了《中国药学文摘》印刷版的全部文献的题录和文摘。CPA 收录了 1982 年以来公开发行的 700 余种药学杂志、医学杂志、医药院校学报以及植物学和微生物学等边缘学科杂志的文献题录和文摘，累计文献量达 38 万篇，并以每年 3 万篇的速度递增，其中中药文献占一半左右，是世界上拥有中药文献最多的数据库。该库涉及的主要学科领域是药学及其相关学科。收录药学文献的内容包括：所有中西药学理论、综述，药物的科研、生产技术、制剂、分析、药理、临床应用，药品评价，药品生产管理和质量管理，制药设备和工厂设计，新药介绍，药品专利等文献，以文摘、提要、简介和题录四种形式报道。数据库采用全新的系统结构和快速检索的新标引法，实现了对大容量、大范围全文本信息资料的零等待智能快速查询。根据实际工作需要，实现了库、刊、网为一体的服务系统，大大提高了查全率和查准率，既可全文检索，又可从文献类型、主题词、关键词等入口检索、查询。

3.8.2 检索指南

中国药学文摘数据库的查询可通过登录中国医药信息网首页，选择"数据库检索"即可进入检索（图 3-49）。检索方式包括：

图 3-49 中国医药信息网数据库检索界面

3.8.2.1 全文检索

在检索字词后的检索框内输入检索词；若两个或两个以上的检索词，各词之间用空格分隔，并选择各词之间的关系，系统默认以逻辑"与"方式检索；两个以上检索词的词间关系只能有一种，多种关系应选用字段检索。除检索词外，此处不能输入运算符等符号。检索时针对易混淆的字词可设置分词检索，如检索地黄这种药用植物本身的特性等方面的文献，需将地黄丸、地黄汤排除在外。

3.8.2.2 字段检索

检索词可在标题、文献流水号、中图分类号、学科分类号、作者、作者单位、期刊号、年卷期、页号、文献顺序号、主题词、外文药名、文献类型、文献分册等字段进行检索，并限制包含、精确、前方一致或后方一致的检索条件。

3.8.2.3 便捷检索

此种检索方式是在字段检索的基础上，对检索式进行与、或、非及加括号操作，从而将检索式组配检索。

3.8.2.4 检索结果的输出

检索结果总数显示在检索系统界面的底部，系统显示检索结果的记录号、文献流水号和标题，双击标题可显示此条文献的具体内容。

若对所选记录进行打印或存盘时，需先点击菜单行记录（R），下拉菜单发送到单独文件或合并文件或打印机。系统规定每次下载记录条数不能超过 10，若读者选中的记录超过此数时需分次进行。

3.9 中国中医药期刊文献数据库

3.9.1 概述

中国中医药期刊文献数据库由中国中医科学院中医药信息研究所创建，涵盖了中国国内出版的生物医学及其他相关期刊千余种，包含中医药学、针灸、气功、按摩、保健等方面的内容，收录了 1949 年以来的中医药文献题录 100 万余篇，其中 50%～70% 附有文摘。该数据库采用美国国立医学图书馆的《医学主题词表》（MeSH）及中国中医研究院的《中国中医药学主题词表》进行规范的主题词标引，用以进行精确检索和扩展检索。该数据库每季度更新一次，每年约增加文献 6 万篇。多年来，该数据库已经广泛为国内外中医药院校、科研院所、医院、政府部门、商业部门所采用。

数据库可通过文题、作者、单位、期刊（名称、年、卷、期）、特征词、主题词、关键词、主题姓名、文献类型及全文检索的方式进行检索；并可通过主题词及分类号进行扩展检索。目前，该数据库提供有 18 个专题数据库，分别为：中药文献数据库、中药化学文献数据库、中药药理学文献数据库、中药不良反应和毒理学文献数据库、针灸文献数据库、肿瘤文献数据库、中医性疾病文献数据库、中医老年病文献数据库、中医名医经验数据库、中医临床诊疗文献数据库、中医临床试验文献数据库、中医药学历史文献数据库、中医药研究课题数据库、中医药学文摘数据库、艾滋病中药数据库、中医诊治骨折外伤文献数据库、中医疫病文献数据库、中医诊治褥疮文献数据库。

3.9.2 检索指南

3.9.2.1 快速检索

数据库检索界面见图 3-50。基本检索要求用户输入检索词，在全字段进行匹配，展现检索结果。所有数据库都支持基本检索；App 检索方式为快速检索。

3.9.2.2 高级检索

高级检索允许用户在给定字段上匹配检索词、组合检索表达式进行复杂的检索。

3.9.2.3 主题检索

美国国立医学图书馆《医学主题词表（MeSH）》中译本、《中国中医药学主题词表》是中国中医药数据库检索系统（TCMDS）进行主题标引和主题检索的依据。主题检索是中国中医药期刊文献数据库和中医药文献分析与检索系统（TCMLARS）具有的检索方式。

图 3-50　中国中医药期刊文献数据库检索界面

用户可以展开主题词树形结构查找某一感兴趣主题词进行匹配进入详情页面；也可以输入检索词，找到该检索词或匹配的主题词展示列表并查看主题词详情。详情页面要求展示该主题词相关树形结构和相关信息，可以组合副主题词、加权、扩展等进行复杂的检索。

3.9.2.4　分类检索

《中国图书馆分类法·医学专业分类表》是中国中医药数据库检索系统（TCMDS）分类标引和检索的依据。分类检索单独使用或与其他检索方式组合使用，可发挥其组合检索的优势。分类检索是中国中医药期刊文献数据库具有的特殊检索方式。用户可以展开分类树形结构寻找感兴趣的类别进入详情页面；也可以输入检索词，找到该检索词匹配的分类号进入详情页，查看该分类号的详细信息或匹配该分类号检索相关文献信息。

3.9.2.5　期刊检索

期刊检索是中国中医药期刊文献数据库具有的特殊检索方式。用户能够通过期刊名、主办单位、ISSN 号等字段匹配检索词，查找相关期刊，点击相关期刊进入详情页。详情页允许用户在本刊中对检索词、期刊年、期刊期检索，不进行非空验证。

3.9.2.6　限定检索

限定检索是中国中医药期刊文献数据库和 TCMLARS 具有的特殊检索方式，可对多个维度进行限定，提高检索精准度。多个维度包括：专题库、年代、资助类别、文献类型、医学史、年龄组、性别、对象类型、摘要、病例数。

3.9.2.7　历史检索

历史检索是所有库共有的检索方式。要求记录用户的检索历史，对检索历史进行 AND、OR、NOT 组合检索。

第4章 国外全文数据库文献检索

4.1 SpringerLink 电子期刊数据库

德国施普林格（Springer）是世界上著名的科技出版社，该社通过 SpringerLink 系统分享电子图书并提供学术期刊服务。SpringerLink 是全球最大的在线科学、技术和医学（STM）领域学术资源平台，提供超过 1900 种同行评议的学术期刊，以及不断扩展的电子参考工具书、电子图书、实验室指南、在线回溯数据库及更多内容。SpringerLink 提供 12 个分学科子库：行为科学，生物医学和生命科学，商业和经济，化学和材料科学，计算机科学，地球和环境科学，工程学，人文、社会科学和法律，数学和统计学，医学，物理和天文学，计算机职业技术与专业计算机应用。

SpringerLink 电子期刊数据库检索方法：

① 打开 SpringerLink 电子期刊数据库网址，单击首页搜索框，如图 4-1 所示。

图 4-1　SpringerLink 电子期刊数据库首页

② 通过关键词或作者搜索，以"鱼类低氧"为例，输入关键词"Fish hypoxia"，单击搜索按钮，进行搜索。

③ 出现搜索结果，如图4-2所示，以第一篇文献为例，单击标题。

图 4-2　搜索结果

④ 出现详细内容后，单击下载按钮【Download PDF】，保存到文件夹，如图4-3所示。

图 4-3　下载文献

4.2　Elsevier Science 电子期刊数据库

爱思唯尔（Elsevier）是荷兰的国际化多媒体出版集团，是全球领先的科学与医学信息服务机构。其出版的期刊是世界上公认的高品位学术期刊，包括《柳叶刀》《细胞》等

2800 多种学术期刊。其旗下数据库 ScienceDirect，简称 SD，是著名的学术数据库，对全球的学术研究做出了巨大贡献，每年下载量高达 10 亿多篇，是所有学术类数据库中下载量最大的数据库。

Elsevier Science 电子期刊数据库检索方法：

① 打开 Elsevier Science 电子期刊数据库网址，在搜索框中输入题目、关键词或者作者。

② 以"鱼类低氧"为例，输入关键词"Fish hypoxia"，单击搜索按钮，进行搜索，如图 4-4 所示。

图 4-4　搜索关键词

③ 出现搜索结果，以第一篇文献为例，单击"View PDF"，如图 4-5 所示。

④ 出现详细内容后，即可查看或下载所需内容。

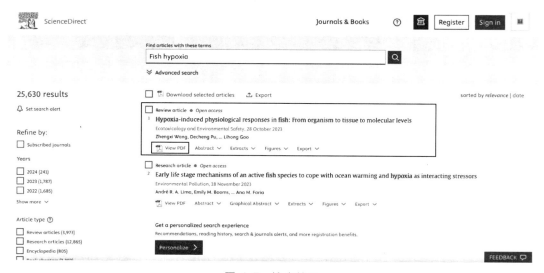

图 4-5　搜索结果

4.3 EBSCOhost 文献数据库

EBSCO 是美国的一家私营公司名称的首字母缩写,是世界上最大的期刊和全文数据库的生产、代理商,为全球文献资料收藏者提供订购、收藏、使用和检索等一系列完整服务。从 1986 年开始,EBSCO 出版了基于 EBSCOhost 检索系统的数据库,含有近 60 个数据库,其中全文数据库 10 余个,分别是:①Academic Source Premier(ASP)。Academic Source Premier 数据库提供了近 4700 种出版物全文,包含了 3600 多种同行评审期刊。该数据库有 1975 年甚至更早年代的 PDF 过期卷。②Business Source Premier(BSP)。Business Source Premier 数据库是世界上最大的全文商业数据库,提供近 8350 种学术性商业期刊及其他来源的全文,最早可回溯至 1922 年。③MasterFILE Premier。MasterFILE Premier 数据库为多学科数据库,专门为公共图书馆而设计,它为 2005 种普通参考出版物提供了全文,全文信息最远可追溯至 1975 年。④Vocational and Career Collection。Vocational and Career Collection 数据库专门服务于高等院校、社区大学、贸易机构和公众的专业技术图书馆。⑤ERIC。ERIC(教育资源信息中心)数据库包含 2200 多篇文摘和附加信息参考文献以及 1000 多种教育或与教育相关的期刊引文和摘要。⑥MEDLINE。MEDLINE 数据库提供了有关医学、护理、牙科、兽医、医疗保健制度、临床前科学等权威医学信息。⑦Newspaper Source。Newspaper Source 数据库提供了美国近 30 个民族和国际出版报纸的精选全文。此数据库还包含来自电视和收音机的全文新闻副本。⑧Professional Development Collection。Professional Development Collection 数据库主要服务于职业教育者,它提供了 550 多种专业的优质教育期刊。Professional Development Collection 数据库是世界上最全面的全文教育期刊数据库。⑨Regional Business News。Regional Business News 数据库提供了地区商业出版物的全文。Regional Business News 数据库包含了美国所有城市和乡村地区的 75 种商业期刊、报纸和新闻专线。⑩History Reference Center。History Reference Center 数据库提供了 750 多部历史参考书和百科全书的全文以及近 60 种历史杂志的全文,同时包括 58000 份历史资料、43000 篇历史人物传记、12000 多幅历史照片和地图等。

EBSCOhost 电子期刊数据库检索方法:

① 打开 EBSCOhost 电子期刊数据库网址,单击首页"ASP&BSP 自然 & 社会学科全文数据库(收录同时收录 SCI/SSCI1600 种全文期刊)",如图 4-6 所示。

② 可以通过关键词或作者搜索,以"鱼类低氧"为例,输入关键词"Fish hypoxia",单击"搜索"按钮,进行搜索,如图 4-7 所示。

③ 出现搜索结果,以第一篇文献为例,单击"PDF 全文",如图 4-8 所示。

④ 出现详细内容后,单击下载按钮,保存到文件夹,如图 4-9 所示。

图 4-6 EBSCOhost 电子期刊数据库首页

图 4-7 搜索关键词

图 4-8 搜索结果

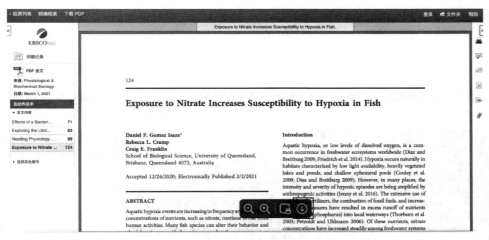

图 4-9　下载文献

4.4　ACS 期刊数据库

美国化学学会（American Chemical Society，ACS）是世界上最大的科技协会之一，主要为化学研究机构、企业及个人提供文献资讯及服务，在科学、教育、政策等领域提供了多方位的专业支持。ACS 数据库的期刊是化学领域中被引用次数最多的期刊。主要包括以下研究领域：生化研究方法、药物化学、有机化学、普通化学、环境科学、材料学、植物学、毒物学、食品科学、物理化学、环境工程学、工程化学、应用化学、分子生物化学、分析化学、无机与原子能化学、资源系统计算机科学、学科应用、科学训练、燃料与能源、药理与制药学、微生物应用生物科技、聚合物和农业学等。

ACS 期刊数据库检索方法：

① 打开 ACS 电子期刊数据库网址，如图 4-10 所示。

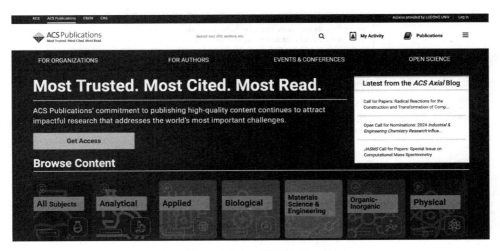

图 4-10　ACS 电子期刊数据库首页

第 4 章　国外全文数据库文献检索　071

② 可以通过关键词或作者搜索，以"鱼类低氧"为例，输入关键词"Fish hypoxia"，单击搜索按钮，进行搜索，如图 4-11 所示。

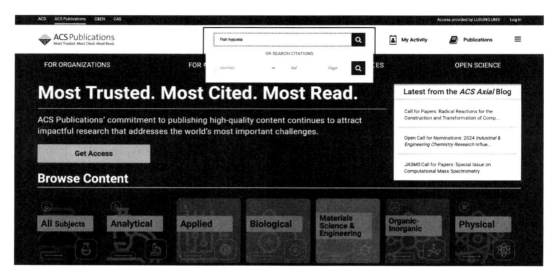

图 4-11　搜索关键词

③ 出现搜索结果，以第一篇文献为例，单击标题，如图 4-12 所示。
④ 出现详细内容后，单击"PDF"，保存到文件夹，如图 4-13 所示。

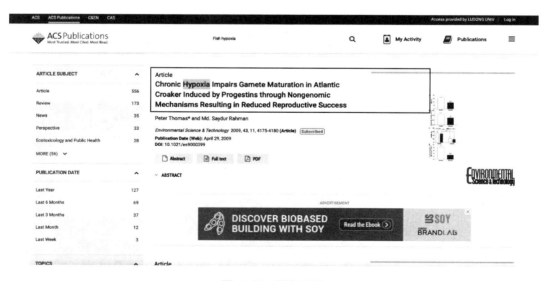

图 4-12　搜索结果

图 4-13　下载文献

4.5　PubMed 生物医药文献数据库

PubMed 数据库由美国国立医学图书馆下属的国家生物技术信息中心研制开发，免费提供生物医学方面的论文，是生物医学领域最重要的数据库之一。其数据库来源为 MEDLINE，主要提供医学方面相关资料，也包括其他与医学相关领域的资料。MEDLINE 是最权威的文摘类医学文献数据库之一，1996 年起向公众开放。PubMed 数据库包含超过 3200 万篇生物医学文献和摘要，不提供期刊文章的全文，但是通常会附有指向全文的链接。

PubMed 生物医药文献数据库检索方法：

① 打开 PubMed 电子期刊数据库网址，如图 4-14 所示。

② 可以通过关键词或作者搜索，以"鱼类低氧"为例，输入关键词"Fish hypoxia"，单击"Search"按钮，进行搜索，如图 4-15 所示。

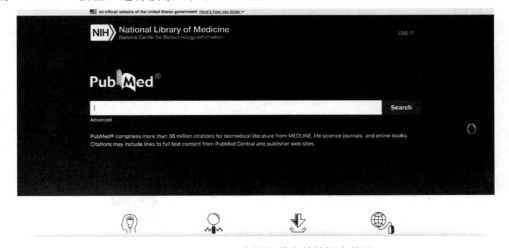

图 4-14　PubMed 生物医药文献数据库首页

③ 出现搜索结果，以第一篇文献为例，单击标题，如图 4-16 所示。

④ 出现详细内容后，单击"Save"，可引用至 endnote，如图 4-17 所示。

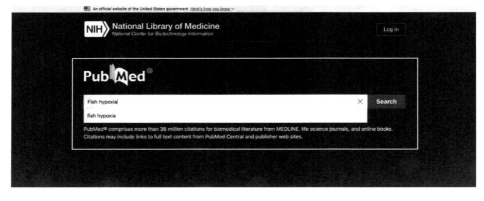

图 4-15　搜索关键词

图 4-16　搜索结果

图 4-17　引用文献至 endnote

第 5 章
著名外文文摘库检索

5.1 美国《科学引文索引》(SCI)数据库

5.1.1 概述

《科学引文索引》(*Science Citation Index*,SCI),是由位于美国费城的科学信息研究所(Institute for Scientific Information,ISI)编辑出版的一种独具特色的信息检索工具,覆盖 3300 种各国重要的科技期刊和书目信息、作者文摘和引用参考书目,每年有超过 70 万条新增数据。SCI 收录的文献包括信件、评论、文献的修改和文献编辑材料等出版物,其中以医学、生命科学、化学、物理所占比例最大。SCI 于 1963 年创刊,原为年刊,1966 年改为季刊,1979 年改为双月刊。1988 年 SCI 出版光盘,每月更新。其网络版的出现使 SCI 的检索回溯时间更长、数据更新更快。

SCI 被认为是最具权威的科学技术文献的索引工具之一,能够为科学技术领域提供研究成果的检索。SCI 引文检索的体系独特,不仅可以从文献引证的角度评估文章的学术价值,还可以快速搭建研究课题的参考文献网络。SCI 有一套严格的评价期刊质量的体系,入选的期刊每年都依次进行评价和调整,而且 SCI 收录文献的学科专业相当广泛。利用 SCI,不但能了解何人、何时、何处发表了哪些文章,而且可以了解这些文章后来被哪些人在哪些文章中引用过;了解热门研究领域,掌握学术期刊的国际评价情况,借以确定核心期刊等。我国教育部、科技部每年都要对全国的科研单位和高等院校的学术研究情况进行评估,其主要依据之一就是统计 SCI 收录的论文情况及其被引用的情况。1997 年,ISI 公司推出了网络版数据库 Web of Science 检索系统,其中包括 ISI 的三大引文数据库:①Science Citation Index Expanded 提供 1945 年以来的资料以及 1991 年以来的文摘摘要;②Social Science Citation Index 提供 1956 年以来的资料以及 1992 年以来的文摘摘要;③Arts & Humanities Citation Index 提供 1975 年以来的资料以及 2000 年以来的文摘摘要。每个数据库每周都更新,涵盖自然科学、工程技术、社会科学、艺术与人文等领域 200 多个学科,8500 多种期刊的所有文献都有详细书目信息。这些文献类型包括:艺术、音乐和演出评论,研究论文和综述,图书评论,更正和添加,社论和书信等。

SCI通过其强大的检索系统，不仅可以常规地按从作者到文献的途径查询相关的科技文献，还可以查询引文文献和各类相关文献的隐含关联。因此，SCI数据库被国际公认为是具有权威性的检索类数据库，也是具有查询被引用文献功能的数据库。SCI数据库独特的设计和数据组织使用户不仅可以和其他数据库一样从关键词或其他途径检索文献，而且可以由一条记录出发，通过对其引用文献的查询迅速扩展用户的检索视野。

5.1.2 SCI收录依据

SCI收录主要依据三个方面：①引文数据，包括影响因子（impact factor，IF），《期刊引证报告》（$Journal\ Citation\ Reports$，JCR）查询；②期刊出版标准，要符合通用的编辑规范；③专家评审。

影响因子即某期刊前两年发表的论文在该报告年份（JCR year）中被引用总次数除以该期刊在这两年内发表的论文总数。

影响因子是以年为单位进行计算的。以2019年的某一期刊影响因子为例。

$$IF(2019年) = A/B$$

式中 A——该期刊2017年至2018年所有文章在2019年中被引用的次数；

B——该期刊2017年至2018年所有文章数。

如月刊《化学学报》，每期10～15篇论文。2019—2020年共250篇论文，2021年的JCR为667次。则《化学学报》2021年影响因子为：667/250＝2.668。

世界三大科学名刊2020年的SCI影响因子及排名：

$Nature$ 影响因子为49.962，排名第22；

$Science$ 影响因子为47.728，排名第24；

$Cell$ 影响因子为41.582，排名第32。

5.1.3 检索方法

通过ISI主页可以访问Web of Science（图5-1），注意检索前需要选择Web of Science数据库和相关数据库时间跨度，右上角可以切换语言，网站会根据使用者的IP地址自动切换用户可能使用的语言类型。

Web of Science是美国科学信息研究所基于因特网的数据库新产品，是学术界公认的权威科技文献检索工具，内容涵盖自然科学、工程技术、生物医学等一百五十多个学科领域。目前该库有两种版本，扩展版和核心版。Web of Science主要功能如下：

① 通过引文检索功能可查找研究课题早期和最近的学术文献和论文摘要。

② 可以查阅所引用参考文献的记录，被引用情况及相关文献的记录。

③ 可选择检索时间范围，可对论文的语言、文献类型做限定检索。

④ 检索结果可按其相关性、作者、日期、期刊名称等项目排序。

⑤ 可保存、打印、通过E-mail发送所得的记录及检索式。

⑥ 全新的WWW超文本特性，能链接到ISI的其他数据库。

图 5-1 Web of Science 主页界面

⑦ 部分记录可链接到所在机构的 OPAC 记录,迅速获得该馆馆藏信息。

⑧ 数据可实现全部年份、特定年份,或最近一周、两周、四周的数据的检索。

5.1.3.1 Web of Science 检索项规则

① 检索项不区分大小写;

② 输入单词和短语不带引号;

③ 用布尔逻辑运算符连接两个或多个词,如 AND、OR;

④ 当 AND、OR、NOT、SAME 不是检索运算符时要加引号;

⑤ 通配符"*"代表一至多个字符,"?"代表一个字符,"??"代表两个字符;

⑥ 可以进行右边截断或中间截断;

⑦ 输入时可以带标点符号;

⑧ 检索用括号括起来的单词或短语可用空格代替。

5.1.3.2 检索方法

(1) 基本检索 (basic search)

用户可直接按照主题、作者和著者地址分别进行检索,最多可显示 100 个信息检索结果。

① 主题检索 (topic search):如图 5-2 所示,通过文献标题 (title)、文摘 (abstract) 及关键词 (keywords) 等字段检索文献。

② 作者检索 (author search):如图 5-3 所示,可检索某个特定著者或关于某个特定著者的作品以及引用某个特定著者作品的文献。从 1998 年开始,作者名字当中字母与符号混合编排的形式以及名字中有空格的形式已被禁止在数据库中使用,所以,当检索年代跨越比较大时,要输入多种形式才能匹配检索结果。

③ 著者地址检索 (place search):著者地址的检索式多采用缩写形式,检索过程中如使用国家或省份作为著者地址检索时,要按邮政缩写输入。如检索作者地址是 Pennsylvania,则应输入 PA,如要检索某一国家中的特定区域,还应输入邮政编码。

图 5-2 主题检索界面

图 5-3 作者检索界面

(2) 全面检索 (full search)

当点击"Full Search"进入全面检索后，可选定数据库，缺省值为检索所有的数据库。在选定数据库后，亦可选择限制检索时间，Web of Science 提供多种时间限定的选择。选好数据库和时间便可运用一般检索（general search）、被引文献检索（cited reference search）、高级检索（advanced search）等途径进行文献检索。用户还可通过"OPEN HISTORY"键打开以前保存过的检索策略，执行组合检索（combine searches）操作。

① 一般检索（general search）：与基本检索类似，可在选定数据库中检索关于某个主题、著者、期刊或作者地址的论文。主题（TOPIC）：输入出现在论文题目、摘要或关键词中的单词或短语。选择 title only 可以限制为仅检索论文题目。著者（AUTHOR）：输入著者或编辑的姓名，先输入姓，然后输入空格，接着输入名首字母（最多 5 个字母），如不知道作者姓名，可用"*"辅助检索，也可仅输入姓而不输入名。期刊（SOURCE TITLE）：输入 SOURCE TITLE 全称或缩写，可以从期刊列表中复制期刊名称（从检索

页面中的 source list 可以进入）。地址（ADDRESS）：输入 ADDRESS 如研究所名称、城市、国家或邮编，研究所和地址名称经常缩写，需参考在线帮助文件选择地址缩写。

② 被引文献检索（cited reference search）：从期刊中检索出引用过某一图书、专利或其他论文的文献。被引文献检索是引文索引中最独特的检索途径，可以揭示一个已知的研究理念或创新是如何得到证实、应用、提高、发展和修正的，灵活有效地利用这一检索途径将大大提高文献检索的效率。

- 被引用作者（CITED AUTHOR）：输入论文第一著者的姓名，如果该论文的发表时间正好在用户所在的研究机构订购的 Web of Science 所覆盖的年限内，其所在期刊正好是该年度的来源期刊，可以输入该文的任意一位著者的姓名。如果姓名长度超过 15 个字符，从第 15 个字符开始截取，姓氏后添加空格和最多 3 个首字母，建议只使用第一个首字母和星号。检索项连接符可使用"OR"。

- 被引工作（CITED WORK）：CITED WORK 名称最多 20 个字符，可以参阅期刊缩写列表或者其他期刊缩写形式。对于图书，输入图书名称中有意义的前几个字符；对于专利，在 CITED WORK 中输入专利号。检索项连接符可使用"OR"。

- 被引用文献出版年度（CITED YEAR）：输入四位数的年份或用"OR"连接符分开的一系列年份显示文献发表的年份（对于专利，使用专利发布日期）。检索项连接符可使用"OR"。

③ 高级检索（advanced search）：如图 5-4 所示，读者可以运用双字符字段标记及布尔逻辑运算符通过命令进行检索，以获得更有针对性的结果。可以在检索框中输入检索式，然后点击"检索"键，屏幕下方显示命中记录数。点击这一链接，便可看到命中题录及每条记录的详细信息。

④ 化学结构检索（chemical structure search）：注册用户输入化学结构才能进行化学结构检索。可以通过绘制化学结构的方式（见图 5-5）进行化合物数据检索和化学反应数据检索（见图 5-6），其中检索内容包括化合物生物活性、分子量范围、气体环境、压力时间、温度、产率反应关键词、化学反应备注等多种内容。

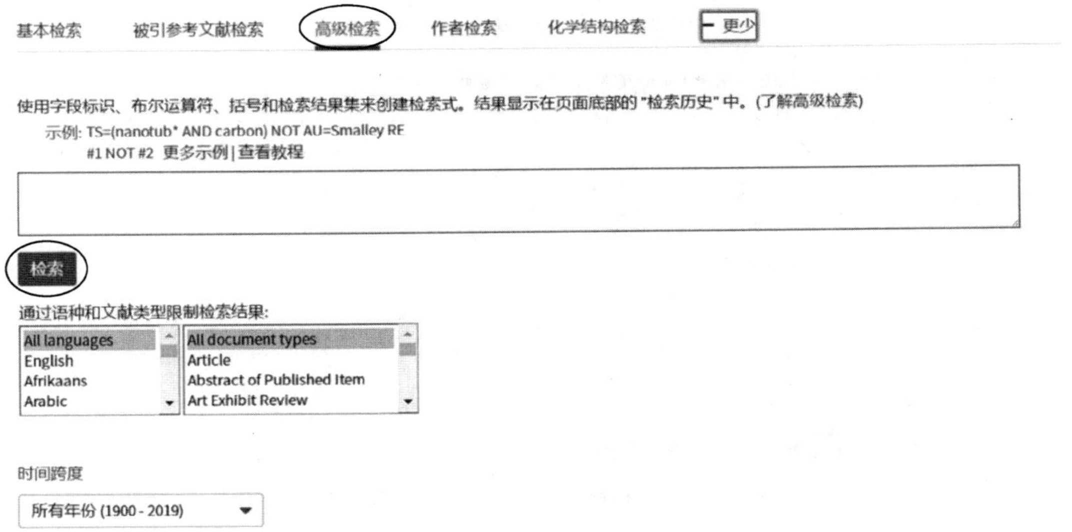

图 5-4 高级检索界面

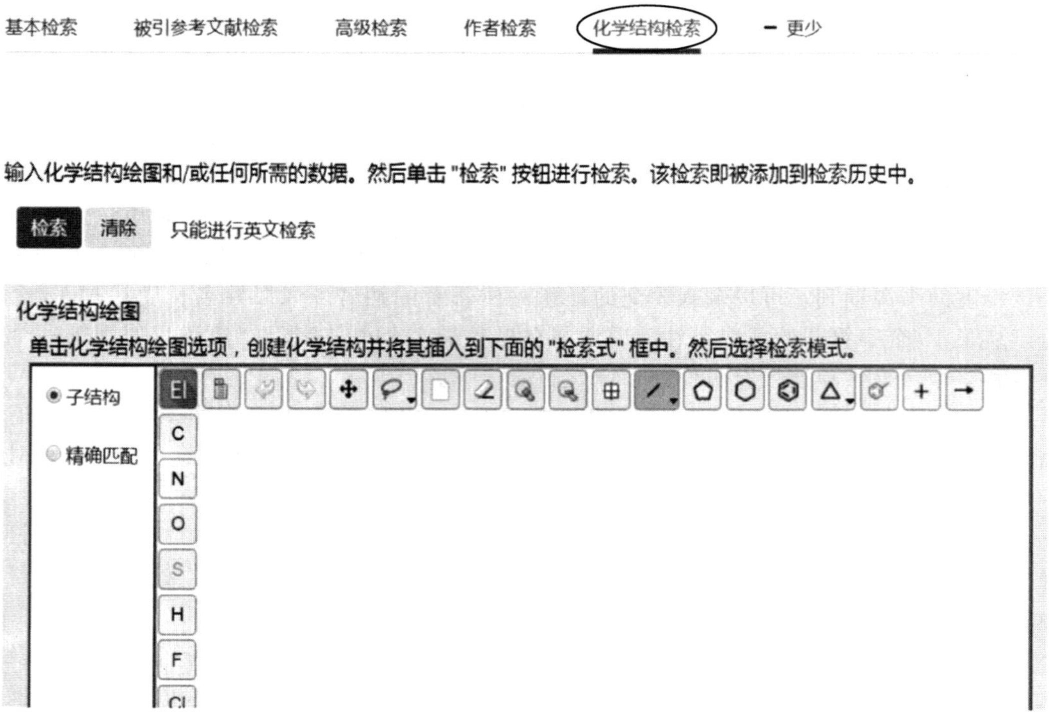

基本检索　　被引参考文献检索　　高级检索　　作者检索　　⦅化学结构检索⦆　　— 更少

输入化学结构绘图和/或任何所需的数据。然后单击"检索"按钮进行检索。该检索即被添加到检索历史中。

检索　清除　只能进行英文检索

化学结构绘图

单击化学结构绘图选项,创建化学结构并将其插入到下面的"检索式"框中。然后选择检索模式。

○ 子结构

○ 精确匹配

图 5-5　绘制化学结构

化合物数据

输入化合物名称、生物活性和/或分子量。使用复选框指定特征描述。

化合物名称:
化合物生物活性:　　　　　　　　　　　　　　　　生物活性列表
分子量:　　<　　
　　□作为反应物 □作为产物 □作为催化剂 □作为溶剂

化学反应数据

输入要检索的任意化学反应条件以及所需的反应关键词或备注。

气体环境:　　　　　　　　　　　　　　　　□回流标记
其他:　　　　　　　　　　术语列表
压力(Atm):　　<
时间(小时):　　<
温度(摄氏度):　<
产率:　　　　　<
反应关键词:　　　　　　　　　　　　　反应关键词词表
化学反应备注:

检索　清除　只能进行英文检索

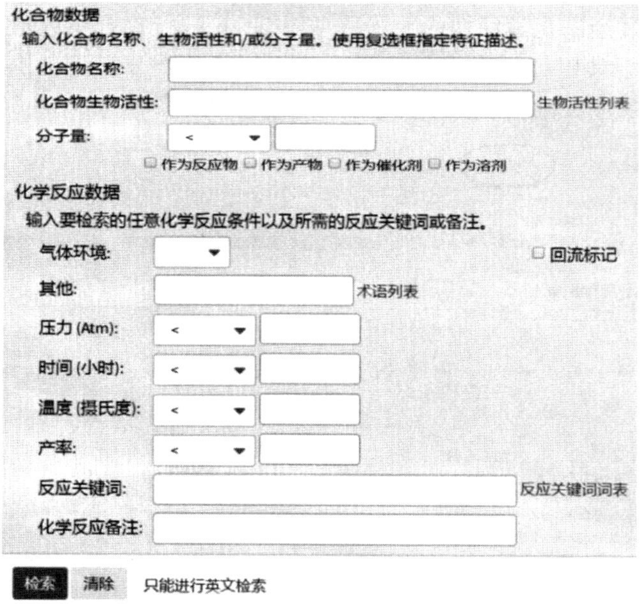

图 5-6　化合物数据检索和化学反应数据检索

⑤ 组合检索（combine searches）：在全面检索界面中点击"打开保存的检索历史"选项，打开以前保存过的检索策略，点击"组配"选项便可进入组合检索界面。在检索记录中创建系列组合检索，可以将引文检索与一般检索组合起来。图 5-7 便是将引文检索与高级检索进行组合。

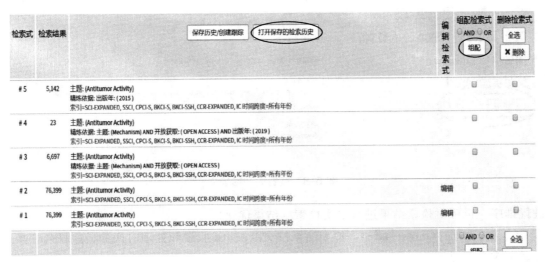

图 5-7 组合检索界面

5.1.3.3 检索结果

(1) 链接不同信息资源

检索结果的全记录页面中有许多链接和按钮，用户可以交叉检索 ISI Proceedings（ISI 会议录）、Derwent Innovations Index（德温特创新索引）、BIOSIS PreviewS（美国生物科学数据库）、INSPEC（科学文摘）等数据库，还可以迅速链接到 ISI Essential Science Indicators（ISI 基本科学指数）、ISI Journal Citation Reports on the Web（ISI 期刊引文分析报告）、NCBI GenBank databases（美国国家生物技术信息中心 GenBank 数据库）等信息资源。用户可以通过"Go TO INSPEC"按钮链接到 INSPEC 数据库，查看较为详细的记录，也可以通过"FIND RELATED RECORDS"链接相关记录，并通过"RETURN TO WEB OF SCIENCE"按钮返回到 Web of Science。

检索结果中可以查看文献的详细信息，点击"查看期刊影响力"还可以查询到期刊的影响因子、JCR 分区、学科排名等信息（见图 5-8），这对期刊投稿非常有帮助。

(2) 标记记录

在检索结果页面点击"Mark"选项，然后点击"SUBMIT MARKS"提交记录，或在全部记录页面中直接点击"Mark"按钮提交记录，然后通过"MARKED LIST"打开当前操作中已标记记录的列表。

(3) 排序

在检索数据库之前可预先设定检索结果排序以得到更集中的结果，可按多种不同方式

图 5-8 查看期刊影响力

进行排序，也可对检索结果进行二次检索（结果优化）。

① 最近添加（latest date）：检索结果按文献被 ISI 收录和处理时间的逆序排列，最多可显示 500 条记录。

② 被引次数（times cited）：检索结果按照文献被引用次数的降序排列，最多可显示 300 条记录。

③ 相关性（relevance）：检索结果按被检索的词或项目出现频率的降序排列，最多可显示 500 条记录。

④ 第一作者（first author）：检索结果按第一作者姓名的字母顺序排列，匿名著者排列在有姓名著者的前面，最多可显示 300 条记录。

⑤ 来源刊名（source title）：检索结果按来源刊名的字母顺序排列，最多可显示 500 条记录。

（4）输出检索结果

用户可以按最近时间、第一作者、来源刊名、被引次数等排序方式输出结果（见图 5-9）。

① format for print：按照所提供的打印选项选择想要打印的文献信息，其中包括参考文献、作者单位、文摘、语言、出版商信息、国际标准期刊编号、文件类型、关键词、被引次数。默认打印项是：著者、题目、来源刊、页数、出版日期、IDS 编号、源刊名缩写。还可以根据自定义的输出项打印文献信息。

② save to file：将检索结果保存为文本文档。

③ export to reference software：将记录直接输出到文献信息管理软件中。

④ E-mail：电子邮件传递。

⑤ 订购或下载全文：如果具有订购权，可以通过登录 ISI Document Solution 文献订购的 Web 站点或发送 E-mail 给站点管理员进行原文订购。有些文献是开放权限的，所有用户均可下载，点击"出版商处的免费全文"即可下载该文献，如图 5-10 所示。

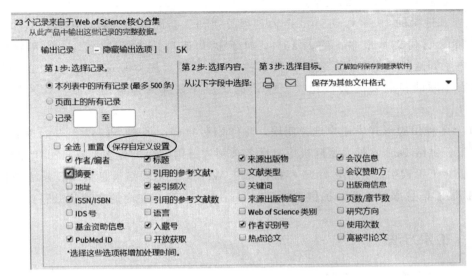

图 5-9 检索结果输出

图 5-10 免费全文下载

5.2 美国《工程索引》(EI) 数据库

5.2.1 概述

《工程索引》(*The Engineering Index*,EI),是由美国工程信息公司 (The Engineering Information Inc.) 编辑出版的一款涉及领域全面的信息检索工具,创刊于 1884 年,是世界著名的工程技术综合性检索刊物,是研究者获取工程类信息文献最权威的数据库。

EI 的宗旨是对全世界工程与技术领域的文献提供全面、准确、快速的报道,它所收录的学科范围包括航空与航天工程、应用物理、生物工程与医学设备、陶瓷、材料科学、塑料及聚合物、食品技术、土木工程、电气、电子、能源、海洋、环境、计算机、通信工程、控制工程、管理、机械、汽车、运输、光学、机械工程、采矿和冶金工程、化学工

程、化学工业等。EI 收录的文献数量巨大,每年新增收录的文献量约 20 万条,包括选自 60 个国家和地区的 19 种文字 5400 余种工程类期刊、会议论文和技术报告,其中以化工和工艺类的期刊文献最多,约占 15%,计算机和信息技术类占 12%,应用物理类占 11%,电子和通信类占 12%,土木工程类占 6%,机械工程类占 6% 等。大约 22% 的数据是收录有主题词和摘要的会议论文。收录的文献中,90% 为英语文献,10% 为非英语文献。

EI 有多种出版形式供用户选择使用,除印刷版年刊、月刊,1969 年开始编制计算机检索磁带,供给 Dialog 等大型联机信息服务公司进行国际联机检索服务,20 世纪 70 年代开始出版《工程索引》光盘,1995 年推出基于 Web 方式的网络信息集成服务站点 EI Village,扩展了信息服务范围,提供包括 EI Compendex Web 在内的多种信息服务。

5.2.2 检索方法

5.2.2.1 《工程索引》手工检索

(1) EI 印刷版检索工具

EI 的年刊及月刊是最常用的印刷型检索工具,主要内容包括文献正文、辅助索引及附表。

① 文摘正文

EI 的主体,主要按标题词的英文字母顺序排列。标题词分为主标题和副标题,均取于《工程主题词表》。1993 年起标题词不分主副,均用大写黑体印刷,取词于《工程信息叙词表》(*EI Thesaurus*),主题词下集中编排相关文献。

② 辅助索引

EI 仅保留了两种索引,即著者索引和主题索引。1987 年用主题索引代替文摘号转换索引,1987 年将工程出版物索引改为出版物一览表,1989 年取消了著者工作机构索引。

a. 著者索引:按著者姓名的字顺排列,姓前名后,著者姓名后列出文摘号。

b. 主题索引:按主题词字顺排列,其中主题词包括规范化的主题词和非规范化的自由词,规范化的主题词取自于《工程主题词表》,1993 年后改取自《工程信息叙词表》。

1993 年前主题索引中的规范主题词分为主标题词和副标题词,分别用粗黑体大写和黑体小写印刷。而非规范化的自由词仅有一级,用细体大写印刷。1993 年后,主题词不再划分主副二级,和自由词(关键词)一样,仅排一级,但主题词仍用粗黑体大写印刷,自由词仍用细体大写印刷。每篇文献可在不同的主题词下重复出现,这就给检索者提供了比利用文摘正文直接检索更为方便有效的检索途径。月刊和年刊本中主题索引的著录项目略有不同,月刊中仅著录主副标题词、自由词和文摘号;年刊的主题索引除著录主题词、自由词和文摘号以外,还在主题词之下列出文献篇名作为辅助说明语。

③ 附表

EI 中附有 4 种附表:出版物一览表(publications list),会议一览表(conference list),机构名称略语、首字母和缩略词一览表,缩写词、单位和首字母缩略词一览表。

（2）EI 检索途径

① 著者途径

在已知著者姓名的情况下选用著者索引来查找文献信息的途径。

② 主题途径

EI 主题途径有两个检索入口：一是在选好主、副标题词后直接从正文入手查找，因为 EI 的正文部分是按标题词字顺排列的，而不是按学科分类编排的，这是 EI 与其他检索工具主要的不同之处；二是在选好主题词的情况下（也包括关键词）从主题索引途径进行检索。

③ 工程主题/叙词表

EI 的《工程主题词表》（*Subject Headings for Engineering*，SHE），是 EI 编排和检索的依据。1993 年后 EI 将标题词检索语言改为叙词检索语言（Engineering Information Thesaurus，EIT），新的叙词表中的任何词都可以作为检索标目词。

5.2.2.2 《工程索引》光盘数据库

《工程索引》光盘数据库是印刷本 *The Engineering Index* 的光盘版，时间跨度为 1988 年至今，数据库出版形式为每年一张光盘。1991 年前各个年份的光盘检索系统工作在 DOS 平台上，1992 年以后的主要集中在 Windows 操作平台上。EI 光盘数据库的检索主界面有两个主窗口：一个是 "EI Compendex" 窗口，为检索结果显示窗口；另一个是 "Search History" 窗口，检索数据库时使用该窗口。

（1）菜单功能

数据库所提供的功能基本上都能从主窗口的各个菜单中得以实现。单击菜单栏中的某项菜单，都会出现下拉菜单，将光标移到所选项，选中该项，数据库就执行该项功能。菜单栏中的主要菜单及选项如图 5-11 所示。

图 5-11 EI 光盘数据库主要菜单及选项

文件菜单（File）：打开/改变数据库（Open/Change Database）、用户重新设置（Reset for New User）、文献保存（Save Documents）、检索策略保存（Save Search Strategy）、打印文献（Print Documents）、打印检索策略（Print Search History）、退出（Exit）。

编辑菜单（Edit）：对文献进行编辑操作，与 WinWord 中的用法相同。

检索/修改菜单（Search/Modify）：字/词索引（Word/Phrase Index）、工程索引主题词索引（EI Subject Headings）、作者姓名（Author Name）、标题词（Title Word）、期刊名称（Journal Name）、会议检索选项（Conference Search Option）[包括会议标题（Conference Title）、会议地点（Conference Location）、会议举办者（Conference Sponsor）、会议年份（Conference Year）]、限制选项（Limit Option）[包括只限英语（English Only）、只限期刊论文（Journal Article Only）、只限会议论文（Conference Paper

Only)、只限最后一次更新的记录（Latest Ondisc Records Only）]、附加的检索选项（Additional Search Options）[包括字和词检索（Words and Phrase）、工程索引分类代码（EI Classification Codes）、重要主题索引代码（Major Subject Headings）、文献标识码（Treatment Codes）、出版年份（Year of Publication）、语言（Language）]、使用保存的检索式（Use Saved Search）、使用显示文本中选择的词（From Selected Display Text）进行检索。

显示格式菜单（Display）：全部记录格式（Complete Record）、带字段标志的全部记录格式（Complete Record Tagged）、文献著录格式（Bibliographic Reference）、内容关键词格式（Key Words in Context）、题录格式（Title List）、用户定义格式（User-Defined Format）、工程索引订购格式（EI Order Format）。

排序菜单（Sort）：按记录的信息排序（By Information in records）、按词频排序（By Frequency of Qualifying Terms）、取消排序（Undo Sort）。

选择菜单（Options）：可对显示字体进行选择。

快捷图标栏从左至右依次为调换光盘、复制、保存检索结果、打印检索结果、使用字词索引检索、使用前一次检索时同样的索引、使用文本中选择的词检索、按全记录显示、按文献记录格式显示、显示记录标题、报告以及结果进行排序。

（2）菜单式检索

菜单式检索通过"Search/Modify"菜单进行。菜单中的检索途径可以分为三大类：一是对基本字段或者具体个别字段的检索；二是对已获得的记录作进一步限制的检索途径选择，包括限制性选择项（Limit Option）和辅助选项检索（Additional Search Options）。第三类是调用存储检索策略（Use Saved Search）和从当前显示的记录中选取检索词（From Selected Display）。相关检索方法与操作如下：

① 字段检索：选择菜单栏的"Word/Phrase Index"，出现 Word/Phrase Index 检索对话框，输入所要查找的单词或词组。

② 限制性检索：对上一次较多篇数的检索结果作进一步限制。如要把页面的记录数限制为期刊论文，则可以在"Limit Option"下拉菜单选择"Journal Articles Only"。

③ 修改检索：当已检索后，下拉菜单栏中"Search/Modify"，选择其中一项即可。

④ 横向检索：从显示的记录中选取检索词检索（From Selected Display）的方法。

⑤ 调用检索：从"Modify/Search"菜单中选择"Use Save Search"，把已保存的检索策略调出来使用，必须事先保存过检索策略。保存检索策略的方法是：打开文件菜单，点击"Save Search Strategy"指令，系统弹出一个保存检索策略窗口，给文件起个名，选择保存路径，点击"确定"按钮即可，打开方式应选择记事本或 Word。

5.2.2.3 EI Village 网页检索

20世纪90年代后随着网络的快速发展，美国工程信息公司于1995年推出了基于 Web 浏览方式的网络信息集成服务站点 Engineering Information Village，该站点不但包含 EI Compendex web 数据库，还增加了 EI PageOne 数据库内容，并以题录方式报道 PageOne 数据库中的文献，两个数据库现合称为 EI Compendex Web。

Engineering Information Village 作为综合信息服务站点，还提供诸如旅游、商业财经、产品、电子期刊、专家咨询、专利和标准以及分布于世界各地的 1500 多个网络信息站，并提供多种期刊与会议论文的网上全文投递等相关信息服务。1998 年美国工程信息公司与清华大学合作在清华大学图书馆设立镜像服务站点，后续许多高校通过镜像得到 Engineering Information Village 全方位服务。EI Compendex 数据库是全球非常全面的工程检索二次文献数据库，它收录了约七百万篇参考文献和摘要。数据库涵盖工程和应用科学领域的各学科，涉及核技术、生物工程、交通运输、化学与工艺工程、照明与光学技术、农业工程、食品技术、计算机和数据处理技术、应用物理、电子和通信工程、控制工程、土木工程、机械工程、材料工程、石油工程、宇航工程、汽车工程等多种学科。数据库每周都会更新，每年增加大约二十五万条记录，网上检索可追溯至 1970 年。以下主要介绍 EI Village 的使用方法。

（1）EI Village 检索方法

在浏览器地址中键入网址 https：//www.engineeringvillage.com/home.url，即可进入 EI Village 的主界面（图 5-12）。点击"Check access"按钮，通过学校 IP 地址或者 VPN 远程访问权限登录到快速检索界面（图 5-13）。快速检索（Quick search）能够直接进行检索，其允许从下拉式菜单中选择要检索的字段包括：主题（Subject）、摘要（Abstract）、作者（Author）、作者单位（Author affiliation）和标题（Title）等。

图 5-12　EI Village 主界面

EI Village 同时提供了两种检索方式：快速检索（Quick search）方式和高级检索（Expert search）方式［先前版本为基本检索（Basic search）和高级检索（Advanced search）］，点击检索界面左上方的提示条，即可在两种检索类型之间进行切换。

① 快速检索（Quick search）

a. 检索词输入框：快速检索系统提供了检索字段选择框和检索词输入框，检索框可以输入单词或词组进行检索，但系统将输入的词组视为用位置运算符"NEAR"连接的检索词。但"NEAR"的含义是在检索记录中其连接的检索词之间不超过 100 个单词，用空格间隔多个检索词，系统自动进行词根运算。两个检索词输入框之间的逻辑关系可通过

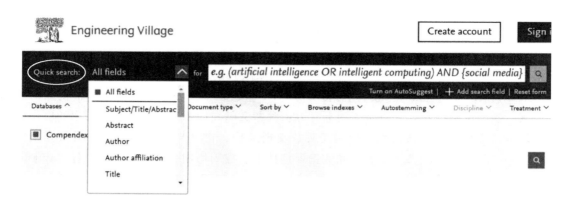

图 5-13　EI Village 快速检索界面

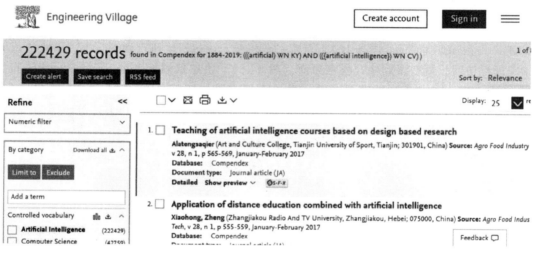

图 5-14　EI Village 快速检索结果示例（一）

"AND、OR、NOT"来限定。例如，在关键词字段中检索 artificial 同时在控制词中检索 artificial intelligence 会同时会得到 222429 条检索结果，如图 5-14 所示。说明在检索框中可以选择多个检索词，系统将词间的关系默认为逻辑"或"，用户可视需要自行进行修改。

点击记录会得到文献的详细信息，包括标题、作者、作者单位、摘要等，同时还提供类似文章，如在右侧有 791779 篇类似期刊文章和 1009631 篇会议论文（图 5-15）。

b. 检索字段范围限制：检索框前的字段选择（Select fields）下拉菜单，用于限制检索词所在字段。字段选择菜单共有 8 个选项：All fields、EI subject term、Titles word、Authors、Author affiliation、Serial titles、Abstracts 和 Publishers。在选择 EI subject term、Authors、Author affiliation、Serial titles 字段时，检索词输入框中可使用"AND、OR、NOT"逻辑运算符；在选择作者及作者单位时，还可以使用通配符"*"来省略部分字符，如"Tongji Univ*"等。选择输入结束后，点击"Search"按钮即开始检索。使用 All fields、Title words、Abstracts 和 Publishers 字段检索时，系统自动进行词根运算，但不能用逻辑运算符连接。

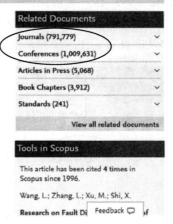

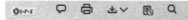

图 5-15　EI Village 快速检索结果示例（二）

c. 检索结果的优化（Refine）：在检索结果的左侧栏中可以对检索结果进行再次优化，如图 5-16 所示。可以通过数字过滤器（Numberic filter）、类别（By category）、EI 控制词（Controlled vocabulary）、文档类型（Document type）、作者（Author）、国家（Contry）、语言（Language）、年（Year）、资源名称（Source title）、出版商（Publisher）、资金赞助商（Funding sponsor）、发表状态（Status）等优化字段对检索结果进行优化。优化方式有限制（Limit to）和排除（Exclude）两种，对应的是"与运算"和"非运算"。优化时需要在输入框中输入需要限制或者排除的检索词，或者在优化字段下方选出系统提供的检索词。对任何一种检索方式，若检索结果太多，可用 Refine 二次检索缩小检索范围，分别是图形化展示、下载引文数据和展开相关检索词的功能区域。

d. 检索项说明：

检索项说明一：作者（Author）。EI 引用的作者姓名为文献中使用的名字即"姓、

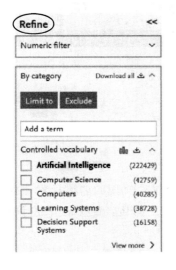

图 5-16　EI 检索结果优化

名"。注意检索的是姓名，不包括先生（sir 或 mister）与学位等头衔。浏览"the author look-up index"来选择作者姓、名的不同拼写方式，如图 5-17 所示。

检索项说明二：作者单位（Author affiliation）。2001 年前 EI Compendex Web 数据库只提供第一作者单位信息，2001 年后也会给出通讯作者的单位信息，如图 5-18 所示。

图 5-17　检索项说明一：作者（Author）

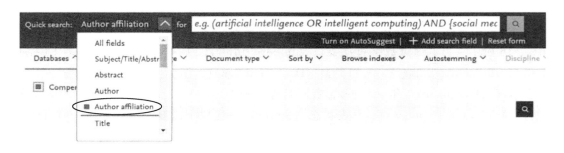

图 5-18　检索项说明二：作者单位（Author affiliation）

检索项说明三：出版商（Publisher）。在出版商检索栏可以确定出版商或搜索某一出版商所出版的期刊文献。查找时需要注意检索出版商所有不同形式的名称，可以参考浏览索引框中的出版商查找索引（Publisher index），如图 5-19 所示。

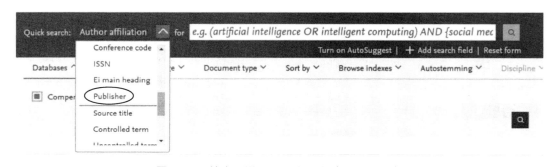

图 5-19　检索项说明三：出版商（Publisher）

检索项说明四：刊名（Source title）。根据期刊、专著或会议论文集的名称检索，检索时需要用括号或引号标注特定的期刊名，如期刊名变化，需要使用刊名查找索引进行确定。刊名查找索引包括系列专著或会议论文集的题目，如图 5-20 所示。

检索项说明五：标题（Title）。标题可以用括号或引号将刊名括起来，如不用括号，则需在标题中检索某些特定的词语，如图 5-21 所示。

图 5-20 检索项说明四：刊名（Source title）

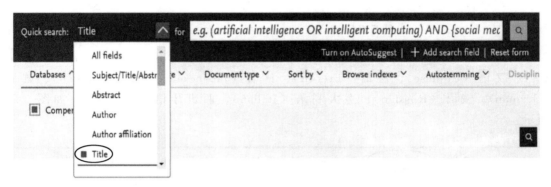

图 5-21 检索项说明五：标题（Title）

检索项说明六：检索限定（Search limits）。检索限定包括文件类型（Document type）限定、处理类型（Treatment type）限定和语言（Language）限定、日期限定等。使用此方法，用户可得到更为精确的文献检索结果，如图 5-22 所示。

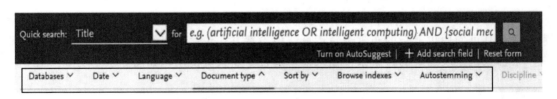

图 5-22 检索项说明六：检索限定（Search limits）

文件类型（Document type）指所检索文献初始出版物的类型。包括：全部（All Document types）、期刊论文（Journal article）、会议论文集（Conference proceeding）、专题报告（Report chapter）、综述报告（Report review）、学位论文（Dissertation），如图 5-23 所示。

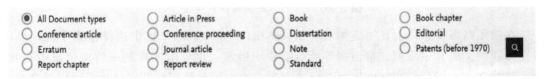

图 5-23 文件类型（Document type）限定

处理类型（Treatment type）指所检索文献的研究方法及所探讨主题内容的类型，包括全部（All Treatments）、应用（Applications）、传记（Biographical）、经济（Economic）、实验（Experimental）、一般性综述（General review）、历史（Historical）、文献综述（Literature review）、管理方面（Management aspects）、数值（Numerical）、理论（Theoretical）等方面，如图 5-24 所示。

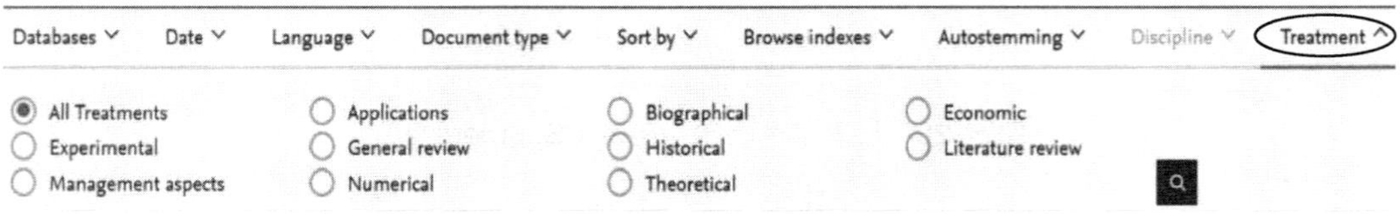

图 5-24　处理类型（Treatment type）限定

语言（Language）限定指在下拉式菜单中对语言做限定，包括全部（All Languages）、汉语（Chinese）、法语（French）、日语（Japanese）、英语（English）、德语（German）、俄语（Russian）、意大利语（Italian）、西班牙语（Spanish），如图 5-25 所示。

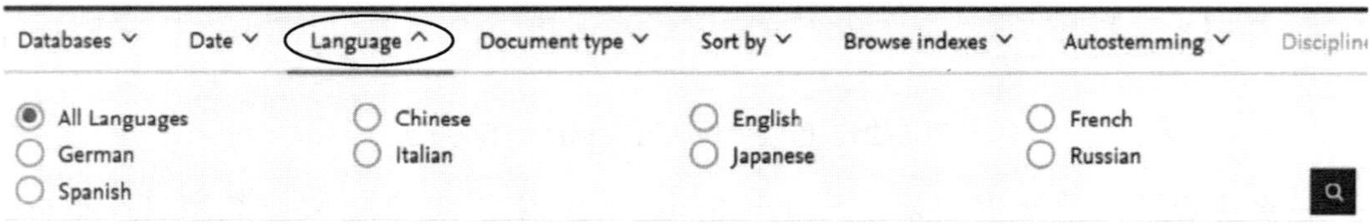

图 5-25　语言（Language）限定

② 高级检索（Expert search）

高级检索是 EI Village 中最高效的检索方法，可提供更灵活、准确的检索。与快速检索相比，其可使用更复杂的布尔逻辑运算，该检索方式包含更多的检索选项，但此界面只有一个输入检索表达式的检索条件输入框，适合专业人员使用，如图 5-26 所示。

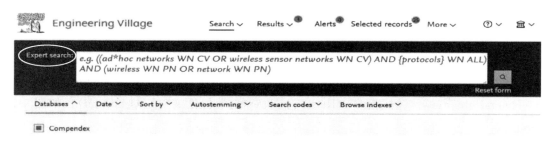

图 5-26　EI Village 高级检索界面

在使用高级检索之前，一定要在"Select fields to search"栏中选择检索字段，可同时在标题、文摘、主题词、自由词等所有字段中检索，也可限定在某一特定字段中查找。由于科技文献中标题往往能够更直接反映文献内容，因此使用标题字段检索可以提高准确率。各个主要检索字段及字段代码见表 5-1。

表 5-1 字段标识符代码

字段	字段代码	字段	字段代码
所有字段（all field）	ALL	处理类型（treatment type）	TR
主题/标题/摘要（subject/title/abstract）	KY	EI 主题词（EI main heading）	MH
作者（authors）	AU	自由词（uncontrolled term）	FL
作者单位（author affiliation）	AF	EI 分类码（EI classification code）	CL
出版商（publishers）	PN	摘要（abstracts）	AB
刊名（serial title）	ST	图书馆所藏文献和书刊的分类编号（CODEN）	CN
标题（title）	TI	国际标准期刊编号（ISSN）	SN
EI 控制词（EI controlled vocabulary）	CV	国际标准图书编号（ISBN）	BN
文件类型（document type）	DT	会议代码（conference code）	CC
语言（language）	LA	会议信息（conference）	CF

（2）EI Village 检索结果显示与保存

不论运用快速检索还是高级检索，相同的检索条件下系统返回的检索结果是一致的。

① 检索结果的显示

a. 题录格式：检索记录以题录的形式显示。对于检索结果的排序，系统提供了两种选择方式：一是按相关度排序（系统默认方式），即按检索词在文献中出现的位置和频率由高到低排列；二是按出版（收录）日期排序，最新的文献排在最前面。

b. 文摘格式：点击条目下的"Abstract"选项，可显示此条文献的对应文摘。

c. 用户选择格式：通过界面上方的"Display format"下拉菜单，可以选择检索记录的显示格式（Citation、Abstract 或 EI Tagged），使检出的文献按选择的格式显示。

d. 标记格式：点击文献题名最前面的复选框，可对需要的文献做选择标记。然后使用"Display format"下拉菜单选择显示格式，再点击此界面上的"Selected"选项，可以让系统以选择的格式集中显示选中的文献记录。

e. 作者论文链接：在结果显示界面上，每篇文献的作者都有相应的链接，点击作者链接，系统可以返回数据库中检索收录的该作者的所有论文信息。

f. 记录范围：单击右上角的"Record range"下拉菜单中的选项可以选择检索结果的显示范围。系统每次最多允许显示 400 个文献记录（分为 20 组），每组一次可显示 10 条文献。通过点击"NEXT"或"BACK"按钮，可翻看前 10 条或后 10 条文献记录。

g. 文献可获得性：点击每篇文献题名下方的"Document availability and cost"按钮，系统可以显示该篇文献的可获得性方式和下载费用。

② 检索结果保存

检索结果可以下载到本地计算机，下载格式为 EndNote、BibTex、Text、CSV、Excel、PDF 等，输出结果为当前视图、引用、摘要、详细记录等，如图 5-27 所示。

除了将检索结果保存到本地外，还可以将其打印或通过 E-mail 发送到指定邮箱。

a. 打印：在打印格式界面，点击浏览器工具栏中的"print"图标打印检索结果。

b. E-mail 发送：选中要发出的检索记录（要将选中的记录置于高亮状态）；利用浏览

图 5-27 检索结果保存

器中的编辑功能,复制所选中的内容;利用匹配浏览器中的邮件功能,建立新邮件;在邮件地址栏中输入传输 E-mail 地址;将光标放在邮件正文栏中,再次利用浏览器中的编辑功能,将所复制的内容粘贴在邮件正文中;点击"send"按钮进行发送。

5.3 美国《化学文摘》(CA)数据库

5.3.1 概述

《化学文摘》(*Chemical Abstract*,CA),是由美国化学文摘服务社(Chemical Abstracts Service,CAS)编辑出版的一款实用性极佳的信息检索工具。

CA 内容全面,摘录了世界上 150 多个国家 50 多种文字的 15000 种期刊、会议录、科技报告、学位论文、图书等文献,以及 26 个国家和 2 个国际专利组织的专利文献。全世界 98% 的化学化工文献都收录其中,除化学化工文献外,CA 还收录生物、食品、医药、纺织、冶金、能源等领域的文献。CA 除出版印刷刊物外,还出版缩微胶片、磁带、光盘数据库及网络数据库。其网络版数据库又称为 SciFinder,CAS 的这一独特的检索工具,可进入全世界最大的化学信息数据库 CAPLUS。有了 SciFinder,可以从世界各地的数百万的专利和科研文章中获取最新的技术和信息。SciFinder 是一个突破性产品,它为研究单位带来了巨大的利益,包括对信息更有效的使用以及为研究和开发工作的助力。

网络上除能检索 CA 数据库外,还有 Chemical Reactions、Commercially Available Chemicals 和 Compounds Patents CA Selects on Web 等多个数据库,网络检索 CA 数据库主要通过国际联机系统检索。这里简单介绍 CA 的印刷版检索和光盘数据库的检索,着重介绍 CA 的网络版数据库（SciFinder）的检索。

5.3.2 检索方法

5.3.2.1 《化学文摘》的手工检索

(1) CA 索引系统及其使用

① 期索引

1981 年以前，每期文摘后附有四种索引：关键词索引、著者索引、专利号索引和专利对照索引。自 1981 年开始，将专利号索引和专利对照索引合并成为专利索引。

② 卷索引

CA 的卷索引是用来检索当卷各期文摘内容的一套索引。CA 目前出版 5 种卷索引：著者索引、普通主题索引、化学物质索引、专利索引、分子式索引。读者可根据不同需要选择不同的检索途径进行检索。

③《累积索引》(Collective Index)

《累积索引》是多卷索引的累积形式，包括除资料来源索引以外的全部索引。CA 的《累积索引》比较完善，到目前为止出版了 14 次《累积索引》。

④《索引指南》(Index Guide)

《索引指南》自 1968 年起开始以卷索引、累积索引和索引指南增刊等形式交替出版。它是使用化学物质索引和普通主题索引的辅助性工具。由序言、正文和附录三部分组成。《索引指南》以卷索引、五年累积索引两种形式公开出版。

⑤ 化学物质来源索引

《化学物质来源索引》(Chemical Abstracts Service Source Index，CASSI) 于 1970 年创刊，每隔 5 年再版一次。主要用于以缩写名查找出版物全称，同时提供文摘的原文来源、出处、收藏单位，以便读者查找原文。

⑥ 辅助性索引

a.《杂原子索引》(HAIC [Hetero-Atom-In-Context] Index)：1971 年后已停刊。

b.《环系索引》(Index of Ring Systems)。

c.《母体化合物手册》(Parent Compound Handbook)。

d.《登记号手册》(Registry Number Handbook)。

(2) CA 检索途径

① 分类途径

分类途径即按学科分类的途径。一般用于浏览新到的 CA、收集课题或学科最新信息。

② 主题途径

包括使用关键词索引、普通主题索引及化学物质索引进行文献检索的途径。

③ 著者与号码途径

著者途径即利用著者索引来查找 CA 文献的途径。号码途径包括利用登记号手册、专利索引来查找的途径。这几种索引编排简单、易学易用、使用方便。

④ 分子式途径

分子式途径是包括利用分子式索引和环系索引检索文献信息的途径，也包括停刊的杂原子索引。查阅有机化学、生物化学和医药方面的化学结构复杂的物质时，通过分子式索引、杂原子索引、环系索引，并结合相应的主题类索引进行检索迅速且准确。

5.3.2.2 CA 光盘数据库检索

CA 光盘数据库收录了生物化学（biochemistry）、有机化学（organic chemistry）、高分子化学（macro-molecular chemistry）、应用化学与化学工程（applied chemistry and Chemical engineering）、物理化学与分析化学（physical and analytical chemistry）5 大学部 80 个学科类目的科技文献。从 1987—1991 年《累积索引》开始出版，其中第 12 次《累积索引》出版 6 张光盘，由 1 张索引盘与 2 张文献盘组成。光盘数据库可实现单机检索和局域网的联机检索，检索系统分为 DOS 系统和 Windows 系统两种，现在一般使用 Windows 操作系统。Windows 下的 CA 光盘检索与原书本的 CA 检索有很大不同，用户可根据所选用的关键词进行自由组配检索。从 1995 年起，美国化学文摘社开始增加电子版文献，主要出版物为光盘数据库，网络数据库 SciFinder、Chemport 全文库、Substance Database 等。CA 光盘数据库提供四种基本检索途径：①菜单式检索（index browse）；②词条检索（word search）；③化学物质等级名称检索（substance hierarchy）；④分子式检索（formula）。CA 光盘数据库检索方法与网络版类似。

5.3.2.3 CA 网络数据库检索（SciFinder）

（1）CA 网络数据库概述

SciFinder 是一个研发应用平台，由美国化学文摘社出品，提供全球最大、最权威的化学及相关学科文献、物质和反应信息。SciFinder 涵盖了化学及相关领域如生物医药、工程、材料科学、农业科学等多学科、跨学科的科技信息。SciFinder 收录的文献类型包括期刊、专利、会议论文、学位论文、图书、技术报告、评论和网络资源等，如图 5-28 所示。

SciFinder 可以检索以下数据库信息：文献数据库（CAPLUS）、物质信息数据库（CAS REGISTRY）、化学反应数据库（CASREACT）、马库什结构专利信息数据库（MARPAT）、管控化学品信息数据库（CHEMLIST）、化学品商业信息数据库（CHEMCATS）、美国国家医学图书馆数据库（MEDLINE）。

文献数据库涵盖上万种期刊及 63 个专利发行机构专利，涵盖全球 98% 以上的化学化工相关科技类信息，可以同时浏览 Science Direct、SCI、Wiley、Springer 等各大全文数据库中的科技信息，且会及时更新九大专利机构新公开的专利。物质信息数据库是化学物质信息的"黄金标准"，也是目前世界上最大、最全的物质信息检索平台，能够快速检索收录物质的结构信息、CAS 号、分子式、物质名称、理化性质、物化性质、结构性质、谱图数据，该数据库每天更新约 12000 个化合物分子，也是 CAS 号授予和查询平台。化学反应数据库是检索化学反应最权威的来源之一，是世界上最大的反应数据库，也是世界上更新速度最快的反应数据库。该库收录反应的实验条件、实验步骤等，具有强大的反应筛选功能。

图 5-28　SciFinder 登录界面

(2) CA 网络数据库（SciFinder）检索方法

① 基本检索

a. 基本检索的功能包括主题检索、作者名检索、机构名检索、文献标示符检索、从物质或反应获得文献这 5 种方式。检索方法推荐：如果关注某特定领域的文献则使用主题检索的方式；如果关注物质有关的文献则使用从物质获得文献的方式；如果关注某机构的文献则使用机构名检索的方式。

SciFinder Web 中的主题检索，支持输入主题词，关键词可用介词 with 连接，一般可以输入 2～3 个关键词，如图 5-29 所示。主题检索的结果会显示多个候选项，如图 5-30 所示。"Concept"表示做了同义词的扩展；"Closely associated with one another"表示同时出现在一个句子中；"present anywhere in the reference"表示同时出现在一篇文章中，用户可以根据检索需求进行扩展。

b. SciFinder 中的文献记录：如图 5-31 所示，SciFinder 提供的引文排序包括入藏号（Accession Number）、作者姓名（Author Name）、引用文献（Citing References）、出版年份（Publication Year）、标题（Title），引文显示信息包括引用次数、出版年、标题等。查询用户可以根据需要对文献记录进行排序，完整的文献记录界面包括：题录信息，摘要信息，文献中重要的概念，文献中重要的物质，书目信息，获得文献中的物质、反应、引文等，文献中的引文信息。

c. SciFinder 的文献检索结果分析（Analyze）：SciFinder 会对检索结果提供文献分析，帮助用户处理文献，如图 5-32 所示。分析结果会以柱形图展示，同时显示对应的数量。可以分析领域内主要研究人员或专家、主要研究机构、合作伙伴、竞争对手、主要出版杂志机构、潜在投稿期刊等重要文献信息，为用户提供全面的查询服务。

d. SciFinder 的文献检索结果优化（Refine）：该功能可以帮助用户迅速获得需要的文献，使用类似于二次检索。可以优化的字段包括：主题、作者、公司名、文件类型、出版年、语言、数据库等，如图 5-33 所示。

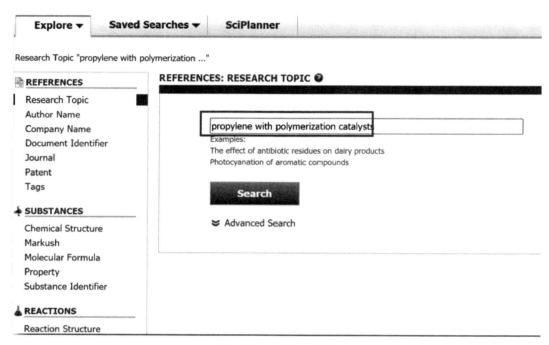

图 5-29 主题检索界面

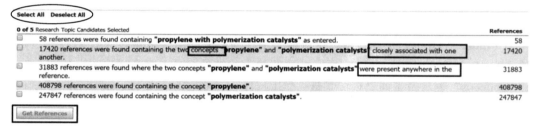

图 5-30 主题检索候选扩展

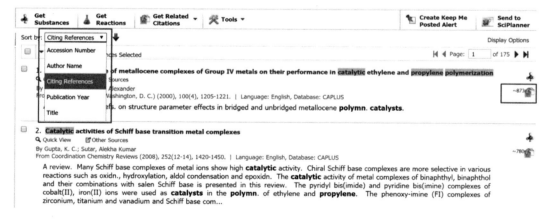

图 5-31 SciFinder 中的文献记录

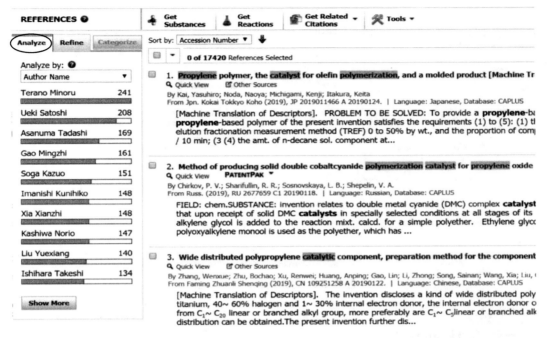

图 5-32 SciFinder 文献检索结果分析

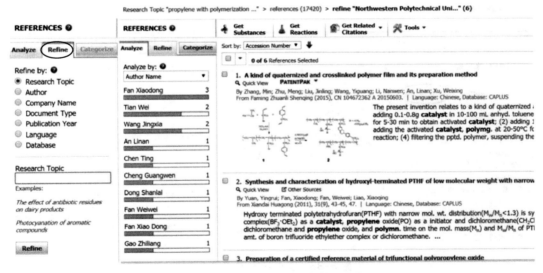

图 5-33 SciFinder 文献检索结果优化

e. 检索结果的保存与导出（Save or Export）：Save，保存在服务器上，可登录后查看；Export（Citation Manager），保存成 RIS 格式，用于导入 EndNote 等文献管理工具，保存成 PDF 或 RTF 格式，用于脱机浏览，如图 5-34 所示。

f. SciFinder 中的归类（Categorize）：在检索界面的历史导航条可以回到之前检索过的任一检索界面，同时会显示每个检索条件的记录数量，如图 5-35 所示。

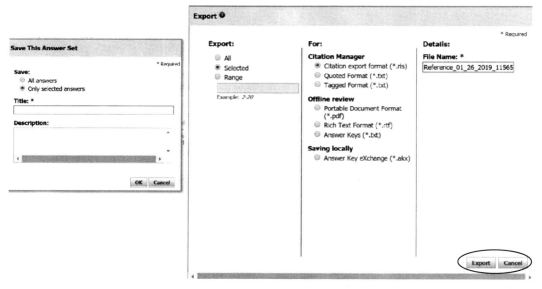

图 5-34　检索结果保存与导出

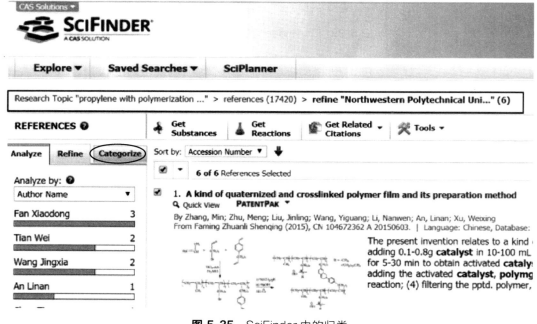

图 5-35　SciFinder 中的归类

② 物质检索

a. 在 SciFinder 检索过程中，可以通过物质名称或 CAS 登记号、分子式、结构或部分结构进行检索，然后获得相关文献及化合物反应式，也可以通过文献或者化合物反应链接到该物质。物质检索的主要方式：结构式检索、马库什检索、分子式检索、性质检索、物质标识检索。如果检索有机物、天然产物及衍生物，推荐使用结构式检索；如果检索无机物，推荐使用分子式检索；如果检索高分子化合物，推荐使用分子式检索结合结构式检索。

b. 结构式检索，如图 5-36 所示。使用 SciFinder 检索化合物结构式时，不可以使用其他结构编辑器，但是可以从 ChemDraw 导入或复制结构式到 SciFinder 结构编辑器中。

c. 物质标识符检索（Substance Identifier），如图 5-37 所示。用户在检索框中输入物质的名称、CAS 登记号、俗名等进行检索，一次最多检索 25 个物质，用换行隔开。

d. 理化性质检索（Physical and chemical property Identifier），如图 5-38 所示。

e. 分子式检索（Molecular Formula）。SciFinder 中分子式检索，需按照 C、H 排序方式输入，其他的按照字母顺序依次编写。分子式检索界面如图 5-39 所示。

f. SciFinder 中的物质结果界面的使用技巧。完整的分子检索界面链接包含：物质详情、文献、反应、商品信息、管制品信息、谱图和实验性质等，如图 5-40 所示。在化合物右侧点击"Click for more options"可看到右键菜单中的各功能选项。

点击"View Substance Detail"可查看物质详细信息，包括物质的 CAS 号、分子式、结构式、化学名、别名、物理化学性质、各种谱图（^{1}H-NMR、^{13}C-NMR、Hetero NMR、IR、UV and Visible、Raman、Mass），如图 5-41 所示。

用户也可通过点击"Get Reactions where Substance is a..."按钮搜索化合物作为产物、反应物、试剂、催化剂、溶剂等的信息，如图 5-42 所示。

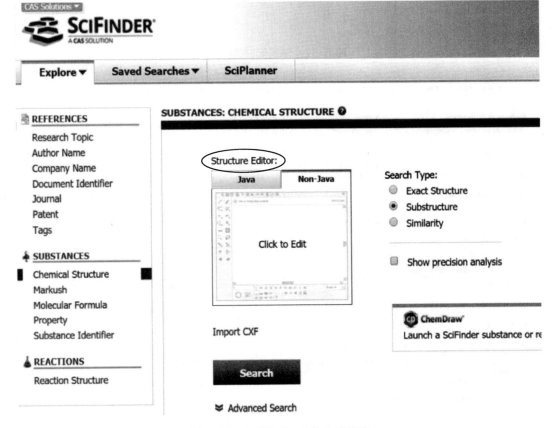

图 5-36 SciFinder 中结构式检索

图 5-37 物质标识符检索

Experimental Properties: Biological Chemical Lipinski and Related Optical and Scattering Spectra Structure-related Thermal

Biological Properties	Value	Condition	Note	Top
ADME (Absorption, Distribution, Metabolism, Excretion)	See full text	1 of 17	(1) CAS	
Half-Life (Biological)	See full text	1 of 8	(6) CAS	
LD50	See full text		(7) CAS	
Minimum Inhibitory Concentration	See full text	1 of 125	(15) CAS	

Chemical Properties	Value	Condition	Note	Top
logP	See full text		(8) CAS	
Solubility	See full text		(8) CAS	

Lipinski and Related Properties	Value	Condition	Note	Top
logP	See full text		(8) CAS	

Optical and Scattering Properties	Value	Condition	Note	Top
Optical Rotatory Power	-8.8 °	Conc: 1.0 g/100mL; Solv: chloroform (67-66-3); Wavlen: 589.3 nm; Temp: 20 °C	(2) CAS	
Optical Rotatory Power	-9 °	Conc: 1.52 g/100mL; Solv: chloroform (67-66-3); Wavlen: 589.3 nm; Temp: 20 °C	(12) CAS	
Melting Point	73-76 °C		(14) CAS	

(1) Goteti, Kosalaram; Journal of Pharmaceutical Sciences 2010, V99(3), P1601-1613 CAPLUS
(2) Moran-Ramallal, Roberto; Organic Letters 2008, V10(10), P1935-1938 CAPLUS
(3) Tanaka, Rumiko; Analytical Sciences: X-Ray Structure Analysis Online 2008, V24(3), PNo pp. given CAPLUS
(4) Bielejewska, A.; Acta Chromatographica 2005, V15, P183-191 CAPLUS
(5) Ramgren, Stephen D.; Angewandte Chemie, International Edition 2011, V50(9), P2171-2173, S2171/1-S2171/43 CAPLUS
(6) Stein, Gary E.; Annals of Pharmacotherapy 2005, V39(3), P427-432 CAPLUS
(7) Dehghanyar, Pejman; Antimicrobial Agents and Chemotherapy 2005, V49(6), P2367-2371 CAPLUS
(8) Germani, Massimiliano; European Journal of Pharmaceutical Sciences 2007, V31(3-4), P190-201 CAPLUS

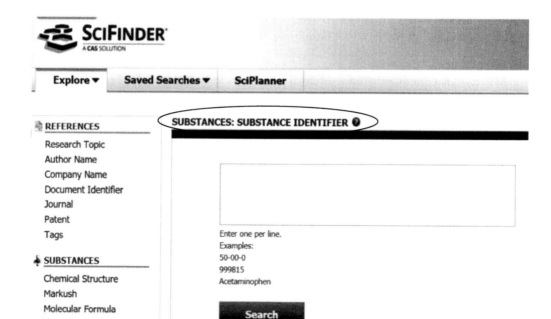

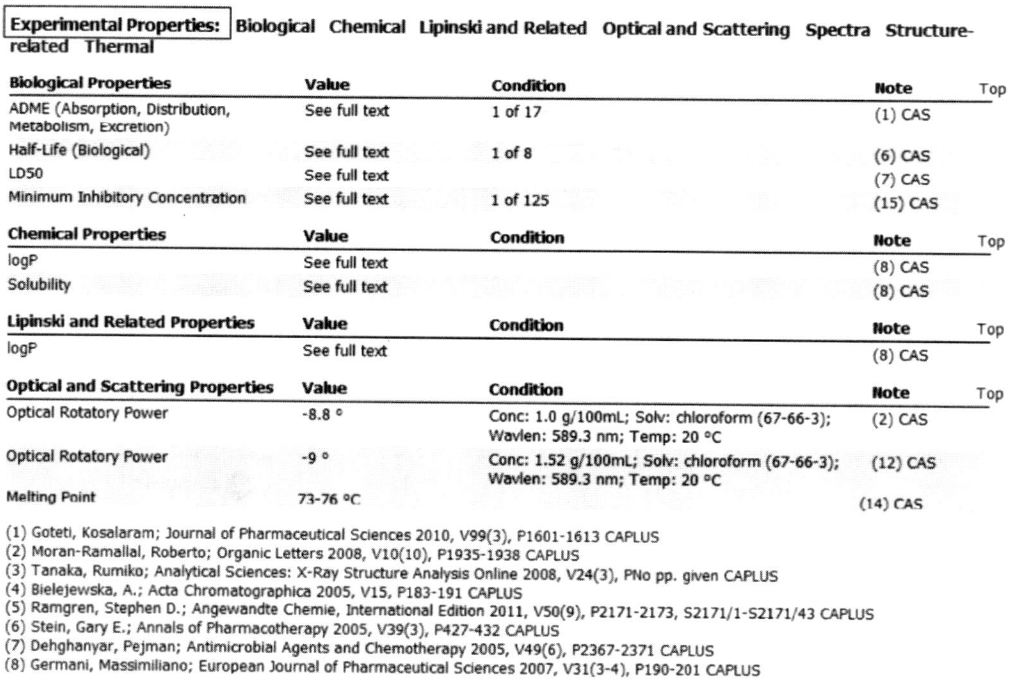

图 5-38 理化性质检索

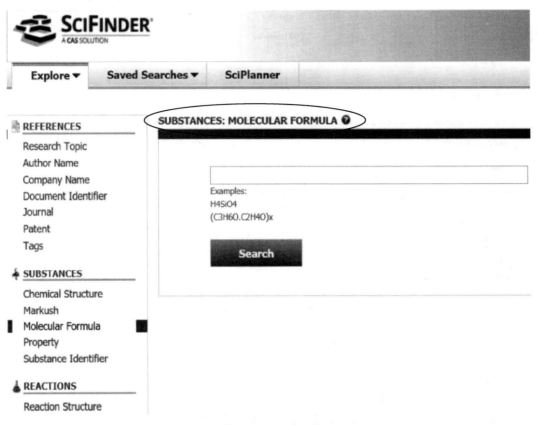

图 5-39 分子式检索

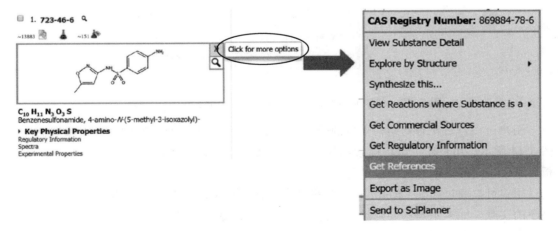

图 5-40 物质结果界面

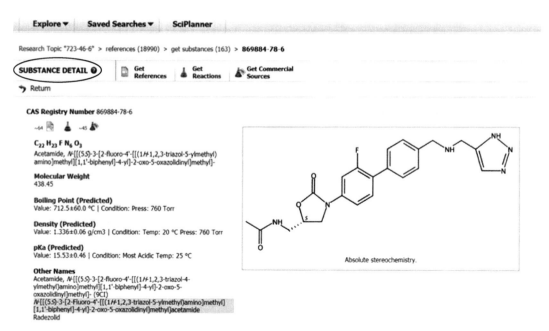

图 5-41　物质详细信息页面

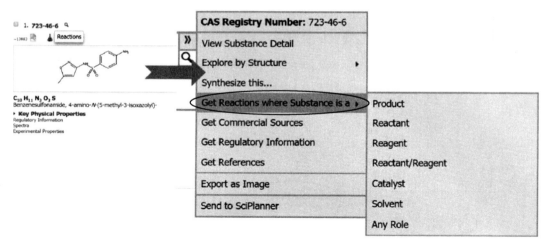

图 5-42　"Get Reactions where Substance is a…"按钮

用户可以点击化合物结构上方的带标签小试剂瓶图标获得化合物的商业来源信息，如图 5-43 所示。用户还可以将检索结果直接导出保存至 Excel 表格中，或者转移至相关分析工具中，对商业信息进行集中处理。

用户可以通过"Get References"获得与化合物相关的全部文献，也可以选择搜索感兴趣的文献，如果不勾选，则默认获得全部文献，如图 5-44 所示。

③ SciFinder 使用注意事项

a. SciFinder 注册须知：在使用 SciFinder 之前必须进行注册，需提供学校全称、院系、姓名、邮箱信息及联系人信息，发送邮件至 china@acs-i.org，并在 24 小时查收邮件，

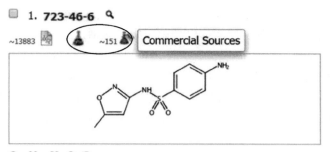

图 5-43　获取商业来源信息

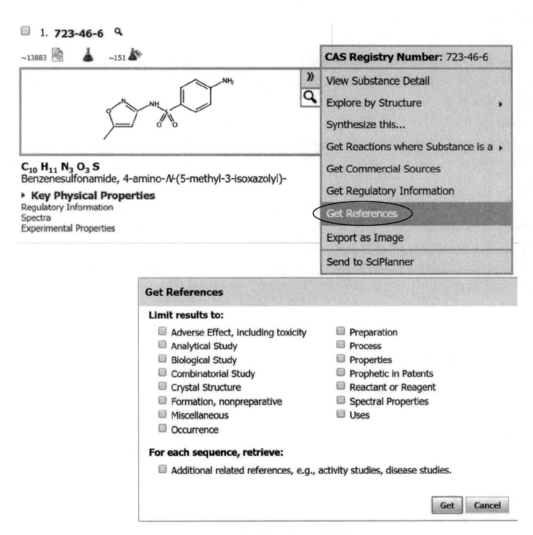

图 5-44　获得物质有关文献信息

点击邮件中的注册链接完成注册。在学校授权 IP 范围内，必须用真实姓名进行注册。注册成功系统将发送一个链接到所填写的电子邮箱中，激活此链接即可完成注册。

b. 用户名输入规则：包含 5～15 个字符，可以包含字母或字母组合、数字和以下特殊字符："-"（短横线）、"_"（下划线）、"."（句点）、"@"。密码输入规则：必须包含 7～15 个字符，且至少包含以下三种字符：字母、数字、符号（如@、♯、％、&）。特别注意：需本人注册，本人使用，本校使用，毕业后无权使用，以学术为目的，不得过量下载信息。

c. SciFinder 支持 Google Chrome、FireFox 以及 Internet Explore 浏览器，不建议使用具有自动拦截相关功能或插件的 360、搜狗等浏览器来检索 SciFinder。初次使用时，注意不要让浏览器拦截 Other Sources 等弹出的插件。

d. 用户如果忘记登录密码，可点击 "Forgot password" 链接。当注册 SciFinder 账号时，系统提示输入密码找回的提示问题，此时输入当时设置问题的答案，之后 CAS 会通过电子邮件将密码发送到注册 SciFinder 账号时使用的邮箱。如果无法找回密码，需直接联系 china@acs-i.org，由相关客服人员协助解决密码找回问题。

e. 在使用 SciFinder 检索化合物结构式时，不可以使用其他结构编辑器，但是可以从 ChemDraw 导入或复制结构式到 SciFinder 结构编辑器中。在 ChemDraw 中编辑结构时，必须将其保存为 "*.mol" 格式文件，才能导入到 SciFinder 结构编辑器中。如果是 ChemDraw 14.0 以上的正版用户，则可将 ChemDraw 中的结构点击 Search in SciFinder 直接在 SciFinder 中进行精确结构或者亚结构检索；如果使用的是 SciFinder Java 结构编辑器，则可在 ChemDraw 中画结构，将 ChemDraw 中的结构式复制到 SciFinder 结构编辑器中。

f. 登录 SciFinder 时如果出现 "Your allocated system resources are currently unavailable to access SciFinder. Please try again later." 提示，则表明此时用户数已满。遇此情况，需退出登录界面，稍后重新登录再使用。

g. SciFinder 培训资料可从 CSA 培训网页获取，或访问中文网站、英文网站获得有关 SciFinder 的更多使用信息及方式。

第 6 章

特种文献检索

特种文献通常指专门针对某一种特定领域、行业或主题的文献。这类文献对于从事特定领域的研究或工作的人具有重要的参考价值。研究者、从业人员和工程师等可以通过特种文献来获取领域内的最新信息和发展趋势。特种文献一般包含学位论文、会议文献、专利文献、标准文献和科技报告等。

6.1 学位论文及其检索

学位论文是指为了获得学位而撰写的科学论文，根据《中华人民共和国学位条例》的规定，学位论文一般分为学士论文、硕士论文和博士论文三种。学位论文本身是大学教育体系中的重要环节，学生必须撰写学位论文并通过论文答辩，才能拿到学位。学位论文的质量一直是评价高校教学质量的标准之一，各大高校对博士硕士学位论文的质量监督也都有各自的抽检规定。教育部更是于 2014 年印发了《博士硕士学位论文抽检办法》，2021 年又印发了《本科毕业论文（设计）抽检办法（试行）》，以保证高校各级人才培养基本质量。

目前收录国内学位论文的全文数据库主要有中国知网学位论文库和万方数据知识服务平台，收录国外学位论文的全文数据库主要有 ProQuest。

6.1.1 中国知网学位论文库

中国知网学位论文库包括"中国博士学位论文全文数据库"和"中国优秀硕士学位论文全文数据库"，是目前国内资源完备、质量上乘、连续动态更新的中国博硕士学位论文全文数据库。截至 2023 年 11 月 28 日，共收录 520 余家博士培养单位的博士学位论文 55 万余篇，800 余家硕士培养单位的硕士学位论文 571 万余篇，最早回溯至 1984 年，覆盖基础科学、工程技术、农业、医学、哲学、人文、社会科学等各个领域。其产品分为十大专辑：基础科学、工程科技Ⅰ、工程科技Ⅱ、农业科技、医疗卫生科技、哲学与人文科学、社会科学Ⅰ、社会科学Ⅱ、信息科技、经济与管理科学。十大专辑分为 168 个专题。

该数据库提供的检索项有主题、篇关摘、关键词、题名、全文、作者、作者单位、导师、第一导师、学位授予单位、基金、摘要、目录、参考文献、中图分类号、学科专业名称和DOI，并提供了高级检索、专业检索和句子检索等多种检索方式，同时还可以使用专辑专题、学科专业、时间范围和优秀论文级别进行筛选。

6.1.2 万方数据知识服务平台

万方数据知识服务平台收录始于1980年，年增35万余篇，涵盖基础科学、理学、工业技术、人文科学、社会科学、医药卫生、农业科学、交通运输、航空航天和环境科学等各学科领域，截至2023年11月28日共收录6287723篇学位论文。

该数据库提供的检索项有题名、作者、学位授予单位、关键词、摘要、专业、导师和中图分类号，并提供了高级检索、专业检索和作者发文检索等多种检索方式。

6.1.3 国外学位论文数据库

ProQuest总部位于密歇根州安阿伯，该公司致力于增强世界各地研究人员和图书管理员的能力。其官网宣称能为用户带来更好的研究成果，并能为用户带来更高的效率。截至2023年11月28日，该公司数据库收录了包括90000个权威来源，60亿个数字页面，跨越六个世纪。它有着世界上最大的论文和论文集；2000万页和三个世纪的全球、国家、区域和专业报纸；超过45万本电子书；世界上最重要的学术期刊和期刊的丰富汇总集；来自国家图书馆和博物馆以及皇家档案馆、美联社和全国有色人种促进协会等各种组织的数字化历史藏品的独特库，为研究人员提供了良好的搜索和参考链接功能，提供来自全球各地的成果，可以满足当今研究界的期望。

ProQuest在其官网宣称建立了世界上最全面、最知名的论文数据库（ProQuest Dissertations & Theses，PQDT）。PQDT中论文以每年500万篇递增，为新兴研究提供不断增长的资源。

PQDT学位论文的检索页面相对简单，直接输入想要搜索的检索词即可（图6-1）。

图 6-1 PQDT 学位论文检索页面

6.2 会议文献及其检索

会议文献是指在学术会议上发表或交流的论文、报告及其他有关资料，一般按照时间段分类，可以分为会前文献、会中文献和会后文献，是专业技术人员获取最新科技信息的重要文献类型。会议文献普遍具有以下特点：

① 时效性。学术会议上传递的信息比较及时，其中很多观点是最新的研究成果，比一般期刊上发表的论文要早很多。

② 专业性。学术会议通常只有一个或几个主要议题，大多是某领域的专家或研究人员参加会议，因此，作为特种文献的重要组成部分，会议文献是经过挑选、质量较高的研究成果。

目前，全世界每年举办的学术会议有上万个，产生的会议文献约有数十万篇。会议文献一般没有固定的出版形式，或刊载于学会协会的期刊特辑或增刊上，或发表在专门的会议论文集、会议报告及记录等。同时一些会议文献还常常会变成专题论文集或出版丛书、丛刊。

世界各国都建立了会议文献数据库。在国内有中国知网会议论文库、万方旗下的中国学术会议文献数据库以及维普网的会议论文库，三个数据库均收录了国内国际会议文献。

6.3 专利文献及其检索

专利是指受到专利法保护的专利技术，是受国家认可并在公开的基础上进行法律保护的专有技术。根据《中华人民共和国专利法》，专利分为发明专利、实用新型专利和外观设计专利三种类型。专利文献是申请或批准专利的发明创造，即包含已经申请或被确认为发明、实用新型和外观设计的研究、设计、开发和试验成果的有关资料，以及保护发明人、专利所有人及外观设计和实用新型注册证书持有人权利的有关资料的总称。

国内的主要专利文献数据库有：国家知识产权局专利检索系统；中国知网专利库；万方中外专利数据库。

国外的主要专利文献数据库有：美国专利商标局专利公开检索系统；欧洲专利局Espacenet专利检索平台；世界知识产权组织（World Intellectual Property Organization，WIPO）专利检索等。

6.3.1 国家知识产权局专利检索系统

该系统提供的检索项有关键词、申请号/公开号、申请人/发明人、申请日/公开日、IPC分类号/CPC分类号，并且可以按专利分类以及全世界不同国家和地区进行筛选

（图6-2）。同时网站还提供多种查询（同族查询、引证/被引证查询、法律状态查询、国家/地区/组织代码查询、关联词查询、双语词典、分类号关联查询和申请人别名查询）和分析工具（申请人分析、发明人分析、区域分析、技术领域分析、中国专项分析和高级分析）。

图 6-2　国家知识产权局专利检索入口

6.3.2　中国知网专利库

该库包括中国专利和境外专利。中国专利收录了1985年以来在中国大陆申请的发明专利、外观设计专利、实用新型专利，共4990万余项，每年新增专利约250万项；包含美国、日本、英国、德国、法国、瑞士、世界知识产权组织、欧洲专利局、俄罗斯、韩国、加拿大、澳大利亚、中国香港及中国台湾等的专利，共计收录从1970年至今专利1亿余项，每年新增专利约200万项（数据截至2023年11月28日）。

该数据库提供的检索项有主题、篇关摘、关键词、专利名称、摘要、全文、申请号、公开号、分类号、主分类号、申请人、发明人、代理人、同族专利项及优先权，并提供了高级检索和专业检索，同时还可以使用专利分类和学科导航进行筛选。

6.3.3　万方中外专利数据库

万方中外专利数据库涵盖1.56亿条国内外专利数据。其中，中国专利收录始于1985年，截至2023年11月28日，共收录4060万余条专利全文，可本地下载专利说明书，数据与国家知识产权局保持同步，包含发明专利、外观设计和实用新型三种类型，准确地反映中国最新的专利申请和授权状况，每年新增300万条。国外专利1.1亿余条，均提供欧洲专利局网站的专利说明书全文链接，收录范围涉及美国、日本、英国、德国、法国、瑞士、俄罗斯、韩国、加拿大、澳大利亚、世界知识产权组织、欧洲专利局等，每年新增300万余条。

该数据库提供的检索项有题名、摘要、申请号/专利号、申请人/专利权人、公开号/公告号、发明人/设计人、主分类号和分类号，并提供了高级检索、专业检索和作者发文检索等多种检索方式。

6.3.4 美国专利商标局专利公开检索系统

美国专利及商标局成立于 1802 年，是美国商务部下的一个机构，主要负责管理和颁发专利和商标，以及提供相关的知识产权服务，其主要职责包括：专利颁发、商标注册、专利和商标信息提供、知识产权政策制定、教育和培训以及技术创新支持。其专利公开检索系统提供了基础检索（图 6-3）和高级检索两种方式。

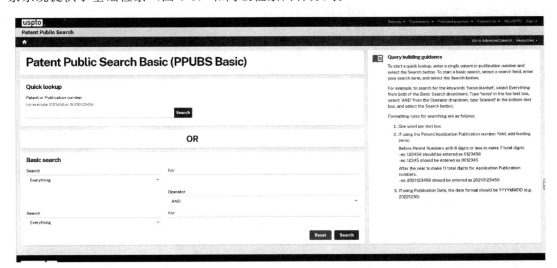

图 6-3 美国专利商标局专利基本检索入口

6.3.5 欧洲专利局 Espacenet 专利检索平台

欧洲专利局是一个独立的国际组织，负责处理欧洲范围内的专利申请。其关键职责和功能为：欧洲专利的颁发、专利检索服务、专利审查、专利信息服务、国际合作和专利培训教育。欧洲专利局的存在使得发明人能够在欧洲多个国家中获得一份统一的专利，简化了专利保护的程序。其 Espacenet 专利检索平台可以直接输入想要搜索的检索词（图 6-4），也可以使用专业检索。

6.3.6 WIPO 专利检索

WIPO 是知识产权服务、政策、信息和合作的全球论坛，是一个自筹资金的联合国机构，有 193 个成员国。其使命是领导发展兼顾各方利益的有效国际知识产权制度，让创新和创造惠及每个人。其任务、领导机构和程序载于 1967 年的《WIPO 公约》。

该组织的 Patentscope 数据库提供的检索项有首页、任意字段、全文、识别码/ID、国际分类、名称和公布日（图 6-5），也提供了高级检索、字段组合检索和跨语种检索功能，同时在网页上还提供 WIPO 翻译工具、WIPO 术语查询和国际专利分类查询。

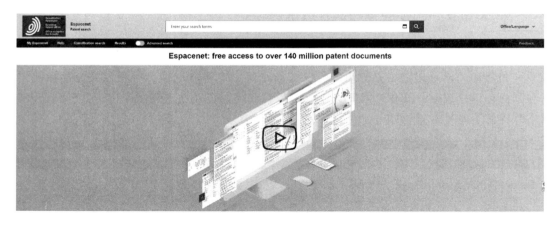

图 6-4　Espacenet 专利检索入口

图 6-5　Patentscope 数据库检索入口

6.4　标准文献及其检索

标准文献是规范化组织或机构指定的文件，用于指导、规范和统一特定领域中的产品、服务、过程或系统，并以特定形式发布，作为共同遵守的准则和依据。标准按照适用范围可以分为国际标准、区域性标准、国家标准、行业标准和企业标准，按成熟程度可划分为法定标准、推荐标准、试行标准和标准草案等。一份完整的标准文献通常包含标准级别、分类号、标准号、标准名称、起草单位、发布单位、发布时间、实施时间和具体内容等几个方面。由于每个国家对于标准的制定和审批程序都有专门的规定，因而标准文献格式规范，文字准确简练。

标准文献通常需要购买或付费获取，尤其是在涉及商业数据时和在一些标准组织的官方网站上。在国内可以在国家标准委的国家标准全文公开系统、中国知网标准数据总库、万方中外标准数据库进行查询。在国际上，有国际标准化组织（International Organization for Standardization，ISO）的 ISO 标准数据库。另外，一般国家都有各自的国家标准机构，如美国的美国国家标准协会等。

6.4.1 国家标准全文公开系统

截至 2023 年 11 月 28 日，该系统共收录现行有效强制性国家标准 2018 项。其中非采标 1456 项可在线阅读和下载，采标 562 项只可在线阅读。收录现行有效推荐性国家标准 41512 项。其中非采标 27077 项可在线阅读，采标 14435 项只提供标准题录信息。收录现行有效指导性技术文件 571 项。其中非采标 259 项可在线阅读，采标 312 项只提供标准题录信息。

该系统检索方式包括检索项为标准号和标准名称的普通检索（图 6-6），标准分类检索和高级检索。

图 6-6 国家标准全文公开系统检索入口

6.4.2 中国知网标准数据总库

该库收录了包括国家标准全文、行业标准全文以及国内外标准题录数据库，共计 60 万余项。其中国家标准全文数据库收录了由中国标准出版社出版的，国家标准化管理委员会发布的所有国家标准；行业标准全文数据库收录了现行、废止、被代替、即将实施的行业标准；国内外标准题录数据库收录了中国以及世界上先进国家、标准化组织制定与发布的标准题录数据，共计 49 万余项（截至 2023 年 11 月 28 日）。

该数据库提供的检索项有主题、篇关摘、关键词、标准名称、标准号、摘要、全文、起草人、起草单位、发布单位、出版单位、中国标准分类号和国际标准分类号，并提供了高级检索和专业检索，同时还可以使用中标分类、国标分类和学科导航进行筛选。

6.4.3 万方中外标准数据库

中外标准数据库收录了所有中国国家标准、中国行业标准以及中外标准题录摘要数据，共计 200 万余条记录（截至 2023 年 11 月 28 日），其中中国国家标准全文数据内容来源于中国质检出版社，中国行业标准全文数据收录了机械、建材、地震、通信标准以及由中国质检出版社授权的部分行业标准。

该库提供的检索项为题名、关键词、标准编号、起草单位和发布单位，并提供高级检索、专业检索和作者发文检索等多种检索方式。

6.4.4 ISO 标准数据库

ISO 成立于 1947 年 2 月 23 日，总部位于瑞士日内瓦，是世界上最大的非政府性标准化专门机构，是国际标准化领域中一个十分重要的组织，其主要任务是通过制定国际标准，促进国际贸易和创新，确保产品、服务和系统的质量、安全性和效率。ISO 制定的国际标准涵盖了各个行业领域，这些标准旨在促使各个国家和组织之间达成一致，提高产品和服务的互操作性，并促进国际贸易的发展。

ISO 官方网站提供了 ISO 标准数据库（图 6-7），有两种服务可供查询：标准文献检

图 6-7 ISO 标准数据库检索入口

索和出版物产品检索。同时还提供了高级检索，高级检索中提供了摘要、ISO 标准号、检索范围、文档类型、语言、ICS 分类号和委员会等多个检索项的筛选或检索。

6.5 科技报告及其检索

科技报告是对某一科学和技术领域内的研究成果、实验数据、技术发展和创新进展等内容的详细记录和说明。这些报告旨在传达特定领域的知识、提供研究者、工程师、决策者和其他利益相关方了解最新科技发展的重要信息。科技报告通常以清晰、准确、科学的方式呈现研究过程和结果。按内容可分为报告书、论文、通报、札记、技术译文、备忘录和特种出版物。科技报告大多与政府的研究活动、国防及尖端科技领域有关，发表及时、内容新颖、数据完整且注重报道进行中的科研工作，是一种重要的信息源，可以为科研人员提供科研基础信息，为科技管理者提供决策支持，为社会公众了解和利用国家科研成果提供服务平台，对于提升国家科技实力和创新能力具有重要意义。欧美国家都有系统的科技报告制度，美国政府科技报告工作始于 1945 年，逐步发展为政府四大科技报告：商务部 PB 报告（Office of Publication Board，PB），国防部 AD 报告（Astia Documents，AD），航空航天局 NASA 报告（National Aeronautics and Space Administration，NASA），能源部 DE 报告（Department of Energy，DE）。近年来每年产生约 60 万份科技报告，其中公开发行约 6 万份。

国内科技报告的检索发展较晚，目前也取得了丰富的成果。国内科技报告检索网站有国家科技报告服务系统、万方中外科技报告数据库等，国外有美国国家科技报告数据库。

6.5.1 国家科技报告服务系统

该系统于 2013 年 11 月 1 日开通了征求意见版（第一阶段），展示了 1000 份最终报告，向社会公众提供公开科技报告摘要浏览服务，向经实名注册的科研人员提供在线全文浏览服务；于 2014 年 1 月 1 日开通了征求意见版（第二阶段），展示了 3000 份科技报告，这些报告都是依据"十一五"期间已验收（项目）课题的验收报告加工而成。目前，截至 2023 年 11 月 23 日共收录科技报告 458233 份。该系统开通了针对社会公众、专业人员和管理人员三类用户的服务。向社会公众无偿提供科技报告摘要浏览服务，社会公众不需要注册，即可通过检索科技报告摘要和基本信息，了解国家科技投入所产出科技报告的基本情况。向专业人员提供在线全文浏览服务，专业人员需要实名注册，通过身份认证即可检索并在线浏览科技报告全文，不能下载保存全文。科技报告作者实名注册后，将按提供报告页数的 15 倍享有获取原文推送服务的阅点。向各级科研管理人员提供面向科研管理的统计分析服务，管理人员通过科研管理部门批准注册，免费享有批准范围内的检索、查询、浏览、全文推送以及相应统计分析等服务。

该系统提供的检索项有报告名称、报告编号、作者、作者单位、关键词、摘要、计划名称、立项年度和项目/课题编号等，并支持最多 5 个检索项逻辑关系的高级检索（图 6-8）。

图 6-8　国家科技报告服务系统检索入口

6.5.2　万方中外科技报告数据库

万方中外科技报告数据库包括中文科技报告和外文科技报告。中文科技报告收录始于 1966 年，源于中华人民共和国科学技术部，共计 10 万余份。外文科技报告收录始于 1958 年，涵盖美国政府四大科技报告（AD、DE、NASA、PB），共计 110 万余份。

该数据库提供的检索项有题名、作者、作者单位、关键词、摘要、计划名称和项目名称，并提供了高级检索、专业检索和作者发文检索，同时可以按照来源、学科、地域和类型进行筛选。

6.5.3　美国国家科技报告数据库

美国国家科技报告数据库（National Technical Reports Library，NTRL）由美国商务部下国家技术信息服务局（National Technical Information Service，NTIS）主办，收集、索引、摘要和归档了现有最多的美国政府资助的技术报告，对外提供在线、免费和公开访问这些经过认证的政府技术报告服务。其数据库中的技术报告和文件可以从发布联邦机构、美国政府出版局的联邦数字系统网站或搜索引擎免费在线获取。该库以收录美国政府立项研究及开发的项目报告为主，少量收录西欧、日本及世界各国的科技报告，包括项目进展过程中所做的一些初期报告、中期报告、最终报告等，反映最新政府重视的项目进展。其涵盖的学科如表 6-1 所示。

表 6-1　美国国家科技报告数据库涵盖学科

行政与管理（Administration&Management）	工业与机械工程（Industrial&Mechanical Engineering）
航空与空气动力学（Aeronautics&Aerodynamics）	图书馆与信息科学（Library&Information Sciences）
农学与食品学（Agriculture&Food）	制造工艺学（Manufacturing Technology）
天文学与天体物理学（Astronomy&Astrophysics Energy）	材料学（Materials Sciences）
大气科学（Atmospheric Sciences）	数学（Mathematical Sciences）

续表

行为与社会学（Behavior&Society）	医学与生物学（Medicine&Biology）
生物医学技术与人因工程学（Biomedical Technology&Human Factors Engineering）	燃烧、发动机和推进剂（Combustion，Engine&Propellant）
建筑工程技术（Building Industry Technology）	导弹技术（Missile Technology）
商业与经济学（Business&Economics）	自然资源（Natural Resources）
化学（Chemistry）	导航（Navigation）
土木工程（Civil Engineering）	核科学（Nuclear Science）
军事学（Military Sciences）	海洋学（Ocean Sciences）
通信（Communications）	军械（Ordnance）
计算机、控制与信息论（Computers，Control&Info Theory）	环境污染与控制（Environmental Pollution&Control）
侦察与对策（Detection&Countermeasures）	物理学（Physics）
电工学（Electrotechnology）	问题解决能力（Problem Solving Information）
能源学（Energy）	空间技术（Space Technology）
摄影（Photography）	交通运输（Transportation）
健康学（Health）	城市与区域技术发展（Urban&Regional Tech. Development）

该数据库提供的检索项有题名、作者、关键词、发布机构、报告号、NTIS 号、发布国家和年份等，并可以自行添加多个检索词进行逻辑检索，同时可以用发布源、关键词、学科、文档类型和年份进行筛选（图 6-9）。

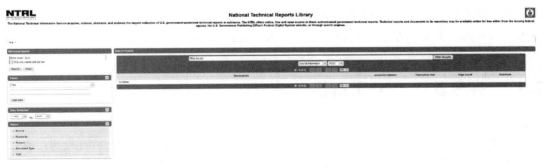

图 6-9 美国国家科技报告数据库检索入口

第7章 网络免费学术资源及利用

目前文献数据库大多数属于商业学术资源，用户必须付费（如所在单位购买使用权或者个人订购）才能访问，随着网络技术的发展及科学技术的广泛普及，许多政府机构、国际组织、出版发行机构、图书馆、学会及协会、各类教育科研机构网站、数据库网站、个人等均可以通过互联网为用户提供免费信息资源，如果加以搜索、鉴别、存储、整序、开发和利用，可以与商业学术资源形成共存互补。网络免费学术资源可以来自开放存取资源、电子印本资源、数据库、电子图书、电子期刊、电子公告栏、电子论坛、电子预印本系统、网上书店，以及政府、高校、信息中心、协会或组织网站，也可以来自博客、维基百科、百科词典等。较商业学术资源而言，网络免费学术资源信息量大，类型多样，且界面友好、使用方法简单易学，最重要的是不收费，因而受到广大用户的普遍欢迎，主要分为开放存取资源、电子印本资源、学术搜索引擎资源、学术资源搜索门户网站资源、网络学术论坛资源、专业信息机构资源、专家个人网页资源等多种类型。

7.1 开放获取（OA）概述

20世纪90年代，为推动科研成果利用网络自由传播、提升科学研究的共利用程度、保障科学信息的长期保存，国际科技界、学术界、出版界、信息传播界发起Open Access（OA）运动，称为开放获取。

2002年的《布达佩斯开放获取计划》（Budapest Open Access Initiative，BOAI）首次对开放获取给出定义，即"用户通过公共Internet网免费阅读、下载、复制、传播、打印和检索作品，或者实现对作品全文的链接、为作品建立索引和将作品作为数据传递给相应软件，进行任何其他出于合法目的的使用，除了保持作品的完整性之外，没有经济、法律或技术的限制"。

广义的开放获取资源，指任何用户均可免费在线获取的、不受许可限制的所有数字化学术信息资源，包括正式发表的论文的后印本（post-print），正式出版的著作、教材、会议论文集与研究报告等学术成果，非正式出版的论文的预印本（pre-print）、学位论文、工作论文、各种原始数据和元数据、教学参考资料、照片、图表、地图以及数据库、政府出版物、网站等；狭义的开放获取资源主要指通过开放获取的实现途径出现的信息资源，即开放获取期刊、学科库、机构库和个人网站、博客中收录的资源。下面介绍几种主要的开放获取资源及其获取途径，包括：开放获取期刊、开放仓储（机构知识库、学科知识库）、电子预印本。

7.1.1 开放获取期刊（OA Journals）

开放获取期刊（OA Journals）是一种论文经过同行评审的、网络化的免费期刊，旨在使所有用户都可以通过互联网无限制地访问期刊论文全文。编辑评审、出版及资源维护的费用不是由用户，而是由作者本人或主办者承担，论文版权由作者保留。

7.1.1.1 GoOA

GoOA 是由中国科学院文献情报中心实施建设的开放获取期刊服务平台，主页如图 7-1 所示。截至 2023 年 12 月，GoOA 严格遴选 19455 种自然科学、医药类，包括部分与社会科学交叉的开放获取学术全文型连续出版物，以研究型论文或综述为主。收录有 14035664 篇论文。GoOA 根据科研用户需求，围绕开放论文提供了不同层次的 OA 服务产品，分别是：全球优质开放论文获取与交流、GoOA 排行榜优质期刊评价与投稿星级推荐、期刊 APC 合理性查询。

图 7-1 GoOA 主页

GoOA 依据严格的遴选标准，从上一年度全球上万种 OA 期刊中优选出两千种左右高质量的 STM（科学、技术和医学）学术期刊作为 GoOA 的收录期刊，并提供全文服务，为科研用户提供优质期刊的一站式论文获取。用户可直接在首页查询框输入论文相关信息进行查询。另外，平台还提供了论文的浏览和高级检索服务。进入文章检索界面，在页面左侧提供按概念、期刊名称、学科、作者、出版日期、出版者、是否有附件数据等类别的论文浏览，以便发现某一属性类别的文章。如果需要快速定位某一篇文章，可以使用文章查询功能，在该页面查询框按论文题名、作者、关键词、DOI、摘要、出版年等输入相关信息，发现需要的论文。在遴选期刊基础上，采用科学的评价指标体系计算，将收录期刊按照总分数划分为三星级期刊、二星级期刊、一星级期刊，其中三星级期刊是重点推荐期刊，为用户提供投稿推荐参考服务；进一步抽取 GoOA 各学科总分位居前 20% 的三星级期刊，作为 GoOA 各学科 OA 期刊 Top 排行榜，以作为优秀 OA 期刊的典范，引导 OA 期刊健康、规范、高质量发展，并发布。

GoOA 平台还可用于查询期刊 OA 论文 APC（Article Processing Charge，开放论文处理费）及其合理性。年度收录来源于 GoOA 及 SCI 收录的高质量完全 OA 和复合 OA 期刊及其评价信息，基于研发的期刊 APC 合理性监测模型，支持查询期刊 APC，识别溢价期刊、非溢价期刊；为用户推荐同领域影响力相似的合理期刊等。GoOA 平台除了提供 OA 期刊和论文集成发现和免费下载、OA 期刊投稿分析外，还提供关联检索、知识图谱分析、用户分享和论文线上交流会等特色功能。GoOA 支持由读者或作者发起论文线上交流会邀约，经平台审核通过后，在平台和 GoOA 头条发布，召集同行就关注的论文和话题展开热点讨论。会议选题也来自平台不定期选取的论文内容综合评分高分论文，或邀请 GoOA 排行榜收录的星级期刊推荐。

7.1.1.2 CNPeReading 中图易阅通服务

"易阅通"（CNPeReading）平台是中国图书进出口（集团）有限公司自主研发的数字资源交易与服务平台。该平台收录海内外出版机构的电子图书、电子期刊、数据库和有声读物等多种数字出版类型，内容涵盖历史、文化、文学、语言学、法律、心理学、社会学、传播学、医学、化学、材料、工程、信息技术应用和管理等全学科领域，目前资源数量已经超过 200 万，且数量还在持续快速增长中。

在 CNPeReading 平台主页可按照"全部""图书""期刊""有声书""专题库"进行资源浏览。此外，平台提供基本检索、高级检索两种检索方式对数字资源进行检索查询，支持布尔逻辑检索、精确检索。基本检索支持关键词联想、拼音检索、简繁体字检索方式；高级检索可限定"全文""标题""作者""出版社""简介""ISBN/ISSN"等多个检索字段进行检索。检索结果按"文献类型""作者""学科""出版社""出版时间""语种"进行聚类，更加方便用户查找和使用资源。平台还为用户提供资源阅读、资源推荐、资源管理等个性化服务功能。高级检索页面如图 7-2 所示。

7.1.1.3 Directory of Open Access Journals（DOAJ）

DOAJ 是由瑞典隆德大学图书馆（Lund University Library）、学术出版和学术资源联盟（Scholarly Publishing and Academic Resources Coalition）和开放社会协会（Open Society Institute）联合创建整理的一份开放期刊目录。创立于 2003 年 5 月，目前 DOAJ 共收录 20211 种期刊，覆盖所有学科领域、80 种语言和 136 个国家，其中有 13578 种免费期刊，文章总量超过 964 万篇。该系统收录的均为学术性、研究性期刊，一般都是经过同行评审，或者有编辑做质量控制的期刊，对学术研究有很高的参考价值。主页如图 7-3 所示。

DOAJ 网站没有用户注册要求，使用友好，既可查找期刊也可查找论文。查找期刊既可直接在首页通过检索题名、关键词、主题、ISSN 号、出版者、期刊语言等来查找期刊；也

图 7-2 "易阅通"（CNPeReading）高级检索页面

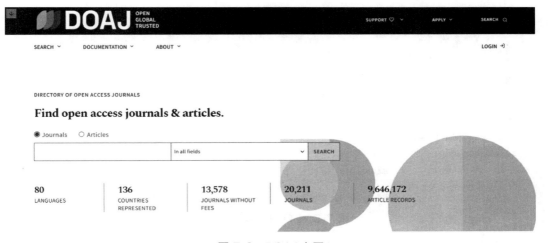

图 7-3 DOAJ 主页

可通过"Search Journals"进行期刊检索（见图 7-4）。查找论文则通过"Search Articles"可以对期刊中的论文进行检索，可检索字段包括论文题名、作者、关键词、摘要、ORCID、DOI、语言等（见图 7-5）。

7.1.2 开放仓储和电子预印本

开放仓储（Open Repositories and Archives）是指研究机构或作者本人将已发表或未公开发表的文献存储在学科知识库、机构知识库或个人网站上供免费获取；电子预印本（e-print）指科研工作者的研究成果还未在正式出版物上发表，而出于和同行交流的目的

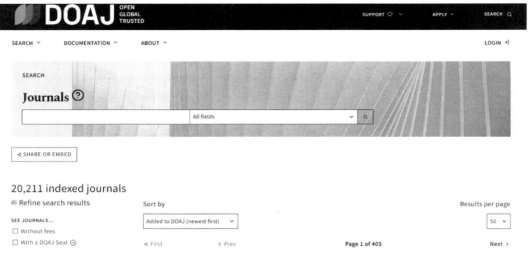

图 7-4 DOAJ 查找期刊页面

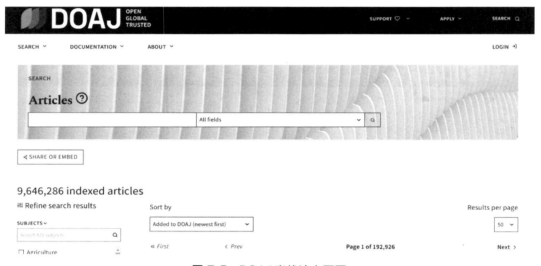

图 7-5 DOAJ 查找论文页面

自愿先在学术会议上或通过互联网发布的科研论文、科技报告等文献。下面介绍几种主要国内外开放仓储和电子预印本平台，包括：OALib、Socolar、arXiv、ChinaXiv 等平台。

7.1.2.1 Open access library（OALib）

OALib 是由 Open Access Library 公司创建的开放获取平台，创立于 2006 年，收集了绝大多数 OA 期刊论文。目前 OALib 共收录开放获取论文超过 574 万篇，涵盖 322 个研究领域。OALib 上所有文章均可免费下载。OALib 平台提供包括 OALib Journal、OALib Repository、OALib Preprints、OALib 检索等多项服务。主页如图 7-6 所示。

OALib Journal 是一个同行评审的开放获取学术期刊，涵盖 STM（科学、技术和医学）以及社会科学的所有学科领域。OALib 期刊接收各种语言撰写的稿件，其中标题、摘要、关键词需有英文译本，并需要缴纳 99 美元的文章版面费。所有发表在 OALib

图 7-6　OALib 主页

Journal 上的文章同时会被存放在 OALib 平台上以供检索和浏览。

OALib 存储库（OALib Repository）为用户提供的免费存储空间，目前收录 5743090 多篇开放获取文章的链接和元数据。

OALib 预印本（OALib Preprints）是为未在正式出版物上发表的科研论文、科技报告等提供的免费存储服务，凡内容符合 OALib 平台所涵盖的 322 个领域的文章，均可投递至 OALib，OALib 预印编辑部会对文章进行初审、排版，稿件通过预审，会被存储到对应学科领域的 OALib Preprints 中，并提供全文免费下载。

OALib 搜索引擎可以检索目前 OALib 收录的所有开放获取资源，既包括 OALib 期刊收录论文，也包括 OALib 预印本以及外部预印本和后印本。在其主页上，可以点击"期刊"，按字母顺序进行期刊浏览；也可以用关键词、作者等检索字段进行文章检索（见图 7-7）；还可以点击主页上的"高级检索"，进入高级检索页面，通过标题、关键词、摘要、作者、ISSN 和期刊标题等检索字段进行组合检索。

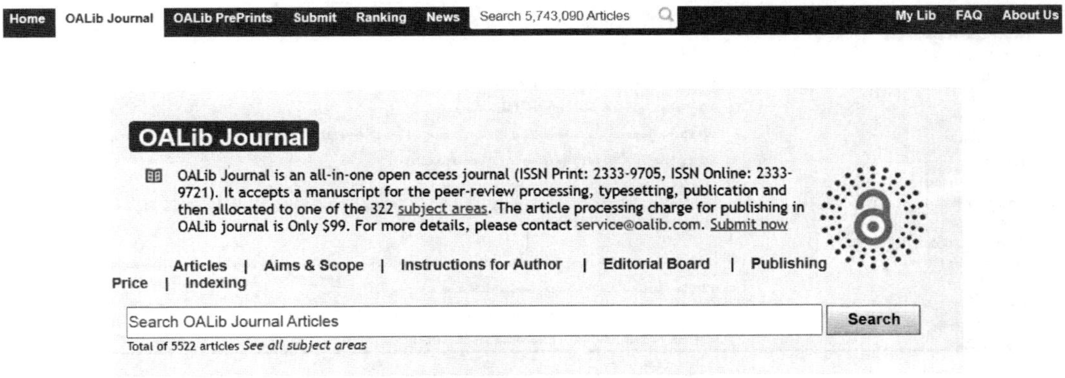

图 7-7　OALib Journal 页面

第 7 章　网络免费学术资源及利用　　123

7.1.2.2 Socolar 平台

Socolar 平台是由中国教育图书进出口有限公司开发的，为用户提供开放获取学术资源的一站式服务平台。目前共收录中外期刊文章超过 5657 万篇，其中开放获取的文章数量超过 1700 万篇。内容覆盖所有的学科领域和多语种，年增加数据量超过 200 万篇文章。同时平台也为学者提供学术文章和预印本的 OA 出版和仓储服务。主页如图 7-8 所示。

图 7-8 Socolar 主页

Socolar 主页提供文章、期刊、一站式检索和高级检索等入口链接。在主页默认的一站式检索框内可任意输入期刊名、文章名或关键词进行快速检索。也可单击高级检索，通过标题、关键词、摘要、作者、ISSN、来源出版物、出版社名称等多个检索字段进行组合式检索。单击 Socolar 主页导航栏的"文章"，可进入文章检索界面（见图 7-9），通过标题、关键词、摘要、作者、ISSN、来源出版物、出版社名称等检索字段进行文章检索。

图 7-9 Socolar 文章检索页面

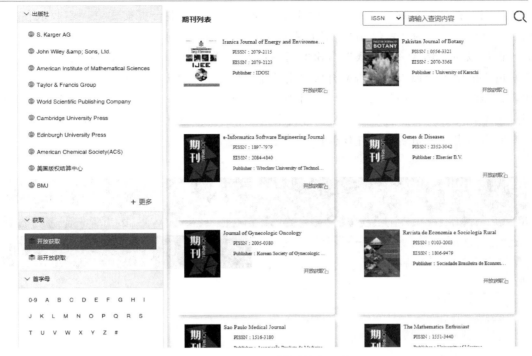

图 7-10 Socolar 期刊检索页面

单击 Socolar 主页导航栏的"期刊",则可通过 ISSN、刊名、出版社查找期刊或按类别、出版社首字母和刊名首字母进行期刊浏览,点选某个期刊,进入期次编目列表,点击某个期次,进入期刊当期目录列表。(见图 7-10)。

7.1.2.3 arXiv 平台

arXiv 是由美国国家科学基金会和美国能源部资助,由美国洛斯阿拉莫斯(Los Alamos)国家实验室于 1991 年 8 月创建并免费发布的开放获取资源平台。2001 年后转由康奈尔大学运营维护。arXiv 是一个非营利开放共享研究平台,是最早的电子预印本数据库,也是全球最大的电子预印本系统。由于期刊和会议论文的发表周期都比较长,而 arXiv 的原则是上传到该网站并且公开即为论文发表,时效性非常强。因此,学术研究人员可以在期刊录用之前,将自己最新的研究成果发布到 arXiv 平台上,证明论文的原创性,保护自己的科研成果,促进科研成果的交流与共享,帮助科研人员追踪本学科最新研究进展,避免研究工作重复等。arXiv 目前收录了物理学、数学、计算机科学、定量生物学、定量金融、统计学、电气工程和系统科学以及经济学领域的近 240 万篇学术文章。在世界各地设有 17 个镜像站点,中国镜像站点设在中国科学院理论物理研究所。主页如图 7-11 所示。

在 arXiv 主页上,可以按物理学、数学、计算机科学、定量生物学、定量金融、统计学、电气工程和系统科学以及经济学领域进行期刊浏览或检索;也可以点击主页上的"高级搜索",进入高级检索页面,通过标题、关键词、摘要、作者、DOI、ORCID、arXiv

标识、arXiv 作者 ID、ACM 分类号、MSC 分类号、交叉列表类别等多个检索字段进行检索（见图 7-12）。arXiv 平台提供包括提交文章、编辑文章、生成文章、文章检索、发布、API 访问、存储等多项网络服务。注册用户可以向 arXiv 平台提交文章，不收取任何费用。提交给 arXiv 的文章经 arXiv 认证系统审核并归类，认证过程既可以通过系统自动完成，也可以通过具有"认证人"身份的另一作者完成。认证人并不评议论文的错误，而是检查论文的学术价值以及是否适合所提交的主题领域。由于认证人已经成为 arXiv 认可的作者，能够有效起到把关人的作用。对于知名学术机构的新作者，一般只进行自动认证。用户也可在 arXiv 平台上存储文章，若文章未经 arXiv 审核并归类，则标注"as is"，表示内容完全由提交者负责，无任何保证。

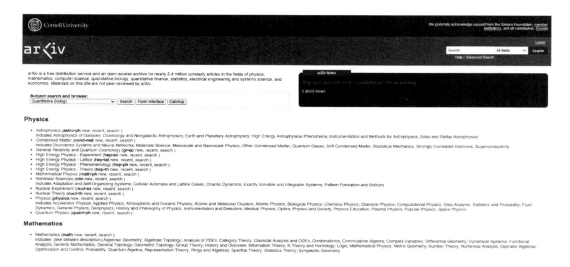

图 7-11　arXiv 主页

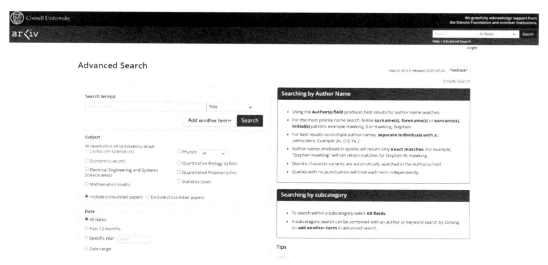

图 7-12　arXiv 文献检索页面

7.1.2.4 ChinaXiv 平台

ChinaXiv 平台为中国科学院科技论文预发布平台，是按照中国科学院部署，由中国科学院文献情报中心于 2016 年在中国科学院科学传播局支持下建设，按国际通行规范运营的预印本交流平台。ChinaXiv 平台支持中英文科技论文预印本的发布、传播、下载和评论。2022 年，ChinaXiv 平台中英文新版页面上线，建立了 ChinaXiv-Global 全球预印本索引，开发了开放评议、论文备注功能。同时在此基础上，支持预印本开放评议、论文投稿推荐等定制服务。主页如图 7-13 所示。

图 7-13　ChinaXiv 平台主页

ChinaXiv 平台截至 2023 年 12 月共收录国内外预印本总量超过 291 万。该平台首页提供论文提交、论文浏览、论文检索等多项服务。单击 ChinaXiv 主页导航栏的"论文浏览"，可进入论文浏览界面，用户可以按主题、作者、机构、时间等分类浏览；也可通过一站式检索框输入关键词进行简单检索。单击 ChinaXiv 主页导航栏的"论文检索"，可进入论文检索界面，用户可通过标题、作者、分类描述、摘要、论文号等多个检索字段进行高级检索（见图 7-14）。

ChinaXiv 平台使用简单，用户无须订购，既可按学科类别浏览，也可直接检索获取最新科研成果。用户论文提交具有优势，中国科学院邮箱用户无须注册，通过中国科学院邮箱直接访问，其他用户注册后即可提交论文，通过审核后发布可提高文献被发现率和被引用率。此外平台还将根据论文影响力将优先稿件推荐给合作期刊。

当前国内外的预印本学术交流平台除了上文提及的 arXiv 和 ChinaXiv 外，还有 BioRxiv、MedRxiv、SSRN、ChemRxiv 等多个平台。一方面，基于预印本的学术交流平台有着以下五个方面的优势：①迅速公布科研成果；②促进学术开放交流，避免同行评审时碰到的评阅歧视；③更大范围获取论文反馈意见，而不仅仅是同行评审时少数评阅人的意见；④实现论文版本记录和更新，反映作者思想发展历程；⑤确立科研发现的优先权。但是另一方面，预印本学术交流平台也存在一个明显的劣势，平台所发布的论文数量巨大，但未经同行评审，相关内容无法作为结论性的、指导实践/健康相关行为的信息，普通用户很难识别出既重要又高质量的内容，因此需要进一步利用专业工具进行有效筛选，如 arXiv Sanity Preserver 可以充当新论文的推荐引擎，并可以帮助跟踪特定领域的新发展；也可进一步利用其他网络免费学术资源进行搜索、鉴别、存储、整序、开发和利用，与开放获取资源形成互补。

图 7-14 ChinaXiv 论文检索页面

7.2 其他网络免费学术资源及其获取途径

除了开放获取资源外，网络免费学术资源还包括学科导航系统、专业学术搜索引擎资源、网络学术论坛、专业信息机构、专家个人网页或博客、邮件列表和新闻组等。下面介绍几种主要的网络免费学术资源及其获取途径。

7.2.1 学科导航系统

学科导航是按学科门类将学科信息、学术资源等集中在一起，以实现资源的规范搜集、分类、组织和序化整理，并能对导航信息进行多途径内容揭示，方便用户按学科查找相关学科信息和学术资源的系统工具，目前国内外许多高校或研究机构图书馆或联合或分别建立了学科导航系统。

7.2.1.1 国家科技图书文献中心

国家科技图书文献中心（National Science and Technology Library，NSTL）是根据国家科技创新发展的需要，于 2000 年 6 月 12 日组建的科技文献信息服务机构，成员单位包括中国科学院文献情报中心、中国科学技术信息研究所、机械工业信息研究院、冶金工业信息标准研究院、中国化工信息中心、中国农业科学院农业信息研究所、中国医学科学院医学信息研究所、中国标准化研究院国家标准馆、中国计量科学研究院文献馆。目前该中心已全面收藏和开发理、工、农、医等四大领域的科技文献,已发展成为集中外文学术期刊、会议录、学位论文、科技报告、图书、专利、标准和计量规程等于一体的,形成了印本和网络资源互补保障格局的,资源丰富、品种齐全的国家科技文献信息资源保障基地。其首页如图7-15所示。

图7-15 国家科技图书文献中心(NSTL)主页

外文科技类期刊是NSTL收藏文献资源保障服务的主体,目前NSTL收藏外文科技期刊2万余种,期刊涉及140个国家和地区,1.1万个出版社,其中国外知名出版社和重点学协会出版的核心科技文献的覆盖率达到90%,NSTL独家收藏印本期刊超过6000种;语种以英文为主,兼顾日文、德文、法文、俄文等34个语种;学科涵盖基础科学、工程技术、农业科学、医学科学及科技创新交叉学科领域的科技期刊资源,读者可通过NSTL一站式检索到多学科领域的科技印本、电子和OA期刊的相关信息。

NSTL是国内唯一一个订购国外网络版现刊数据库并为全国非营利机构用户免费开通服务的机构,以"国家许可,全国开通"的方式引进了专业性强、但国内保障率低的国外专业学协会现刊数据库38个,收录期刊500余种。此外,为解决我国外文期刊历史性缺失,NSTL先后购买了国外大型学术出版社、知名大学、学协会的回溯期刊数据库,回溯期刊数量达到3000余种。NSTL开通网络版期刊跨库检索平台免费为全国非营利学术型用户提供期刊检索服务(见图7-16)。

国际科学引文数据库(Database of International Science Citation,DISC)是NSTL历时三年投入建设的以科学引证关系为基础的外文文献数据服务系统。目前DISC数据库包含外文期刊篇名数据1400万余条,并以年200万条的速度增长;外文引文数据5000万条,并以年3000万条的速度增长。引文数据能够揭示和计算文献之间的相关关系和关系强度,为科研人员提供了检索发现世界上重要的科技文献、了解世界科学研究与发展脉络的强大工具。用户可以从集成的大规模的外文文献数据集合中检索和浏览信息,通过检索结果分组、关键词云图、论文发表年代分布、被引年代分布、作者合作关系状态、引用强度等可视化分析图形，实时联机分析检索结果，帮助用户在大量的检索集合中根据文献间的相关关系找到自己需要的文献。同时系统也提供引文检索的功能，以发现一篇文献的被引用情况、一个作者的论文影响力、一种期刊、图书、专利等文献的影响力，从而获取在科学研究中产生重要影响的有价值的文献信息（见图7-17）。

图 7-16 NSTL 网络版期刊跨库检索平台

图 7-17 NSTL 国际科学引文数据库检索平台

NSTL 作为国家战略科技资源保存和服务基地，通过对开放资源的遴选、采集、加工、组织与揭示，将不同平台、不同文献类型的资源集成整合，构建了 OA 集成整合系统并提供开放获取资源服务，目前中心累计收录国外开放获取期刊超过 13000 种，开放获取期刊文献超过 755 万篇，会议文献超过 50 万篇，学位论文超过 9 万篇，开放获取课件 36343 个，开放获取图书 38629 册等（见图 7-18）。

图 7-18　NSTL 开放资源服务平台

7.2.1.2　科技大数据知识发现平台

科技大数据知识发现平台由中国科学院文献情报中心与科睿唯安、Springer、Elsevier、维普等数据库商在元数据层面进行合作后创建而成，为精准服务、知识图谱、智能计算、智能情报提供不同阶段及不同层次的数据支撑。目前平台覆盖各类实体数据 4 亿个，领域专题数据 200 多个，人才数据 9000 万多，机构数据 1100 万多，重要国家地区项目数据 600 万多，知识图谱关系数据 60.5 亿多。其首页如图 7-19 所示。

该平台基于数十亿级的海量全领域学术知识图谱，为用户提供论文、资讯、报告、专利、标准、学者、机构、项目、会议、期刊等 10 类科研实体的检索发现，从科研主体、科研动态、科研活动、科研成果等方面揭示科研全过程链条的知识发现。此外，该平台提供智能检索、多维呈现、关联导航等特色服务：根据用户输入智能识别检索意图，智能分析检索字段，智能规范关键词语，提供满足用户需要的按相关度、时间、标题等的智能结果排序。利用领先的人工智能技术，辅助用户阅读大量检索结果，提供内容层面的智能综述；根据 10 类科研实体定制式展现各自数据特色，满足不同类型数据专业、丰富的字段揭示；提供全方位数据分面导航，辅助快速选择和精简检索结果；检索结果展示多角度图形分析功能，直观快速地掌握领域知识分布；基于知识图谱实现论文、资讯、报告、专

图 7-19　科技大数据知识资源中心主页

利、标准、学者、机构、项目、会议、期刊 10 类科研实体丰富的数据关联，实现无终结点的关联发现导航。

7.2.1.3　PubScholar 公益学术平台

PubScholar 公益学术平台整合集成了中国科学院的科技成果资源、科技出版资源和学术交流资源，开放获取环境下允许获取集成服务的学术资源，以及协议授权或其他合作共建模式获得授权的学术资源。目前可检索的资源量约 1.7 亿篇，可免费获取的全文资源量约 8000 万篇，包含期刊论文、学位论文、预印本论文、专利文献、领域快报、动态快讯、科学数据和图书专著等。平台提供公益性学术资源的集成检索发现、可获取全文资源的多途径导航、集成科大讯飞翻译引擎、主动推送领域高价值文献、个性化学术资源的组织管理、开放型学术资源的交流与共享等六大功能。网址：https://pubscholar.cn/，其首页如图 7-20 所示。

图 7-20　PubScholar 公益学术平台

7.2.2 专业学术搜索引擎资源

学术搜索引擎资源以学术论文、国际会议、权威期刊、学者为主，随着搜索引擎的快速发展，学术搜索引擎逐渐具备个性化、智能化、数据挖掘分析、学术圈等特色。

7.2.2.1 百度学术

百度学术于 2014 年 6 月上线，是百度旗下的免费学术资源搜索平台（见图 7-21），收录了包括知网、维普、万方、Elsevier、Springer、Wiley、NCBI 等在内的 120 多万个国内外学术站，索引了超过 12 亿学术资源页面，建设了包括学术期刊、会议论文、学位论文、专利、图书等类型在内的 4 亿多篇学术文献。目前已成为全球文献覆盖量最大的学术平台。在此基础上，百度学术还构建了包含 400 多万个中国学者主页的学者库和包含 1 万多中外文期刊主页的期刊库。

百度学术平台目前提供学术搜索和学术服务两大类服务：支持用户进行文献、期刊、学者三类内容的检索，并支持高校及科研机构图书馆定制版学术搜索；此外，支持用户订阅感兴趣的关键词、收藏有价值的文献、对所研究的方向做开题分析、进行毕业论文查重、通过单篇购买或者文献互助的方式获取所需文献等。

百度学术搜索支持用户在一站式检索结果中按照时间、领域、核心、获取方式、关键词、类型、作者、期刊、机构或者中英文、相关性继续进行筛选，提高检索的精准性。百度学术服务则利用人工智能技术，辅助用户阅读大量检索结果，提供内容层面的开题分析以及提供学术分析、学科分析、学者分析、期刊分析等多维度数据分析（见图 7-22）。此外，百度学术为众多数据库及学术资源提供了搜索渠道，用户可通过文献直接进入其来源网站进行搜索；或在首页设置常用数据库方便直接访问，可根据用户需要进行个性化设置（见图 7-23）。

图 7-21 百度学术主页

图 7-22 百度学术服务

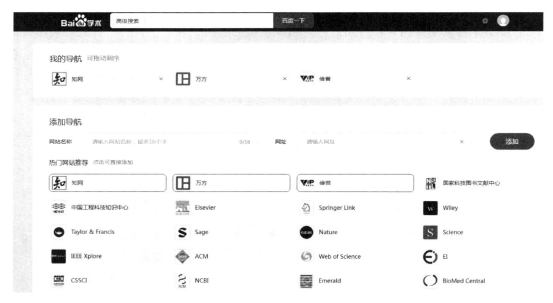

图 7-23 百度学术导航管理

7.2.2.2 Google 学术搜索

Google 学术搜索是一项免费服务,可以帮助快速寻找学术资料,如专家评审文献、论文、书籍、预印本、摘要以及技术报告。Google 学术搜索在索引中涵盖了多方面的信息,信息来源包括万方数据资源系统、维普资讯、主要大学发表的学术期刊、公开的学术期刊、中国大学的论文以及网上可以搜索到的各类文章。Google 学术搜索同时提供了中文版界面,供中国用户更方便地搜索全球的学术科研信息。

7.2.3 网络学术论坛

网络论坛是依靠网络技术实现的网上交流平台，也被称为电子公告板（bulletin board system，BBS），是互联网上的电子信息服务系统。一般分为综合性论坛和专题性论坛：综合性论坛内容丰富，会吸引各行各业的用户来到论坛；专题性论坛往往关注于某一特定领域，可细分为推广型论坛、地方性论坛、交流性论坛等，其信息覆盖面窄而深，会吸引该领域的用户来参与论坛讨论，促进科学交流和知识传播。网络学术论坛则是专题性网络论坛中的一种，是以学术科研信息为主要交流内容的论坛。

7.2.3.1 小木虫论坛

小木虫论坛是一个综合性的学术科研互动平台，版块内容十分丰富，覆盖生物医药、化学化工、材料、计算模拟、人文经济、专业学科、文献求助、资源共享、科研市场、学术交流、科研生活等。每一个导航版块下设更多细分类别，如生物医药版块下面设有新药研发、药学、药品生产、分子生物、微生物、生物科学、医学等 8 个类别。药学版块则根据专业方向进一步细分为药理学、药剂学、药物分析、药物化学等多个版块，用户可以直接在导航中选择自己感兴趣的版块进行浏览，也可以在右上角的搜索框中输入关键词检索相关话题，注册后用户也可选择不同板块发帖交流（见图 7-24）。

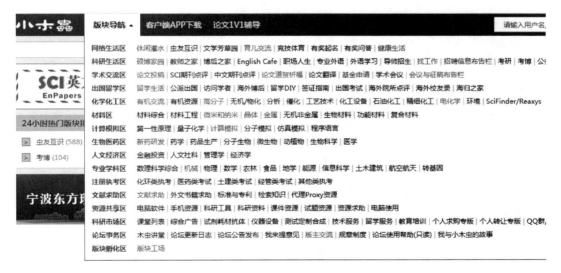

图 7-24 小木虫论坛主页

7.2.3.2 丁香园论坛

丁香园论坛创建于 2000 年，是目前国内最大的面向医生、医疗机构、医药从业者以及生命科学领域人士的专业性信息交流平台，为用户提供最新的医学知识、医疗技术等。丁香园论坛共设有 17 个讨论区，内容涉及药学、基础医学、临床医学等，其中每个区又包括若干个板块，内容丰富、专业性强（见图 7-25）。

除了丁香园论坛外，丁香园平台为专业人员提供丁香公开课、用药助手、丁香人才等多项服务；为大众用户提供丁香医生、丁香妈妈、丁香商城等服务，为企业机构提供丁香通、医院汇、数据开放平台等特色服务（见图7-26）。

总的来说，网络免费学术资源具有信息量大、类型多样，且界面友好、使用方法简单易学等显著优势，可以提供多种文献获取渠道，在国内即可使用，可以弥补其他商业学术资源的不足。但是对比商业性学术资源，其检索精度和广度、英文文献检索、订阅功能等稍显逊色。在实际使用过程中，用户可根据实际情况选择合适的检索工具。

图 7-25　丁香园论坛主页

图 7-26　丁香园平台主页

第 8 章 学位论文写作

8.1 科技论文概述

8.1.1 科技论文的概念

科技论文是一种学术文献，由科技工作者对其创造性研究成果进行理论分析和科学总结，并得以公开发表或通过答辩的科技写作文体。美国生物学编辑协会对科技论文的定义为：一篇能被接受的原始科学出版物，必须是首次披露，并提供足够的资料，使同行能够①评定所观察到的资料的价值；②重复实验结果；③评价整个研究过程的学术；此外，它必须是易于人们的感官接受、本质上持久、不加限制地为科学界所使用，并能为一种或多种公认的二级情报源（如《化学文摘》等）所选用。

一般来说，科技论文是科技工作者与同行交流研究成果的重要方式，它遵循严格的结构和格式要求，以确保清晰、准确地传达信息。

8.1.2 科技论文的分类

8.1.2.1 按写作目的和发挥的作用分类

（1）学术性论文

学术性论文指研究人员提供给学术性期刊发表或向学术会议提交的论文，以报道学术研究成果为主要内容。学术性论文反映了各学科领域内最新的前沿科学技术水平，对科学事业的发展和交流起着积极的作用。

（2）技术性论文

技术性论文指工程技术人员为报道工程技术研究成果而撰写的论文。这类论文具有技术的先进性、实用性和科学性。

（3）毕业论文

毕业论文是普通中等专业学校、高等专科学校、本科院校及研究生学历专业教育学业的最后一个环节，为对本专业学生集中进行科学研究训练而要求学生在毕业前独立撰写的论文。本科及研究生学历教育的学生撰写的毕业论文又称为学位论文。国家标准《学位论文编写规则》(GB/T 7713.1—2006)定义：学位论文是作者提交的用于其获得学位的文献。学位论文一般都较详细地介绍自己论题的研究历史和现状、研究方法和过程等。文中一些具体的实验装置、实验方法、实验等过程和计算都较详细，论文比较强调文章的系统性。学位论文要经过考核和答辩。

依学位的高低，学位论文又分为以下3种：学士论文、硕士论文、博士论文。

① 学士论文：指大学本科毕业生申请学士学位要提交的论文。论文或设计应反映出作者具有专门的知识和技能，具有从事科学技术研究或担负专门技术工作的初步能力。

② 硕士论文：指硕士研究生申请硕士学位要提交的论文。具有一定程度的创新性，强调作者的独立思考作用。通过答辩的硕士论文，应该说基本上达到了发表水平。

③ 博士论文：指博士研究生申请博士学位要提交的论文。博士论文应反映出作者具有坚实、广博的基础理论知识和系统、深入的专门知识，具有独立从事科学技术研究工作的能力，应反映出该科学技术领域最前沿的独创性成果；因此，博士论文被视为重要的科技文献。

8.1.2.2 按研究方式和论述的内容分类

(1) 实验研究报告型论文

这类论文不同于一般的实验报告，其写作重点应放在"研究"上。它追求的是可靠的理论依据，先进的实验设计方案，先进、适用的测试手段，合理、准确的数据处理及科学、严密的分析与论证。

(2) 理论推导型论文

理论推导型论文主要是对提出的新的假说通过数学推导和逻辑推理，从而得到新的理论，包括定理、定律和法则。数学推导要科学、准确，逻辑推理要严密，并准确地使用定义和概念，力求得到无懈可击的结论。

(3) 理论分析型论文

理论分析型论文主要是对新的设想、原理、模型、机构、材料、工艺、样品等进行理论分析，对过去的理论分析加以完善、补充或修正。论证分析要严谨，数学运算要正确，资料数据要可靠，结论除了要准确之外，一般还须经实验验证。

(4) 设计型论文

设计型论文的研究对象是新工程、新产品的设计，主要研究方法是对新的设计文件最佳方案或是实物进行全面论证，从而得出某种结论或引出某些规律。对论文总的要求是相对要"新"，数学模型的建立和参数的选择要合理，编制的程序要能正常运行，计算结果要合理、准确；设计的产品或调、配制的物质要经试验证实。

(5) 综合论述型论文（综述性论文）

综合论述型论文（综述性论文）是在作者博览群书的基础上，综合介绍、分析、评述该学科（专业）领域里国内外的研究新成果、发展新趋势，并表明作者自己的观点，做出发展的科学预测，提出比较中肯的建设性意见和建议的论文。此类论文往往对所讨论的专题或学科的进一步发展起到引导作用。

8.1.3 科技论文的写作意义

8.1.3.1 保持科学研究的完整性

科学研究包括确定选题、研究实施、整理发表三个部分。一项科研成果，从选题、资料搜集、科研设计到科研论文的撰写，每一项程序对整个科研项目都起着重要的作用，科技论文的写作是科技工作不可缺少的重要组成部分。

英国物理学家和化学家法拉第指出：科学研究有三个阶段，首先是开拓，其次是完成，第三是发表。我国著名化学家卢嘉锡也指出：一个只会创造不会表达的人，不算一个真正的科技工作者。一项科研成果，如果没有发表，就等于不曾存在。一个典型的例子是费马大定理的证明：在 1637 年左右，法国数学家费马在阅读丢番图（Diophatus）《算术》拉丁文译本时，曾在第 11 卷第 8 命题旁写道：将一个立方数分成两个立方数之和，或一个四次幂分成两个四次幂之和，或者一般地将一个高于二次的幂分成两个同次幂之和，这是不可能的。即 $X^n+Y^n=Z^n$，当 $n>2$ 时没有正整数解，后人称为费马大定理。费马接着写道：对此我已经发现了一个巧妙的证明，可惜这里的页边空白太小，写不下。费马提出了费马大定理，也给出了证明，可是没有总结出来，没有发表，所以就等于不存在，此后无数数学家前赴后继，经过三百多年，最终才由英国数学家安德鲁·怀尔斯在 1993 年给出证明（后因发现缺陷于 1995 年给出完整证明）。

8.1.3.2 促进科学研究结果的交流、继承

科技论文写作是科技交流的理想工具。科技文献是存储、传递科技信息的良好载体。研究者通过阅读大量的科技文献，掌握前人对这一问题的研究状况、所取得的成就、存在的问题，在前人已有的基础上把科学推向前进。因此科技论文的写作对科技发展与进步起着越来越重要的作用。

8.1.3.3 科技成果的重要标志

科技论文是科技成果的重要标志之一，是衡量某一学科、某一个人、某一个国家科技水平高低的重要标志之一。研究者所发表的某一科学研究的科技论文的数量与质量，是他在某一科学研究中所取得的科研成果的重要体现。对学生来说，学位论文是检验其逻辑思维能力、判断能力和表达能力的有效方式，是考察其学业水平的标志，也是其申请授予学位的依据。

8.1.4 科技论文的特点

不同学者对科技论文的特点有不同的观点和见解，归纳起来可包含 5 个方面。

8.1.4.1 科学性

科学性是科技论文的生命。科技论文的科学性包括三层含义。论文内容的科学性，表现为论文的内容是真实的，是可以复现的成熟理论、技巧或物件，或者是经过多次使用已成熟，能够推广应用的技术。论文表述的科学性，表现为表述的准确、明白，这是表达最

基本的要求，语言的使用上要十分贴切，没有疏漏、差错或歧义。表述概念要进行科学定义或选择恰当的科学术语，消除口头语言的模糊性。表述数字要有符合要求的准确的数值，同时要求把准确的数值准确地表述出来。论文结构的科学性，科技论文是客观事物事理的反映，其结构应具有严密的逻辑性。运用综合方法，从已掌握的材料得出结论。

8.1.4.2 创造性

所谓创造性，就是要有所发现、有所发明、有所创造、有所前进，要以科学的、实事求是的、严肃的态度提出自己的新见解，创造出前人没有过的新理论或新知识，而决不能人云亦云，简单重复、模仿、沿袭前人的工作。科技论文的创造性是指创造的有无问题，并不是指创造的大小问题。一篇论文，其创新程度可能大些，也可能很小，但总要有一些独到之处，总要对丰富科学技术知识宝库和推动科学技术发展起到一定的作用。

8.1.4.3 学术性

所谓学术，是指较为专门、有系统的学问。学术性是科技论文的本质特征，也是区别于其他科技文体的基本特点。科技论文是议论文的一种，它同一般议论文一样都是由论点、论据、论证构成。科技论文要有一定的理论高度，要分析有学术价值的问题，要研究某种专门的、有系统的学问，要引述各种事实和道理去论证自己的新见解，所以它不同于一般的议论文。

8.1.4.4 理论性

科技论文要将实验、观测所得的结果，从理论高度进行分析，把感性认识上升到理性认识，进而找到带有规律性的东西，得出科学的结论。论文所表述的发现或发明，不但具有应用价值，而且还应具有理论价值，使论文具有较浓的理论色彩。

8.1.4.5 规范性和可读性

撰写科技论文是为了交流、传播、储存新的科技信息，让他人利用，因此，科技论文必须按一定格式写作，必须具有良好的可读性。在文字表达上，要求语言准确、简明、通顺，条理清楚，层次分明，论述严谨。在技术表达方面，包括名词术语、数字、符号的使用，图表的设计，计量单位的使用，文献的著录等都应符合规范化要求。一篇科技论文失去了规范性和可读性，将严重降低它的价值，有时甚至会使人怀疑它报道的研究成果是否可靠。

8.1.5 科技论文写作的基本素养

科技论文写作者应该具备所写科技论文内容的专业知识，熟悉相关的专门知识；具有查阅文献资料的技能，通晓科技论文写作的理论和格式，有一定的语法和文字修辞上的素养，了解期刊编辑知识，善于对读者对象进行分析研究。

8.1.6 科技论文的一般结构

科技论文结构形式具有一定的规律，形成了一套独特的结构程序。国家为此出台了相关的标准，如《学位论文编写规则》（GB/T 7713.1—2006）、《学术论文编写规则》（GB/T

7713.2—2022)、《科技报告编写规则》（GB/T 7713.3—2014）、《文摘编写规则》（GB 6447—1986）、《信息与文献 参考文献著录规则》（GB/T 7714—2015）等。

8.1.6.1 学术论文结构

一篇学术论文的核心内容包括引言（introduction）、材料与方法（materials and methods）、结果（results）、讨论和结论（discussion and conclusions）；再加上题名（title）、作者（author）、摘要（abstract）、关键词（keywords）、致谢（acknowledgements）、参考文献（references）和附录（appendix），由此构成一篇完整的论文。其中致谢和附录如果没有可以不列入。具体结构如下：

题名（中英文）：简要描述该论文的核心内容；
作者：姓名、工作单位或通信地址；
摘要（中英文）：总结论文的主要内容；
关键词（中英文）：代表中心内容特征的单词或词组，3~8个；
引言：研究背景和理由；
主体：原理、材料、方法、结果、讨论；
结论：由结果得到的主要结论（必须精确、有条理、清晰与简要）；
参考文献：列出所引用的所有参考文献；
致谢：谁帮助了你；
附录：复杂的公式推导、表格、插图等。

8.1.6.2 毕业论文结构

毕业论文的结构包括5部分，分别是：前置部分、主体部分、参考文献、附录和结尾部分。

（1）前置部分

前置部分包括封面、封二（可选）、题名页、英文题名页、摘要页（中英文）、序或前言（必要时）、目次页、图或附表清单（必要时）、勘误页、致谢（有的放文末）。

（2）主体部分

主体部分由于涉及的学科、选题、研究方法、结果表达等有很大的差异，没有统一规定，主要包括引言（绪论）、正文、结论或讨论。结构见图8-1。

（3）参考文献

参考文献是文中引用的有具体文字来源的文献集合。按照《信息与文献 参考文献著录规则》（GB/T 7714—2015）的规定执行（见附录Ⅱ）。

（4）附录

附录是作为论文主体的补充项目，并不是必需的（具体要求见附录Ⅰ）。

（5）结尾部分

必要时可以编排分类索引、关键词索引、作者简历、学位论文数据集、在学期间成果等。

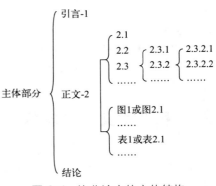

图8-1 毕业论文的主体结构

8.1.6.3 中图分类号和文献标识码

科技论文中一般还有中图分类号和文献标识码（图 8-2）。

中图分类号：采用《中国图书馆分类法》对科技文献进行主题分析，并依照文献内容的学科属性和特征，分门别类地组织文献所获取的分类代号。中图分类号可以通过网址 http://www.ztflh.com/ 获取。

文献标识码：用于标示文献正文内容类型的代码。具体代码如下：

A——理论与应用研究学术论文（包括综述报告）；
B——实用性技术成果报告（科技）、理论学习与社会实践总结（社科）；
C——业务指导与技术管理性文章（包括领导讲话、特约评论等）；
D——一般动态性信息（通讯、报道、会议活动、专访等）；
E——文件、资料（包括历史资料、统计资料、机构、人物、书刊、知识介绍等）。

第 40 卷第 6 期　　Vol.40 No.6　　　　　　　　井冈山大学学报(自然科学版)
2019 年 11 月　　November 2019　　　　　Journal of Jinggangshan University (Natural Science)　　　23

文章编号：1674-8085(2019)06-0023-05

有机海水围塘养殖生态系统氮磷的变化规律及相关性研究

*李廷友[1]，陆　波[2]，何清明[1]，胡志强[1]

(1. 泰州学院医药与化学化工学院，江苏，泰州 225300；2. 连云港市海洋与渔业发展促进中心，江苏，连云港 222300)

摘　要：为了解海水围塘养殖区氮磷的变化规律以及围塘养殖对水环境的影响，以沿海滩涂地区的海水围塘养殖池为研究案例，定点监测了虾-鱼-贝混合养殖池和对虾单养池的无机氮（氨氮、亚硝酸盐和硝酸盐）、总氮、磷酸盐、总磷和高锰酸盐指数等指标，并分析了该养殖区各种水化学要素在养殖期间的变化特征以及它们之间的相关性。研究结果表明：两种养殖方式下水环境中无机氮之间的转化是完全的，在高溶解氧时硝酸盐氮含量始终较高，而在混合养殖中，硝酸盐氮是该养殖区水体无机氮的主要存在形态；混养池中总磷和总氮、磷酸盐均正相关，与无机氮之间无相关；而单养区总磷也与总氮显著正相关，但与磷酸盐和无机氮无相关；在混养区对总氮主要作用的是物理过程，单养区则是物理过程和化学过程同时起作用；对 NH_4^+-N 的影响虽然同是物理过程起作用，但混养区是盐度，而单养区是 pH 值和溶解氧；影响磷的各种形态变化的主要是化学过程起作用，但在单养区对 PO_4^{3-}-P 的影响还有 pH 值；通过采用有机养殖技术，围塘养殖的水质基本符合养殖要求标准，说明有机养殖、混合养殖等可以减少环境污染，应加强对这方面养殖技术的推广和应用。

关键词：海水围塘养殖；有机养殖；氮磷变化；相关性

中图分类号：S949/X55　　**文献标识码**：A　　　DOI:10.3969/j.issn.1674-8085.2019.06.005

图 8-2　科技论文中的中图分类号和文献标识码

8.2　科技论文写作规范

国家标准 GB/T 7713 系列对科技论文的撰写和编排格式作了规定。尽管各篇论文的内容千差万别，不同作者的写作风格各有千秋，但格式完全可以统一。所谓格式，即一定的规格式样。科技论文的撰写和编排格式要求，就是撰写和编排科技论文时应满足的规格和式样方面的统一要求。

有了 GB/T 7713 系列这一国家标准，对于一篇科技论文应先写什么，后写什么，各部分要写什么内容，以及表达中有些什么要求，编排上应符合哪些规定，都有章可循；但是，论文的主题如何确立，论据如何选取，论证如何进行，结构如何安排，节、段如何划分，层次标题如何拟定，具体材料如何到位等，则需要论文作者和刊物编者根据研究对象、研究的目的和方法，以及论文内容的不同，即根据实际情况来处理；因此可以说，只要按照科技论文的撰写和编排格式去进行创造性的写作和编辑，论文就不会千篇一律，刊物也不会千刊一面，相反，却能使它们既符合规定的格式要求，又各自具有独立的主题思想、表达手法、写作风格和编排特色，这正是一篇高质量的论文或一份高水平刊物所必需的。一般来说，科技论文的组成部分和排列次序为：题名、作者署名、摘要、关键词、引言、正文、结论（和建议）、致谢、参考文献和附录。下面将对科技论文的组成部分和各部分的写作要求逐一进行讨论。

8.2.1 题名

题名又叫"题目""标题"或"文题"。有的题名还包括副标题或引题。《学术论文编写规则》（GB/T 7713.2—2022）规定："题名是论文的总纲，是反映论文中重要特定内容的恰当、简明的词语的逻辑组合。"题名中的词语应有助于选定关键词和编制题录、索引等二次文献所需的实用信息。题名应该避免使用不常用的缩略词、首字母缩写字、字符、代号和公式等。题名一般不宜超过 25 字。报告、论文用作国外交流，应有外文（多用英文）题名。

论文题名的作用：以最少数量的单词来充分表述论文的内容；吸引读者，题名相当于论文的"标签"，题名如果表达不当，就会失去其应有的作用，使真正需要它的读者错过阅读论文的机会；帮助文献追踪或检索，文献检索系统多以题名中的主题词作为线索，因而这些词必须准确地反映论文的核心内容，否则就有可能产生漏检。

科技论文题名一般要求以最明晰、最简练而便于检索的词组，能简单明了、恰当、鲜明、准确地概括论文中最主要的内容，同时引人注目。题名可以看到全文的精髓，是微型文摘；体现所属的分支学科、目的、方法和结果。

科技论文题名的要求：

① 准确得体：准确地反映论文的内容；恰如其分地反映研究的范围和达到的深度，不能使用笼统的、泛指性很强的词语。

② 简洁精练：中文最好不超过 25 字；如包容不下，可加副题名。

③ 清楚：清晰地反映文章的具体内容和特色，力求简洁有效、重点突出。

注意事项：尽可能将表达核心内容的主题词放在题名开头；题目应是一个短语而不是一个句子；题目中尽量不用标点符号；避免使用未被公认的或不常见的缩略词、首字母缩写字、字符、代号和公式；一般不能用学科或分支学科的科目作为题目组成部分；不要出现泛指的词，例如"新的""改进了的"等。

8.2.2 署名

科技论文的署名者只限于那些参与选定研究课题和制订研究方案、直接参加全部或部分主要研究工作并做出主要贡献，以及参加论文撰写并能对内容负责，同时对论文具有答辩能力的人员；仅参加部分工作的合作者、按研究计划分工负责具体小项的工作者、某一项测试任务的承担者，以及接受委托进行分析检验和观察的辅助人员等，均不应署名，但署名者可以将他们作为参加工作的人员——列入"致谢"段，或注于篇首页地脚处。

署名顺序按其贡献大小排列，第一作者是论文的写作者并对论文负有全部责任；仅参加部分工作又对全面工作缺乏了解者，不应署名，但可列在致谢中，表明其贡献。

8.2.2.1 署名的意义

（1）署名作为拥有著作权的声明

《中华人民共和国著作权法》中规定："著作权属于作者"；著作权包括"署名权，即表明作者身份，在作品上署名的权利"。可见，在发表的论文中署名，是国家赋予作者的一种权利，当然受到国家法律的保护。署名也是作者通过辛勤劳动所应得的一种荣誉，以此表明他们的劳动成果和作者自己得到了社会的承认和尊重。署名本身即向社会声明，作者对该作品拥有了著作权，任何个人和单位不能侵犯。

（2）署名表示文责自负的承诺

所谓文责自负，就是论文一经发表，署名者即应对论文负法律责任，负政治上、科学上的责任。如果论文中存在剽窃、抄袭的内容，或者政治上、科学上或技术上存在错误，那么署名者就应完全负责，署名即表示作者愿意承担这些责任。

（3）署名便于读者同作者联系

署名也是为了建立作者与读者的联系。读者阅读文章后，若需要同作者商榷，或者要询问、质疑或请教，以及求取帮助，可以直接与作者联系。署名即表示作者有同读者联系的意向，署名也为读者同作者联系提供了可能。

8.2.2.2 署名的位置与格式

一般学术性期刊中将署名置于题名下方，并采用如下格式：

作者姓名
（作者工作单位名称及地名　邮政编码）

署名的方法：真实姓名，不用笔名；多个作者共同署名：以贡献大小排列；执笔者通常排在首位；署名时，还应标明作者工作单位、工作单位所在地及邮政编码。如：

张三，李四，王五
（中国科学院研究生院，北京，100039）

8.2.2.3 中国作者外文稿件的正确署名方法

国内作者向外文期刊投稿署名或有必要附注汉语拼音时，必须遵照国家规定，即姓在名前，名连成一词，不加连字符，不缩写。1982年，ISO通过《汉语拼音方案》作为拼写中国专有名词和词语的国际标准。中国人名属于专名，译成外文必须用汉语拼音拼写。中国人名译成外文时，姓氏和名字分写，姓和名开头字母大写，姓在前，名在后，可以省略逗号。例如郭守敬译成外文：唯一正确的拼写法是 Guo Shoujing。不正确的拼写法主要有：GUO SHOU JING，Guo Shou-jing，Guo，Shoujing，Shoujing Guo。

8.2.3 摘要

8.2.3.1 摘要的概念和作用

国际标准对摘要的定义为：不加注释和评论，对文献内容精确和扼要的表达。我国国家标准则定义为：以提供文章内容梗概为目的，不加评论和补充解释，简明、确切地记述文献重要内容的短文。

摘要的作用：①让读者尽快了解论文的主要内容，以补充题名的不足。读者是否需要通读某篇论文，从题名上进行判断后，主要的就是根据摘要来决定，所以，摘要担负着吸引读者和介绍文章主要内容的任务。②为科技情报人员和计算机检索提供方便。文摘杂志对摘要可以直接利用，从而可避免由他人编写摘要可能产生的误解、欠缺和错误。

8.2.3.2 摘要的内容

① 该项研究工作的内容、目的及其重要性。
② 所使用的实验方法、实验装置等。
③ 总结研究成果，突出作者的新见解。
④ 研究结论及其意义。

注意：摘要不分段，不列举例证，不描述研究过程，不做自我评价。

8.2.3.3 摘要的分类

（1）报道性摘要

报道性摘要即资料性摘要或情报性摘要。用来报道论文所反映的作者的主要研究成果，向读者提供论文中全部创新内容和尽可能多的定量或定性的信息。尤其适用于试验研究和专题研究类论文，多为学术期刊所采用。报道性摘要的内容主要包括研究目的、研究方法、主要发现、主要结论等。

（2）指示性摘要

指示性摘要即概述性摘要或简介性摘要。它只简要地介绍论文的论题，或者概括地表述研究的目的，仅使读者对论文的主要内容有一个概括的了解。指示性摘要主要叙述撰写目的，适用于基础学科的论文、管理论文、专题论述、综述等。

8.2.3.4 摘要的注意事项

科技报告和学位论文的中文摘要一般字数为 300～600 字，外文摘要实词在 300 个左右。对于学术论文，在一般情况下，报道性摘要以 400 字左右、报道/指示性摘要以 300 字左右、指示性摘要以 150 字左右为宜。中文摘要、外文摘要内容宜对应，为利于国际交流，外文摘要可以比中文摘要包含更多信息。

摘要应该用第三人称；不加注释和评论；不宜举例，不用引文；不宜与其他研究工作比较；不应用图表、公式、化学结构式等；摘要中第一句话的注语，如"本文……"、"作者……"等词可以省略。

8.2.3.5 摘要的写作要求

① 简短精练，明确具体。简短，指篇幅短，一般要求 50～300 字（依摘要类型而定）；精练，指摘录出原文的精华，无多余的话；明确具体，指表意明白，不含糊，无空泛、笼统的词语，应有较多而有用的定性和定量的信息。

② 格式要规范。尽可能用规范术语，不用非共知共用的符号和术语。不得简单地重复题名中已有的信息，并切忌罗列段落标题来代替摘要。除了实在无变通办法可用以外，一般不出现插图、表格，以及参考文献序号，一般不用数学公式和化学结构式，不分段。摘要段一般置于作者及其工作单位之后，关键词之前。

③ 文字表达上应符合"语言通顺，结构严谨，标点符号准确"的要求。摘要中的语言应当符合现代汉语的语法规则、修辞规则和逻辑规则，不能出现语病。

摘要示例：（题名：黄瓜无土栽培结果期营养液配方的优选）

示例 1　报道性摘要

[方法、目的] 利用三因素五水平二次通用旋转组合设计，优选出适合黄瓜无土栽培的营养液配方。研究了氮、钾、镁对黄瓜产量、品质及叶绿素含量等指标的影响。

[结果] 结果表明：在三种元素中，氮对产量形成、可溶性糖及叶绿素含量的影响最大；钾对维生素 C 影响最大；镁对叶绿素含量仅次于氮。黄瓜的 N、K、Mg 优化配方分别为 20.35mmol/L、10.38mmol/L、2.5mmol/L。

示例 2　指示性摘要

研究了氮、钾、镁对黄瓜产量、品质及叶绿素含量等指标的影响。优选出了适合黄瓜无土栽培的营养液配方。

8.2.4　关键词

关键词是为了满足文献标引或检索工作的需要而从论文中选取出的词或词组。在同一论文中出现的次数最多；一般在论文的题目及摘要中都出现；可为编制主题索引和检索系统使用。体现论文核心内容；通过关键词可查到该论文。关键词包括主题词和自由词 2 个部分：主题词是专门为文献的标引或检索而从自然语言的主要词汇中挑选出来并加以规范了的词或词组；自由词则是未规范化的即还未收入主题词表中的词或词组。关键词可以从综合性主题词表如《汉语主题词表》和专业性主题词表（如 NASA 词表、INIS 词表、TEST 词表、MeSH 词表等）中选取。

每篇论文中应专门列出 3～8 个关键词，它们应能反映论文的主题内容。关键词作为论文的一个组成部分，列于摘要段之后。

编写关键词的注意事项：较定型的名词，多是单词和词组，原形而非缩略语；无检索价值的词语不能作为关键词，如"技术""应用""观察""调查"等；化学分子式不可作为关键词；未被普遍采用或在论文中未出现的缩写词、未被专业公认的缩写词，不能作为关键词；论文中提到的常规技术，内容为大家所熟知，也未加探讨和改进的，不能作为关键词；中英文关键词相互对应，且数量完全一致。

8.2.5 引言

引言又叫绪论、前言、绪言,在科技论文中一般不立"引言"等小标题。引言的目的是向读者交代本研究的来龙去脉,其作用在于唤起读者的注意,使读者对论文先有一个总体的了解。长度约占正文的 1/10～1/8;引言应自然、凝练、简洁、确切。

8.2.5.1 引言的内容

主要包括:①研究的理由、目的和背景,主要包括问题的提出、研究对象及其基本特征、前人对这一问题做了哪些工作、存在哪些不足、希望解决什么问题、问题的解决有什么作用和意义。②理论依据、实验基础和研究方法。如果沿用已知的理论、原理和方法,只需提及一笔,或注出有关的文献;如果要引出新的概念或术语,则应加以定义或阐明。③预期的结果及其地位、作用和意义。

8.2.5.2 引言的写作要求

① 言简意赅,突出重点。引言中要求写的内容较多,而篇幅有限,这就需要根据研究课题的具体情况确定阐述重点。

② 开门见山,不绕圈子。注意要起笔就切题,不能铺垫太远。

③ 尊重科学,不落俗套。例如,有的作者在论文的引言部分总爱对自己的研究工作或能力表示谦虚,寻几句客套话来说,如"限于时间和水平"或"由于经费有限,时间仓促","不足或错误之处在所难免,敬请读者批评指正"等。

④ 如实评述,防止吹嘘自己和贬低别人。

8.2.5.3 引言写作注意事项

不要介绍人所共知的普通专业知识,或教科书上的材料;不要推导基本公式;不要对论文妄加评论,夸大论文的意义;避免使用自夸性词语;避免使用客套话;避免使用广告式语言。

8.2.6 正文

正文总的思路和结构安排应当符合"提出论点,通过论据〔事实和(或)数据〕来对论点加以论证"这一共同的要求。

科技论文的主题要新颖、深刻、集中、鲜明。结构上,不同内容的正文,有其各自合理的结构,但总的要求是层次清楚、节段安排符合逻辑顺序,服从读者的认识和思维规律。对于不同的技术问题,阐明或论证的方法可能不同,应灵活处理。采取合适的结构顺序和结构层次,组织好段落,安排好材料。说明、描写、记叙和论证时应注意,一节、一个段落、一个自然段,只能有一个中心,并应互相连贯、前后衔接。完稿后修改时可以采取增删、调整、分合等办法来解决文稿中存在的重复、脱节和交叉混杂的问题。使全文主题明确、中心突出、脉络清晰、层次分明、过渡自然,达到结构严谨的要求。

论证是科技论文的主要表达方式,当然也是在正文部分所要采用的基本写作手段。用论据证明论点的推理过程,"以理服人"。论证是由论点、论据和论证方式等3个环节组成的。常用的论证方法有:举例、事理引申、反证、类比、对比、因果互证等。论证须遵守逻辑规则:论题应当清楚、确切,不应含糊其词,不应有歧义;论题应当保持同一;论据应当是真实的判断;论据的真实性不应依赖论题的真实性来论证;从论据应能推出论题。

8.2.6.1 实验材料和方法

实验材料主要是对材料的来源、性质和数量,以及材料的选取和处理等事项的阐述。材料分实验研究材料和调查研究材料。

实验研究材料:主要阐述实验研究对象、实验用试剂等,应写明制造厂商或提供单位和个人、规格等;实验仪器和设备,应写明制造厂商、出厂年份、型号,甚至主要性能。

调查研究材料:主要阐述调查对象,应写明总体标准、调查数量、地区,分组情况等;确定调查的指标。

选择材料时应遵循以下原则:①必要而充分,必不可少还要有一定的数量;②真实而准确,不是虚拟的,完全符合实际;③典型而新颖,能反映事物的本质特征,不陈旧。

方法的表达(实验过程或操作步骤):主要指对实验的仪器、设备,以及实验条件和测试方法等事项的阐述。描述作者"做了什么""是怎样做的"。

方法写作要点:应写明实验对象、实验材料的名称、来源、性质、数量、选取方法和处理方法,实验目的,使用的仪器、设备(包括型号、名称、量测范围和精度等),实验及测定的方法和过程,出现的问题和采取的措施等。

实验方法必须具体、真实。如果是采用前人的,只需注明出处;如果是改进前人的,则要交代改进之处;如果是自己提出的,则应详细说明,必要时可用示意图、方框图或照片图等配合表述。由于科学技术研究成果必须接受检验,介绍清楚这些内容,目的在于使别人能够重复操作。

分组设计及对照设置:说明具体分组方法、设计方法及设置了何种对照,每组数量等。

观测指标:包括指标名称、测试方法和使用的仪器等。

数据处理和统计方法:说明数据处理和统计方法、使用的统计软件等。

8.2.6.2 实验结果及分析

包括给出结果,分析在实验中所观察到的各种现象;对实验所得结果进行定性或定量的分析,并说明其必然性,但不引入前人的研究结果并加以讨论。

(1) 实验结果写作要点

与"材料与方法"相呼应,以文字、插图、表格、照片等来表达与论文有关的实验数据、观察结果;通过数理统计和误差分析说明结果的可靠性、再现性和普遍性;进行实验结果与理论计算结果的比较;说明结果的适用对象和范围;分析不符合预见的现象和数据;检验理论分析的正确性等。

根据"材料与方法"中的观测指标逐项叙述结果时,若内容过多,可分成段落,加小标题,使资料层次分明。

根据观测指标分段:适用于对同一研究对象施以相同处理因素的论文;

根据不同处理因素分段：适用于对比几种处理因素实验结果的论文；

根据不同观察内容分段：适用于研究或观察某研究对象不同方面特点的论文。

（2）结果书写注意事项

作者本人在实验中的研究结果，不能夹杂以前和他人的结果；不外加研究者的评论、评价、分析和推理；实验结果一般用数值表示，但不用原始实验数据，不要全部运算过程，而列出经加工或统计处理的数值，尽量避免把所有数据和盘托出，而要对数据进行整理，并采用合适的表达形式如插图或表格等；不能只选取符合自己预料的，而随意舍去与自己料想不符或相反的数据，有些结果异常，尽管无法解释，也不要轻易舍去，可以加以说明；只有找到确凿证据足以说明它们确属错误之后才能剔除；合适的表现形式，包括插图、表格、照片，目的在于使结果表达更直观和形象；结果中要写成功的经验，也应如实反映失败的教训和不足之处。

（3）结果分析要求

结果分析时，必须从辩证唯物主义的认识论出发，以理论为基础，以事实为依据，认真、仔细地推敲结果，既要肯定结果的可信度和再现性，又要进行误差分析，并与理论结果作比较（相反，如果论题产生的是理论结果，则应由试验结果来验证），说明存在的问题。分析问题要切中要害，不能空泛议论。要压缩或删除那些众所周知的一般性道理的叙述，省略那些不必要的中间步骤或推导过程，突出精华部分。此外，对实验过程中发现的实验设计、实验方案或执行方法方面的某些不足或错误，也应说明，以供读者借鉴。

8.2.6.3 讨论

对结果进行讨论，目的在于阐述结果的意义，说明与前人所得结果不同的原因，根据研究结果继续阐发作者自己的见解。

讨论是论文中最有创造性见解、最严格的部分。对实验、调查和观察结果进行理论分析和综合，通过逻辑推理、理论分析，从中提出科学结论，回答："为什么出现这样的结果""出现这样的结果意味着什么"。

写作要点：解释所取得的研究成果，说明成果的意义。指出自己的成果与前人研究成果或观点的异同，讨论尚未定论之处和相反的结果，提出研究的方向和问题。最主要的是突出新发现、新发明，说明研究结果的必然性或偶然性。分析本次研究的不足，还存在哪些尚未解决的问题，提出今后急需研究的方向和设想。

书写讨论的注意事项：突出重点，围绕几个"小核心"，设几个小标题进行；讨论部分一般不使用插图与表格，但在与众多文献资料比较时，可使用个别表格；讨论不宜过长；尽量从读者的地位设想，估计读者可能提出的有关这一研究题目的各种问题；叙述实验结果和讨论时，必须说明现象发生的原因和机制；解释表中数据或图中现象时，应逐一回答表或图所显示出来的问题。

8.2.6.4 正文的写作要求及注意事项

对正文部分写作的总的要求是：明晰、准确、完备、简洁。

具体要求有如下几点：

① 论点明确，论据充分，论证合理；

② 事实准确，数据准确，计算准确，语言准确；
③ 内容丰富，文字简练，避免重复、烦琐；
④ 条理清楚，逻辑性强，表达形式与内容相适应；
⑤ 不泄密，对需保密的资料应做技术处理。

正文写作时主要注意下述两点：

① 抓住基本观点：正文部分乃至整篇论文总是以作者的基本观点为轴线，要用材料（事实或数据）说明观点，形成材料与观点的统一。在基本观点上，对新发现的问题要详尽分析和阐述。而对一般性的问题只需作简明扼要的叙述，对与基本观点不相干的问题不要写。

② 注重准确性，即科学性：对科学技术论文特别强调科学性，写作中要坚持实事求是的原则，绝不能弄虚作假，也不能粗心大意。数据的采集、记录、整理、表达等都不应出现技术性错误。叙述事实，介绍情况，分析、论证和讨论问题时，遣词造句要准确，力求避免含混不清、模棱两可、词不达意。给出的式子、数据、图表，以及文字、符号等要准确无误。

8.2.7 结论和建议

结论又称结束语、结语。它是整个研究过程的结晶，是全篇文章的精髓，是作者独到见解之所在。它是在理论分析和实验验证的基础上，通过严密的逻辑推理而得出的富有创造性、指导性、经验性的结果描述。它又以自身的条理性、明确性、客观性反映了论文或研究成果的价值。结论与引言相呼应，同摘要一样，其作用是便于读者阅读和为二次文献作者提供依据。

8.2.7.1 结论段的内容与格式

结论不是研究结果的简单重复，而是对研究结果更深入一步的认识，是从正文部分的全部内容出发，并涉及引言的部分内容，经过判断、归纳、推理等过程，将研究结果升华成新的总观点。

其内容要点如下：

① 本研究结果说明了什么问题，得出了什么规律性的东西，解决了什么理论或实际问题。

② 对前人有关本问题的看法作了哪些检验，哪些与本研究结果一致，哪些不一致，作者做了哪些修正、补充、发展或否定。

③ 本研究的不足之处或遗留问题。

对于某一篇论文的"结论"，上述要点①是必需的，而②和③视论文的具体内容可有、可无；如不可能导出结论，也可以没有结论而进行必要的讨论。

结论段的格式安排可作如下考虑：如果结论段的内容较多，可以分条来写，并给以编号，如（1），（2），（3）等，每条成一段，包括几句话或一句话；如果结论段内容较少，可以不分条，整个为一段，几句话。

8.2.7.2 写结论时应注意的问题

① 抓住本质，揭示事物发展的客观规律和内在联系；
② 重点突出，观点鲜明；
③ 评价要恰当，不得超出文章正文所论及的范畴；
④ 文字精练准确，不要重复前面的结果与分析，不要使用"大概""可能""大约"之类的模棱两可的词，得不出明确的结论时，要指明有待进一步探讨的问题；
⑤ 结论一般都很短，10000 字的文章，其结论通常只有 300～500 字甚至更少，而且多数采用条款的形式；
⑥ 结论里应包括必要的数据，但主要是用文字表达，一般不再用插图和表格；
⑦ 需进一步研究的问题，可通过展望形式表达出来。

8.2.7.3 建议

"建议"部分可以单独用一个标题，也可以包括在结论段，如作为结论的最末一条。如果没有建议，也不要勉强杜撰。

8.2.8 致谢

科学研究往往不是一个人能够独立完成的，需要不同人员多方位、多侧面的协助、合作和支持。因此，当成果以论文形式发表时，须对他人劳动给予充分的肯定，并表示谢意。

致谢的对象：凡对本研究直接提供过资金、设备、人力以及文献资料等支持和帮助的团体和个人。

致谢位于正文后，参考文献前。或者在论文首页下加"注"，以简短的词语，对有关单位或个人表示感谢。

致谢分别依贡献大小加以说明，对被感谢人可冠以专业技术职务（职称）。编写致谢时不要直书其名，应加上"某教授""某博士"等敬称。文字一般都比较简练，态度诚恳。如：本研究得到×××教授、×××博士的帮助，谨致谢意。试验工作是×××单位完成的，×××工程师，×××师傅承担了大量试验，对他们谨致谢意。×××对研究工作给予了很大帮助，×××对论文初稿提出了宝贵意见，在此一并谨表谢意。

毕业论文的致谢可以单独成一页。可以回顾大学或研究生生涯的情况，可以加一下抒情的词语，要有感而发。内容上要分层次，一般首先感谢指导老师的精心指导，然后是任课老师、班主任、辅导员、同学、学兄弟姐妹、最后是亲人家人等。

举例：××大学某学生学士学位论文的"致谢"

致　　谢

我与母校邂逅于 2019 年初秋收到的一封录取通知书，大学生活结束于 2023 年盛夏的一张毕业证书。书叠青山，灯如红豆；四载时光，几度春秋。

桃李不言，下自成蹊。由衷感谢×××老师对我毕业论文的指导与帮助，从选题到论文定稿，

> ×××老师都给予了我很大的帮助；感谢×××老师对我的耐心和包容，×老师作为大学期间我的班主任，在实习和生活中都为我解决了很多困惑。
> 　　感谢我的好友——×××、×××、××、×××，我们一起从八卦聊到人生理想，互相陪伴，带给我很多难忘的瞬间；最后感谢×××和我的父母家人，陪伴着我成长，给予我支持，是我坚强的后盾。
> 　　愿我们前程似锦，理想长鸣，也衷心祝愿各位身体健康、平安顺遂！
> 　　感谢在心，不在虚文。行文至此，落笔为终。

8.2.9　参考文献

按照 GB/T 7714—2015《信息与文献 参考文献著录规则》的定义，参考文献是对一个信息资源或其中一部分进行准确和详细著录的数据，是位于文末或文中的信息源，为撰写或编辑论文和著作而引用的有关文献信息资源。参考文献只著录最必要、最新的文献，只著录公开发表的文献，要采用标准化的著录格式。论文中参考文献置于"致谢"段之后，"附录"段之前。

8.2.9.1　参考文献的两种标注法

（1）顺序编码制

在引文处，按参考文献引用的先后顺序用阿拉伯数字连续编码，将序号置于方括号中，用上角标的形式标出。

例如：吴乃薇[1]、谷孝鸿[2]、李吉方[3] 等不同程度地研究了综合养鱼池的能量利用及转换。

参考文献：

[1] 吴乃薇，边文冀，姚宏禄．主养青鱼池塘生态系统能量转换率的研究［J］．应用生态学报，1992，3（4）：333-338．

[2] 谷孝鸿，胡文英，陈伟民．不同养殖结构鱼塘能量生态学研究［J］．水产学报，1999，23（1）：33-39．

[3] 李吉方，董双林，文良印，等．盐碱地池塘不同养殖模式的能量利用比较［J］．中国水产科学，2003，10（2）：143-147．

（2）著者-出版年制

论文正文部分引用的文献在引文后标注"著者"和发表"年份"，中间用逗号隔开，并用圆括号括起。引用多个著者的文献时，只需标注第一著者的姓（名），其后加"等"字。被引用文献在参考文献表中，按先中文后英文的顺序排列，不加序号。

例如：刘瑞玉（1992）和吴耀泉、李新正（2003）均报道长江口海域春、秋季底栖生物的平均生物量和丰度的空间分布。

参考文献：

刘瑞玉，1992．长江口区底栖生物及三峡工程对其影响的预测［J］．海洋科学集刊，33：237-148．

吴耀泉，李新正，2003．长江口底栖生物群落多样性特征［C］//中国甲壳动物学会．甲壳动物学论文集：第 4 辑．北京：科学出版社，279-286．

在参考文献表中著录同一著者在同一年出版的多篇文献时，出版年后应用小写字母 a、b、c、…，以示区别。

8.2.9.2　参考文献类型标志

在录入参考文献时，通常将所引用的参考文献用文献类型标志进行分类，文献类型标志的代码如下：

M—专著；C—论文集、会议录；N—报纸文章；J—期刊文章；D—学位论文；R—报告；S—标准；P—专利；Z—其他未说明文献。

8.2.9.3 文后参考文献表的编写格式

参考文献著录遵循《信息与文献 参考文献著录规则》（GB/T 7714—2015），现将常见的参考文献著录格式说明如下：

（1）专著

序号 著者．书名［文献类型标识］．其他责任者（任选）．版本．出版地：出版者，出版年：引文页码［引用日期］．

示例：

[1] 薛华成．管理信息系统［M］．北京：清华大学出版社，1993：230．

[2] 霍斯尼RK．谷物科学与工艺学原理［M］．李庆龙，译．北京：中国食品出版社，1989．

（2）专著中析出的文献

序号 作者．题名［文献类型标识］．//原文献责任者．书名．版本．出版地：出版者，出版年：析出文献的页码［引用日期］．

示例：

[3] 黄蕴慧．国际矿物学研究的动向［M］．//程裕淇．世界地质科技发展动向．北京：地质出版社，1982：38-39．

（3）论文集中析出的文献

序号 作者．题名［文献类型标识］．//编者．文集名．出版地：出版者，出版年：在原文献中的位置．

示例：

[4] 赵秀珍．关于计算机学科中几个量和单位用法的建议［C］．//中国高等学校自然科学学报研究会．科技编辑学论文集．北京：北京师范大学出版社，1997：125-129．

（4）期刊中析出的文献

序号 作者．题名［文献类型标识］．刊名，年，卷（期）：在原文献中的位置．

示例：

[5] 姚振兴，郑天愉，曹柏如，等．用P波波形资料测定中强地震震源过程和方法［J］．地球物理学进展，1991，6（4）：34-36．

（5）报纸中析出的文献

序号 作者．题名［文献类型标识］．报纸名，年-月-日（版次）．

示例：

[6] 国务院新闻办公室．中国的粮食问题［N］．人民日报，1996-10-25（2）．

（6）专利文献

序号 专利申请者．专利题名：专利号［文献类型标识］．公开日期［引用日期］．

示例：

[7] 姜锡洲．一种温热外敷药制备方法：88105607.3［P］．1989-07-26．

（7）技术标准

序号 起草责任者．标准名称：标准代号［文献类型标识］．出版地：出版者，出版年．

示例：

［8］国家技术监督局．量和单位：GB 3100～3102—1993［S］．北京：中国标准出版社，1994．

（8）学位论文

序号 作者．题名［文献类型标识］．保存地：保存者，年份．

示例：

［9］张蓉．面向对象的遥感图像分类方法在土地利用土地覆盖中的应用研究［D］．云南：西南林学院，2008．

（9）会议论文

序号 作者．题名［文献类型标识］．会议名称，会址，会议年份．

示例：

［10］惠梦君，吴德海，柳葆凯，等．奥氏体-贝氏体球铁的发展［C］．全国铸造学会奥氏体-贝氏体球铁专业学术会议，武汉，1986．

（10）电子文献

序号 主要责任者．题名．其他题名信息［文献类型标识/文献载体标识］．刊名，年，卷（期）：在原文献中的位置．［引用日期］．获取和访问路径．

示例：

［11］江向东．互联网环境下的信息处理与图书管理系统解决方案［J/OL］．情报学报，1999，18（2）：4．［2000-01-18］．http：//www.chinainfo.gov.cn/periodical/qbxb/qbxb99/qbxb990203．

电子参考文献类型及其标识，对于数据库、计算机程序及电子公告等电子文献类型的参考文献，采用表 8-1 中的双字母作为标识：

表 8-1 电子参考文献类型及其标识

电子参考文献类型	电子文献类型标识代码
数据库	DB
计算机程序	CP
电子公告	EB

对于非纸张型载体的电子文献，当被引用为参考文献时需在参考文献类型标识中同时表明其载体类型。建议采用双字母表示电子文献载体类型：磁带—MT，磁盘—DK，光盘—CD，联机网络—OL，并以下列格式表示包括了文献载体类型的参考文献类型标识：

［文献类型标识/载体类型标识］，如：［DB/OL］—联机网上数据库、［DB/MT］—磁带数据库、［M/CD］—光盘图书、［CP/DK］—磁盘软件、［J/OL］—网上期刊、［EB/OL］—网上电子公告。

8.2.9.4　参考文献的作用

① 承认科学的继承性；分清成果的归属，哪些成果是作者自己取得的，哪些是引用他人的。

② 评估学术水平，提供科学依据，使读者确信文章内容。

③ 供读者查阅，为读者提供查找原作的线索。

学位论文的参考文献书写格式要按学校统一规定执行。

8.2.10 附录

附录段大致包括如下一些材料：

① 比正文更为详尽的理论根据、研究方法和技术要点等再（更）深入的叙述，建议可以阅读的参考文献题录，对了解正文内容有用的补充信息等；

② 由于篇幅过长或取材于复制品而不宜写入正文的资料；

③ 不便于写入正文的罕见珍贵资料；

④ 一般读者并非必要阅读，但对本专业同行很有参考价值的资料；

⑤ 某些重要的原始数据、数学推导、计算程序、框图、结构图、统计表、计算机打印输出件等。

附录段置于参考文献表之后，依次用大写正体 A，B，C…编号，如以"附录 A""附录 B"作标题前导词。

附录中的插图、表格、公式、参考文献等的序号与正文分开，另行编制，如编为"图 A1""图 B2""表 B1""表 C3""式（A1）""式（C2）""文献［A1］""文献［B2］"等。

8.2.11 注释

解释题名项、作者及论文中的某些内容，均可使用注释。能在行文时用括号直接注释的，尽量不单独列出。不随文列出的注释叫作脚注。注释内容应置于该页地脚，并在页面的左边用一短细水平线与正文分开，细线的长度为版面宽度的 1/4。

8.2.12 英文摘要

联合国教科文组织规定：全世界公开发表的科技论文，不管用何种文字写成，都必须有一篇短小精悍的英文摘要。位置一般在关键词之后，正文之前；也有的期刊要求在论文参考文献表之后。

英文摘要书写要求：有英文题目、作者姓名（包括工作单位、单位所在地和邮政编码）、摘要和关键词；书写任何部分英文摘要时，必须做到内容与中文相应部分相符。

学位论文的英文摘要一般在中文摘要和关键词之后，正文之前。

8.2.13 层次标题

科技论文各层次标题一律用阿拉伯数字连续编码，不同层次的 2 个数字之间用下圆点（.）分隔开，末位数字后面一般不加句点；各层次的第 1 个序码均左顶格书写，最后一个序码之后空 1 个字距接写标题。

示例:
1 材料与方法
1.1 实验材料

8.2.14 量名称和量符号

在强制性国家标准《量和单位》中,对每个基本物理量都给出了 1 个或 1 个以上的符号,这些符号就是标准化的量符号。

如 l(长度)、d(直径)、A 或 S(面积)、V(体积)、t(时间)、v(速度)、λ(波长)、m(质量)、F(力)、M(力矩)、p(压力,压强)、E(能[量])、P(功率)、T 或 Θ(热力学温度)、t 或 θ(摄氏温度)、Q(热量)、w(质量分数)、φ(体积分数)等。

使用量符号时请注意以下几点:

① 用标准规定的量符号。量符号一般是由单个拉丁字母或希腊字母表示(25 个特征数符号例外,它们由 2 个字母构成,如雷诺数 Re、普朗特数 Pr 等,另一个例外是 pH 值),不能用多个字母作量符号,如"临界高温"的量不可写作 CHT(critical high temperature),而应为 $T_{c,h}$。

② 若是打印件,量符号须用斜体字母(pH 值除外,它用正体字母)。

③ 量符号大小写也有规定,不能随意。如:T 是热力学温度,t 是摄氏温度;V 是体积,v 是速度;P 是功率,p 是压力;等等。

④ 全文中某一个字母代表的量应是唯一的。如:t,不能在这里表示"时间",在那里又表示"摄氏温度"。解决办法:t 已定为表示"时间",就用 θ 表示"摄氏温度"。

⑤ 不能把化学元素符号作为量符号使用。如"$H_2:O_2=2:1$",这很不规范,含义也不清楚。正确的表达方式如下:质量比应为 $m(H_2):m(O_2)=2:1$;体积比应为 $V(H_2):V(O_2)=2:1$;物质的量之比,应为 $n(H_2):n(O_2)=2:1$。

8.2.15 计量单位

全文只能使用法定单位,不能使用非法定单位。全文只能采用单位的国际通用符号(简称国际符号),而不采用单位的中文符号。

国际单位制(SI)的基本单位(7 个)是长度:米(m);质量:千克(kg);时间:秒(s);电流:安培(A);热力学温度:开(K);物质的量:摩尔(mol);发光强度:坎德拉(cd)。

SI 导出单位:是用基本单位以代数形式表示的单位(单位符号中的乘和除采用数学符号)。例如:速度的 SI 单位为米每秒(m/s)。

8.2.16 数字

总的原则是:凡是可以使用阿拉伯数字且又很得体的地方,均应使用阿拉伯数字。

阿拉伯数字一般用在公元、世纪、年代、年、月、日、时刻、纯数字、产品型号、样品编号，以及各种代号或序号等中的数字。汉字数字主要用于定型的词、词组、成语、惯用语、缩略语、相邻两个数字连用、带"几"字的数字、各国各民族的非公历纪年及月日、含有月日简称表示事件或节日和其他特定含义的词组中的数字。

8.2.17 图和表

科技论文的结果分析中，通常用图、表的形式将数据和信息呈现出来，使数据更加直观和易于理解。通过图表的统计分析功能可以快速地看到数据的趋势、变化和关系，从而更好地理解数据的含义。表格和图形应具有"自明性"，即图表中各项资料应清楚、完整，以便读者在不读正文的情况下也能够理解图表所表达的内容。运用图和表应注意以下规则：

① 不要同时用表和图重复同一数据；

② 每个图、表都有图题和表题，图题和表题后面不能有句号（因为它不是一句完整的句子）；

③ 图表中的标目，采用量与单位比值的形式，即"量名称或（和）量符号/单位"：如"p/MPa"，或"压力/MPa"；

④ 图、表的描述必须自始至终，完全一致，要用缩写的就从头到尾都缩写，如：Fig. 1，Fig. 2，… Fig. 10，或者从头到尾都不缩写，如：Figure 1，Figure 2，…，Figure 10；

⑤ 图题和表题的位置不同，图题要放在图的下方，而表题则要放在表的上方。

8.3 学位论文写作

本科和研究生的毕业论文又称学位论文。学位论文是高等院校学生为获得学位资格而提交并通过答辩委员会认可的学术性研究论文，是随着学位制度的实施而产生的。《中华人民共和国学位法》规定：接受本科教育，通过规定的课程考核或者修满相应学分，通过毕业论文或者毕业设计等毕业环节审查，表明学位申请人达到规定水平的，授予学士学位；接受硕士研究生教育或博士研究生教育，通过规定的课程考核或者修满相应学分，完成学术研究训练或者专业实践训练，通过学位论文答辩或者规定的实践成果答辩，表明学位申请人达到规定水平的，授予硕士学位或博士学位。

大学生毕业论文撰写，是普通高等学校教学计划的重要组成部分，也是培养学生综合能力的实践环节。论文题目由教师指定或由学生提出，经教师同意确定，均应是本专业学科发展或实践中提出的理论问题和实际问题。学生须在教师指导下，按照选定的课题进行研究，撰写并提交论文，时间一般安排在大四第一学期开始选题和开题答辩，第二学期完成论文写作和答辩。通过毕业论文写作，巩固和提高学习效果，培养学生综合运用所学基础理论、基础知识和基本技能，分析问题和解决实际问题的能力，培养学生的科研能力和创新能力，为将来的工作打下坚实的基础。为保证毕业论文（设计）工作的顺利完成，各高校根据本校的实际情况，制订《本科毕业论文（设计）撰写与指导工作方案》，作为对本科毕业论文（设计）撰写与指导工作的规范要求。毕业论文写作的工作流程见图 8-3。

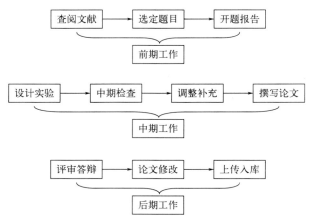

图 8-3 毕业论文写作的工作流程图

8.3.1 毕业论文资料收集和文献检索

任何一项科学研究，都是在总结前人经验的基础上，以前人的研究为基点，在新领域进行探索和创新的结晶。通过资料收集和积累，可以找到他人研究取得的成果，自己研究的起点。学术研究工作的起点，是从收集资料开始的，收集资料是完成论文的重要保证。毕业论文资料收集，要围绕两个问题进行。一是论文研究的对象是什么？二是关于论文研究对象，需要何种类型的参考文献？

8.3.1.1 收集资料的主要方法

（1）直接材料的收集

直接材料即原始材料，包括与论题直接相关的文字材料、各种事实材料、典型案例、公理、定理、统计数据、调查报告、访谈材料等。直接材料来源于实践和考察，是通过观察、实地调研获得的资料。学生可通过实习，从各实习单位调查搜集到一些案例、材料和数据，多数学生的毕业论文就是根据在实习单位的实习经历，运用实验、实践数据进行选题的。直接材料的收集，要确保资料的正确性和可靠性，经过加工整理，使调查资料条理化。

（2）间接材料的收集

间接材料，主要是通过信息检索的方法获取的。间接材料即文献资料，主要指别人的有关论述，包括教材、论著、期刊、论文、图录、相关史料、年鉴、索引、资料辑录、工具书等，这些材料来源于书本知识。间接资料获取的主要途径有：传统纸质图书、期刊、报纸、专业数据库、搜索引擎、各种机构提供的数据等。收集间接材料，要制订搜寻方案，确定自己希望了解的与论文主题相关的内容，列出主题词或关键词，通过图书馆资源进行检索。根据文献信息检索的基本方法，充分利用检索工具，通过图书馆或互联网获得第二手材料。间接材料按照呈现方式的不同，分为文献资料和网络资料。文献资料是通过传统检索方法获得的，网络资料是通过互联网、数据库检索获得的。

（3）收集资料的原则

① 循序渐进。注意在平时养成积累和收集文献资料的习惯，不要等到有了具体的论文写作任务时才动手做，要持之以恒。不能急于求成，积累一批资料，消化理解后，再继续查阅整理，形成一定的系统和规模。

② 宁多勿少。论文题目确定后，要围绕选题收集资料。资料涉及范围要广，凡与论文选题关联度较高的资料，尽量收全。

③ 真实可靠。收集资料不能凭自己的喜好，对于重要的数据和第二手材料，要核对原文。

④ 时效性强。学术研究讲求时效性，搜索文献信息时要注意查看出版日期，避免收集过期文献。

（4）积累资料的方法

资料积累可采用多种方法，要先界定问题、拟定问题，再获取资料、整合资源。根据信息资料的性质、内容或特征进行分类。

① 使用现代技术手段。通过因特网、搜索引擎浏览文献、收集资料。对收集到的资料，应根据资料性质选择贮存工具，如电脑、U盘、SD卡、移动硬盘，或保存到网络云盘等。存储资料要注意信息安全，避免个人信息的泄露。

② 卡片法。卡片内容包括文章标题、作者、出版发行时间及页码、检索词、摘要大意等。若与图书有关，应将对论文观点有参考价值的章节及标题、主要观点记录在卡片上。一条记录或每一篇论文的点评记录，就是一张卡片。即一个基本内容，记录一张卡片，实行分类管理。

③ 笔记法。科学研究证明，人脑的记忆能力是有限的，笔记法是保留有价值资料的最有效方法。研读完资料后，要做笔记。用合适的笔记工具，以恰当的方式记录和整理笔记，对论文写作会有很大帮助。

（5）学会使用各种辅助工具

① 研究生必备五个记录本：实验记录本、灵感（idea）记录本、专业概念以及理论进展记录本、讲座记录本、英语好句记录本。

实验记录本：做好详细的原始实验记录，包括实验方案、实验步骤、实验条件、试剂用量、加料次序、反应时间、实验现象、实验数据等等；

灵感（idea）记录本：每次看文献对自己有用的东西先记下，由此产生的灵感更不能放过，好记性不如烂笔头，以后翻翻会更有想法；

讲座记录本：每个人不可能对自己领域的概念都了如指掌，初入门者更是如此，这时候小小一个本子的作用就大了；这本本子可能有些零杂，记录听到的内容，更要记录瞬间的灵感，以及不懂的地方，不可小视；

英语好句记录本：阅读文献过程中把遇到的典型通用句型记录下来，以备自己写文章时套用。

② 善用 PowerPoint（PPT）软件

列提纲：把拟定的提纲写在 PPT 文件里，每个标题一个页面，把写法要求标注上，逐步往里充实内容，构建文章框架；

优化文章结构：根据进展和内容充实情况，随时优化文章框架，调整、补充实验内容；

工作进展汇报：课题组开会汇报时以此为汇报依据，条理清晰，目标明确，同时方便吸收大家的意见建议，有助于进一步修改完善；

开题报告和中期检查：汇报内容可以从平时积累的 PPT 文件中产生，方便完成这些例行程序；

学术报告：参加学术会议或内部报告训练时，汇报内容可以直接从平时积累的 PPT 文件中产生；

毕业论文答辩：根据毕业论文内容，从平时积累的 PPT 文件中选择精华部分制作答辩课件。

8.3.1.2 文献检索技能

文献检索的质量，会直接影响毕业论文的质量。目前绝大多数学生将电子文献作为毕业论文参考文献的主要来源。准确检索文献，必须了解检索工具的功能及收编范围。选择合适的检查工具，才能为收集文献提供保障。

(1) 数据库的选择

毕业论文写作，会涉及不同类型资料的检索。研究主题不同，所需的数据库亦不同。正确选择与论文主题相关的检索工具，是检索成功的保证，因此要了解不同数据库收录的主要资源有哪些，哪些数据库收录了与检索需求相一致的文献，可查询哪方面的资料，是否与学科专业对口。

① 学术论文检索。学术论文检索一般利用期刊数据库为检索工具，以中文数据库为主，主要有中国知网（CNKI）、维普中文科技期刊数据库、人大复印报刊资料数据库、超星期刊等。期刊数据库内容新颖，数据更新快，信息量大，是学术论文检索的最常用数据库。检索方法见第 3 章中文全文数据库文献检索。

② 学位论文检索。主要数据库有万方中国学位论文全文数据库、中国知网（CNKI）等。主要数据库收录的主要是研究生阶段的硕士和博士学位论文，本科毕业论文的学士论文框架结构和格式要求与硕士和博士学位论文相似，区别在于篇幅和字数要少得多。如果不清楚怎样写毕业论文，可下载与自己选题相关的硕士和博士学位论文，认真阅读，会有所启发。检索方法详见第 3 章。

③ 图书检索。主要图书数据库有超星数字图书馆、读秀电子图书检索、馆藏书目检索系统等。在毕业论文写作中，会涉及相关的定义、概念、知识的解释等，纸质图书、电子图书是最可信的资料。检索方法详见第 2 章图书馆信息资源利用。

④ 专利文献检索。主要数据库有国家知识产权局官网、中国知网、万方专利信息检

索系统、美国专利商标局的专利检索系统、欧洲专利局网上专利检索系统等。有部分学生选择的题目类别为毕业设计，具有独创性的设计可申请外观设计专利，这就需要进行专利文献检索。检索方法详见第6章特种文献检索。

(2) 搜索引擎的选择

互联网上常用的搜索引擎有百度、搜狐、搜狗、Google等。搜索引擎搜索功能强大、资源丰富、检索简单快捷。网络是一个开放的信息平台，任何人都可以在网上发布信息，导致有些信息源没有质量保证。有的信息可信度、权威性不高，甚至出现错误和遗漏。要想鉴别信息的真实性和准确性，应与专业数据库配合使用，多与纸质原著核对比较，减少谬误。如果使用搜索引擎，建议选择学术机构网站，搜索引擎中的数据库，如百度学术、百度文库、Google学术搜索、维基百科以及网上免费开放资源等。

(3) 善于运用文献分析功能

当检索到的文献多到无从选择时，文献信息分析显得尤为重要。如今输入任何一个检索词都可以在检索工具中找到成千上万条结果，人的精力有限，不可能将这些文献全部阅读完。一种方法是利用布尔逻辑以及时间限制，不断限制检索条件，精准找到与选题非常接近的文献；另一种方法是利用文献信息分析软件，在短时间内把握检出文献的主旨信息。目前很多数据库都有文献分析功能，如知网、维普等。

8.3.1.3　文献阅读技巧（小贴士）

(1) 先看综述

先读综述，可以更好地认识课题，知道已经做出什么，要做什么，还有什么问题没有解决。对于国内文献一般批评的声音很多，但它是了解自己研究领域的入口，在此之后，再看外文文献会比一开始直接看外文文献理解得快得多。而国外的综述多为本学科资深人士撰写的，涉及范围广，可以事半功倍。

(2) 有针对性地选择文献

针对自己的方向，找相近的论文来读，从中理解文章中回答什么问题，通过哪些技术手段来证明，有哪些结论，从这些文章中，了解研究思路、逻辑推论、学习技术方法。可以先找5篇跟自己论文最相关的外文文章，花一个月的时间认真地看，反复看，要求全部读懂，不懂的地方可以和同学和老师交流一下。

(3) 及时归纳总结

每次读完文献，合上文献后，想想看，文章传达的要点（take home message）是什么，如果不知道，就从摘要（abstract）和结论（conclusion）里找，并且最好从分析（discussion）里确认一下。这样一来，一篇文章就过关了。要点其实不会很多，基本上是一些概念或定义（concepts），如果发现需要记得很多，那往往是没有读到重点。

(4) 扩充知识面的读法

重点读引言（introduction），看人家提出的问题，以及目前的进展。类似的文章，每天读一两篇，一个月内就基本上对这个领域的某个方向有个大概的了解。读好的综述（review）也行，但这样人容易懒惰。

（5）读讨论、记句型

读文章的时候，尤其是看讨论（discussion）的时候，看到好的英文句型，最好有意识地记一下，看一下作者是谁，哪篇文章，哪个期刊，这样以后写的时候效率高些，比自己在那里半天琢磨出一个句子强得多。当然，读得越多，写得越多，需要记的句型就越少，有意识地去总结和记忆，就不容易忘记。

（6）注重摘要

摘要可以说是一篇论文的窗口。多数文章看摘要，少数文章看全文。真正有用的全文并不多，过分追求全文是浪费，不可走极端。当然只看摘要也是不对的。多数文章题目、摘要简单浏览后，直接把几个图、表一看，一般能掌握大部分。

（7）通读全文

读英文全文第一遍的时候一定要认真，争取明白每句的大意，能不查字典最好先不查字典。因为读论文的目的并不是学英语，而是获取信息，查了字典以后思维会非常混乱，往往读完全文不知所谓。可以在读的过程中将生字标记，待通读全文后再查找其意思。

（8）确立句子的架构，抓住主题

读英文原版文献时，每个单词都认识，读完了却不知它在说什么，这是最大的问题。在阅读的时候一定要看到大量的关系连词，它们承上启下引领了全文。中国人喜欢罗列事实，给出一个观点然后就是大量的事实，这也是中文文献的特点。西方人的文献注重逻辑和推理，从头到尾是非常严格的，有严格的提纲，尤其是越好的杂志体现得越突出。读每一段落都要找到它的主题，大量的无用信息可以一带而过，节约时间和精力。

（9）增加阅读量

由于刚刚接触一个领域，对许多问题还没有什么概念，读起来十分吃力，许多内容也读不懂。后来随着阅读量的增加，逐渐可以融会贯通。所以，对新手而言，应当重视阅读文献的数量，积累多了，自然就由量变发展为质变了。

（10）集中时间看文献

看文献的时间越分散，浪费时间越多。集中时间看更容易联系起来，形成整体印象。

（11）做好记录和标记

复印或打印的文献，直接用笔标记或批注。pdf 或 html 格式的文献，可以用编辑器标亮或改变文字颜色。这是避免时间浪费的又一重要手段，否则等于没看。

（12）如何读标题

不要忽视一篇论文的标题，看完标题以后想想要是自己写怎么用一句话来表达这个标题，根据标题推测一下作者论文可能是什么内容。

（13）如何读摘要

快速浏览一遍，这里主要介绍这篇文章做了些什么。也许初看起来不好理解，看不懂，这时候不要气馁，不管它往下看，等看完这篇文章的时候也许就明白了。因为摘要写得很简洁，省略了很多前提和条件，在第一眼看到摘要而不明白作者意图的时候看不懂是正常的。

（14）如何读材料及实验

当文献看多了以后，这部分内容也很简单了，无非就是介绍实验方法，自己怎么做实验的，很快就能把它看完了。

（15）如何看实验结果

看结果这部分一定要结合结果中的图和表看，这样看得快。主要看懂实验的结果，体会作者的表达方法（例如作者用不同的句子结构描述一些数字的结果）。

（16）如何看分析与讨论

这是一篇文章的重点，也是最花时间的。一般把前面部分看完以后不急于看分析讨论，先想想要是自己做出来这些结果会怎么来写这部分分析与讨论呢？然后慢慢看作者的分析与讨论，仔细体会作者观点，为我所用。当然有时候别人的观点比较新，分析比较深刻，偶尔看不懂也是情理之中。看得多了，肯定会看得越来越懂，自己的思想（idea）会越来越多。

（17）及时跟踪回顾

看完的文献千万不要丢在一边不管，3～4个月一定要温习一遍，可以根据需要，对比自己的实验结果来看，重要文献要注意追踪。

8.3.2 学位论文的选题

学位论文选题是撰写论文的首要步骤，主要指选择论文的论题，即确定论文研究的领域和方向，所要论证的问题和内容是什么，或主要就学术研究的某一课题中的某个问题进行阐述，提出有价值的结论。选题有主动选题和被动选题。主动选题即自选论文，是学生根据自己的兴趣爱好，专业培养目标进行选题。被动选题又称命题论文，是在现有的题目中，由指导教师、所属院系或实习单位提供若干参考选题供学生从中选取。

8.3.2.1 选题的程序

① 论文选题可由指导教师提出，或论文指导小组根据专业和学科给出选题范围，也可由学生根据自己的兴趣和实际情况，向所在学院申报选题意向并经指导教师审核同意。

② 题目确定后，需填写《毕业论文（设计）题目申请表》，报经所在学院毕业论文（设计）指导小组专家审定批准、通过方可列入毕业论文（设计）题目计划。

③ 论文原则上一人一题，要求独立完成。

④ 已经批准的本科毕业论文题目原则上不得随意更改，确实需要更换题目必须按相应程序审批。

8.3.2.2 撰写论文选题任务书

① 选题是否符合专业培养目标。

② 明确选题的研究内容和目的，说明研究方案和计划的可行性。

③ 能获得足够多的参考文献。

示例：××学院本科毕业设计（论文）任务书

××学院本科毕业设计（论文）任务书

题目					
学院		专业			
学生姓名		学号			
指导教师	姓名/工号	职称		是否外聘	□是 □否
合作导师	姓名/工号	职称		是否外聘	□是 □否
完成形式	□毕业论文 □毕业设计				
内容与要求：					
进度安排：					
参考资料(不少于10篇)：					
发出任务书日期：　　　　　　　　　　年　　月　　日； 完成毕业设计(论文)日期：　　　　　年　　月　　日。					
专业审查意见： □经专业审查,同意发布任务书。　　□经专业审查,不同意发布任务书。 　　审核人签名：　　　　　　　　　　年　　月　　日					

8.3.3 开题报告

开题报告是指以书面形式，将学位论文所涉及的内容呈现出来的一种文字说明材料，是学生完成文献调研后写成的关于论文选题与如何实施论文写作的论述性报告，是学位论文研究问题的总体计划和论文初稿的部分，也是用来判断学生综合学术能力的重要依据。简言之，开题报告就是要解决学位论文怎样写的问题。

开题报告由选题的目的和意义、研究方法、论文提纲等，组成一个逻辑性很强的完整的论证链条，为开展下一步的研究提供理论依据。学生需就上述问题向开题答辩委员会进行陈述，证明自己提出的选题具有研究价值。答辩委员会根据陈述、提问及综合评议情况，评判学生的写作、逻辑和分析问题能力，确定是否批准这一选题。因此论文开题报告要围绕研究的主要内容，拟解决的主要问题，研究步骤、方法及措施进行撰写。毕业论文开题报告的格式各高校要求不一，大多为表格形式。

示例：××学院本科毕业设计（论文）开题报告

××学院本科毕业设计（论文）开题报告

学院		专业	
学生姓名		学号	
指导教师	姓名/工号	职称	
合作导师	姓名/工号	职称	
题目			

提纲(开题报告3000字以上)：
一、选题依据(研究的背景、目的和意义等)
二、文献综述(在充分收集研究主题相关资料的基础上，分析国内外研究现状，提出问题，找到研究主题的切入点，附主要参考文献，不少于10篇)
三、研究方案(主要研究内容、目标、研究方法等)
四、进程计划(各环节的时间安排、实施进度、完成程度等)

格式要求：
1. 标题：四号宋体、加粗，并留出上下间距为：段前、段后均为6磅；
2. 正文：小四号宋体，首行缩进2字符，行间距固定22磅

指导教师批阅意见(不少于300字)：

签名：
年　月　日

备注：

8.3.3.1 开题报告写作步骤

学位论文开题报告都有基本格式，但不同高校对开题报告的格式要求略有不同，应以各个大学提供的模板为准。本书以××学院本科毕业设计（论文）开题报告模板为例，该报告框架主体部分包含的内容主要有：选题依据（包括选题的目的和意义等）、研究现状评述、研究方案（包括拟研究的目标和主要内容，研究的主要方法、手段和途径等）、研究进度计划、已查阅的主要参考文献。

(1) 选题依据

选题的目的，就是要说清楚论文研究的内容是什么，为什么选这个题，做这项研究的原因，问题提出的缘由，有什么依据，想解决什么问题，有什么价值。简言之，即对为什么研究进行说明，解释选题或者研究的理由。对为什么选这样一个题目，自己在论文写作中想要达到什么目的，研究可能产生的结果进行论述。

研究意义重在表明论文选题对理论研究有哪些贡献，是继续本领域的研究，发现了别人有什么不足或研究空白，还是对理论有所发展或创新，指出课题研究的学术价值。实践意义方面指现实中存在的问题，该课题研究对实践具有哪些帮助和指导，该研究可能产生的有益结果，是否具有可借鉴和推广应用的作用。

(2) 研究现状评述

研究现状评述即"国内外研究现状"，也称文献综述。文献综述是文献信息调研报告，

是学术论文的一种形式。它是通过全面系统地搜集某一特定研究领域的大部分相关文献资料，并在阅读、理解、分析、比较、归纳的基础上，对该课题的发展过程、发展趋势及存在的问题等，进行全面介绍、综合分析和评论，重点论述当前与本课题相关的国内外研究现状，目前存在的争论焦点是什么等。

撰写研究现状评述主要方法：①大量阅读文献，进行文献调研；②对相类似的观点进行分类、归纳整理；③分析国内外研究的现状和不足之处；④简要介绍该选题的发展趋势。

（3）研究方案

研究方案主要包括研究目标、主要内容、研究方法、研究手段和途径等。

研究目标指课题探究的内容和达到的目的是什么，即为什么研究，拟解决哪些具体问题，就研究意图进行说明。研究目标是对研究内容的高度概括，包括理论目标和实践目标，即论文将达到的预期效果。研究目标相对于研究内容来说较为宏观，具体指出论文的重点是什么，存在的问题及对策，包括阶段目标和最终目标。要求目标明确，内容具体，清楚地规定出研究任务。切忌目标定得过高，扣题不紧，用词不准确。

主要内容即研究范围、研究对象和研究内容，指实现研究目标所要进行的具体研究内容，是细化了的研究目标。具体要研究什么东西，内容要详细，每一步将怎么开展，可行性与创新性，要一条一条列举出来，具有可操作性。内容要一针见血，让人明白自己要写的是什么。

研究方法，是将研究问题转化为项目的行动，从操作层面将课题研究落到实处，比如文献分析法、实验法、问卷法、调查法、个案法、统计法、比较研究法等，可以视具体情况采用相应研究方法，说明使用该方法的优点，不一定要面面俱到。

研究手段和途径说明收集什么数据、材料，典型个案或文献搜集的步骤、方法和途径等。

（4）研究进度计划

制订工作计划，提供论文写作所涉及的详细时间安排，如开题报告撰写、开题答辩、论文初稿、中期检查，直至论文定稿、论文答辩等整个研究过程。精心制订研究计划，将研究过程分解成很多步，在特定时间段按计划完成特定的研究任务，为工作目标设定最后期限，看起来可行，又可使研究过程中少犯错误。

（5）已查阅的主要参考文献

开题报告中引用的参考文献清单，理科论文一般不低于15篇，文科论文一般不低于20篇。有的学校无论理科论文还是文科论文，均要求参考文献不低于20篇。

8.3.3.2 开题报告中最常见的问题

① 缺乏知识与经验的储备，发现不了问题，或者不能准确地提出自己的研究问题，不会对研究的问题进行分解。

② 在描述研究方法与过程时，仅仅简单罗列一些研究方法的名称，方法的使用说明不完整，无法与研究内容对应，缺乏对研究的细致设计和周详考虑。

③ 对研究计划中可能涉及的情境、研究工具、研究过程、具体收集数据的方法以及如何处理和加工收集到的数据等细节问题缺乏了解。

④ 参考文献中，出现大量引用过期文献的情况。参考文献不规范。有的学生罗列了大量英文文献，自己却没有看过。参考文献过少。

8.3.3.3 开题答辩

开题答辩是学校进行论文全面审核的一种形式。一般由 3 名或 5 名相关学科的专家组成一个答辩小组。

(1) 答辩委员会通常关心的问题

① 能否在学校规定的时间内完成研究，时间安排是否合理。
② 选题是否过大，是否有完成研究的能力。
③ 如果涉及收集数据，是否能得到真实可靠的数据。
④ 是否能获得研究所需的资源，如实验室设备、资料等。

(2) 开题答辩一般会问什么问题

① 选题的来源是什么？
② 选题的原因是什么？
③ 论文的创新点在哪里？
④ 通过研究发现了什么问题？
⑤ 论文的主要理论基础是什么？
⑥ 论文的主要内容是什么？
⑦ 选题的目的和意义是什么？
⑧ 论文将采用哪些研究方法？
⑨ 论文框架结构的安排？

(3) 开题答辩流程

① 通过抽签决定答辩顺序。
② 答辩学生对开题报告进行 5 分钟以内的陈述（如果要求进行 PPT 汇报，要提前准备）。陈述内容包括论文题目、研究的目的、论文的创新点、拟解决的问题和采用的方法、时间进度安排、文献综述等。
③ 学生陈述结束后，主答辩评委提问，其他评委补充提问，进行点评。
④ 学生需认真听取答辩评委的意见。应提前准备纸笔，记录答辩评委老师提出的问题，或答辩老师要求修改开题报告的内容。答辩通过的同学应认真按开题报告的计划安排完成各阶段工作。有部分同学需根据答辩老师的要求，对开题报告的题目、文献综述、论文提纲等进行修改方能通过答辩。答辩未通过的同学，应根据答辩老师提出的问题，与各自的指导老师协商。修改开题报告，准备第二次答辩。答辩通过的同学，方能进入毕业论文（设计）撰写阶段。
⑤ 答辩结束，答辩评委老师评定成绩，答辩秘书做好开题答辩记录。

8.3.4 中期检查

毕业论文中期检查是论文写作过程中的一个重要的环节，是毕业论文研究进度的重要评估和调整期。主要目的是评估学生在研究过程中的学术表现和研究进展，检查的结果将直接决定学生是否可以继续进行毕业论文的研究，以及是否需要进行进一步的调整。在这个阶段，学生需要向指导老师汇报自己的研究进展。不同学校的中期检查形式不同，一般以表格形式提交。

示例：××大学本科毕业设计（论文）中期检查自查表

××大学本科毕业设计（论文）中期检查自查表

学院名称： 检查日期： 年 月 日

题目				
学生姓名		学号		
专业班级				
指导教师	姓名/工号		职称	
合作导师	姓名/工号		职称	
任务书	□已完成 □进行中			
参考文献	查阅_____篇;其中外文文献_____篇			
开题报告	□已完成,□进行中;完成字数约： 字			
正文	□完成定稿;□进行中,完成百分比： %			
指导次数	当面指导 次,远程指导 次			
存在的问题及采取的措施				
指导教师审查意见	学生开题情况			
	学生调研及查阅文献情况			
	毕业设计(论文)原计划有无调整			
	学生是否按计划执行工作进度			
	学生的工作态度	□认真 □一般 □较差		
	对能否按期完成毕设的评估			
	指导教师签名：			
备注				

注：按表中内容填写、选项【选项打钩(√)】。

8.3.5 撰写论文

8.3.5.1 撰写提纲

提纲是全文的框架或轮廓，是建造论文的骨架。拟提纲前，先确立主旨，理清思路。论文写作不似写小说，写散文，论文是理性化的，应在有序的框架中进行，不可随性而作。拟写提纲的过程，也是理顺思路的过程。拟写提纲要注意结构合理、脉络清晰、前后照应、内容连贯、重点突出、比例协调，切忌纲目不清，各层次小标题用一句话表述为好。

提纲可分简纲和细纲。简纲只提示论文的要点，将材料与相应的论点组织起来，即用简单的句子或词组列出主要纲目和要点，概括各部分主要内容，各层次相应的重点和主要观点等。简纲要求简明扼要，一目了然。

提纲类型有标题式大纲、简介式大纲和混合式大纲。

① 标题式大纲：写作目的、论文格式由若干部分构成。如：正文写作大纲

  引言
1. 材料与方法
1.1
2. 结果
2.1
3. 讨论
3.1
4. 参考文献
5. 英文摘要

② 简介式大纲：对标题式大纲中小标题的具体写作要求加以说明，甚至展开一系列句子。

如："1.3 心电图检查方法：心电图检查时绵羊的保定方法，选用的导联线在羊体上的固定方法，描记心电图采用的仪器，心电图各项指标的测定方法和统计方法。
……"

③ 混合式大纲：由标题式简要大纲逐步丰富，过渡到简介式大纲的中间状态。如：

论文题目：×××××××××
引 言：题目来源、动态、目的、范围、意义；
实验材料：材料性质、特性、采样方法、处理方法；
实验方法：实验目的、原理、仪器设备、操作方法、过程等；
实验结果：图、表、照片等；
分析讨论：结果解释，结果与现有观点的异同，实验结果的创新之处等。

8.3.5.2 准备工作

① 列表、绘图和计算。把以往在进行实验后所作的计算和所得的结果，重新检查并核对，尽可能把实验结果用图表达出来。如有可能，用各种不同方法进行计算。

② 结论的总结。仔细研究有关的图、表和分类的叙述性观察记录，进行分析，找出各项因素之间关系，想想对所得数据能作什么解释，并得出暂时性结论。

③ 补充实验。如果需要，而且时间许可，重复或补充一些实验，收集更多的数据，看看这些实验结果是否与结论符合。

④ 修正结论。反复核对记录数据和计算结果以及叙述性记录，看看暂时性结论是否恰当。检查一下在什么情况下结论是适用的，什么情况下是不适用的。

例如：检查一下记录数据或计算结果，与结论比较，看看是否有例外、不符、差异或反常的现象。如果有，对于这些数据或结果作进一步的仔细核对。从异常的结果会得到启发，甚至会有新的发现。对于例外或异常的现象，作适当的解释。根据这些例外或异常的现象，把结论作适当的修改。

⑤ 剔除资料。无可比性资料、不符合质量控制要求的资料、质量不佳的资料、有明显逻辑错误的资料、在实验过程中发生异常情况研究对象的资料均应予以剔除。

⑥ 笔记。在进行上述反复检查与核对工作的过程中，每有见解，即做笔记，分条记出；然后，将属于一类的见解归在一起，加以整理，便可作为一段或一节的内容。

8.3.5.3 正式写作

(1) 写作时应注意的问题

① 确立写作的中心内容时从科研结论出发，从实验结果出发，从收集到的信息资料出发。

② 科技论文仍然遵从一般论文的"三论"，即论点（论文基本观点）、论据（建立论点的依据）、论证（用论据证明论点的过程）。

(2) 撰写初稿

写初稿的目的是把所有想写的话全都写出来，要使脑海里第一次想到的词都能记录下来；要根据提纲写作；使用醒目的标题，紧扣主题；原定的计划有不当之处，在这个阶段，最好不要改变过多；应等把整个初稿写完，把全篇论文从头到尾反复看几遍，再定修改计划。在初稿中，凡是引用文献的地方，都简明地写出著者姓氏、刊物名称、年份、卷、期、页数，并用括号括起来。凡需加脚注的地方，应紧接正文的相应位置把脚注的全文写出，并加上括号。

写初稿不要追求完美。如有可能，暂时把其他工作搁在一边，以保证不受干扰。

(3) 文稿的检查与修改

① 论文的检查和修改方法

通读法：初稿完成后，通读几遍，一边读一边思考，文章读起来是否朗朗上口，内容是否平衡，把文气不接、表达不完整、解释不详尽的地方修改过来。

搁置法：将初稿放置一段时间，等到头脑清醒、思路清晰后，再拿出来修改。

请教法："当局者迷，旁观者清"。虚心请教，征求他人意见。

② 论文修改的主要方面

结构的修改：各主标题和分标题排列的次序先后，是否自然，是否便于推理和合乎逻辑；各分标题是否应该属于主标题之下，或在其他主标题之下更为合适；提纲中原定为分标题的，成文后是否显得重要，因而需改为一个主标题；在一个主标题之下，是否需要增加分标题；每一个标题之下各段的内容是否符合该段的意思，若不太符合可归到其他段落。

内容的修改：最重要的论点是否强调充分了；是否有足够的材料来支持自己的论点；应叙述的基本内容有否遗漏；所有的材料是否都符合著者的主要目的；是否有逻辑错误和拼写错误；在形式、用词、缩写、符号、数学公式和插图方面是否符合要求。

篇幅的修改：论文是否过于简要；论文是否有不必要的重复；著者应该以读者或编辑的身份来对待自己的文稿，要有勇气，敢于取舍。

题目的修改：确切概括论文的性质与内容；简短、易读、易懂，但又不过于简单、空泛，以致意义不明确；文字中包括被研究对象和被观察的因素，不包括细节和结论；字句的次序适当，重要的字句应尽可能排在前边；语法合理。

段落的修改：太短或太长的段落都不好。在一篇论文里，应根据内容的需要，把段落的长短做恰当的安排。

句子的修改：在写论文时，应恰当地运用连接词、短语或其他的字，把句和句连接起来，以显示句与句之间的连贯性和相互关系。句子本身的长短，不是一个重要的条件。在表达关系复杂的思想时，句子的结构就会复杂些，也会长些。但科技论文的基本要求之一是句子简短。

（4）学位论文的风格

① 要清楚、确切，简明、直接：文章的描述要清楚、明了，忌讳词不达意；力求使文字简练，用最少的字句把意思表达清楚。

示例：（B比A好）

A 他的所有这些工作，把以前一向不知道的情况和问题公开了。B 他的工作提供了新的事实和新的理论。

A 当口服青霉素引起过敏反应，可能有其他服药方法。B 当病人口服青霉素发生过敏反应时，可以改用其他方法服药。

A 作者忽视了一个事实，即这种实验在以前曾经有许多人做过很多次了。B 作者忽视了以往别人做过的多次实验。

② 直观、朴素

a. 写作中一般用第三人称（"本文作者"非"作者"，文内人称的统一）。常用被动式语气。

示例：A 这一方法的优劣，由它的经济价值来决定。（被动式）

B 经济价值决定这一方法的优劣。（主动式）

b. 避免用俗语、土话、口语等。

c. 能肯定的不用"可能""也许"。

d. 与别人比较时，不用苛刻狡辩的语气。对于别人的研究工作进行评论，应该就事实和文字进行讨论，切不可有推测别人的动机的口气。

示例："在某些国家，把营养素供给标准的数字定得如此之低，就是为了使广大的劳动人民得不到充分的营养。"这样的措辞是不恰当的。

若改成："在某些国家，把营养供给标准的数字定得如此之低，那将意味着广大的劳动人民得不到充分的营养。"这样的措辞就较妥当些。

e. 在科技论文里，不需要用一些华丽的或是带情感的词句。

示例："这种代乳糕的营养效果，是不可以和牛乳粉的效果媲美的""那个地方的蔬菜品种是丰富多彩的"等。

若把"媲美"改为"相近"或"相当"，把"丰富多彩"改为"很多"或"非常之多"，就显得较为合理。

f. 不应把比喻和类比相混淆。类比是科学研究工作中常用的推理方法。

示例：从研究动物的生长发育规律来推测人类的生长发育规律，在科技论文中是完全正确的。但是，有人把儿童生长发育的整体性、局部性、连贯性、阶段性，发育速度时高时低，生长曲线有起有伏的现象比作是有"旋律"、有"节奏"的一部"交响曲"，这就不是严肃的科学论文应有的笔调。

③ 文章结果的单独性及连贯性

全文的文字结构相同，即用语法结构相同的词句，以便于读者领会。每一节和每一段，也都各为一个单元。一节的开始，应该有一个主题段，一段的开始，应该有一个主题句。主题段或主题句把该节或该段所叙述或讨论的问题提出来，颇似一篇论文的引言。每一节或每一段里的内容，都应与该节或该段的主题有关。或者每一节或每一段，应尽可能有一个结束段或结束句，就好像全篇论文的一段结束语一样。

8.3.6 评审与答辩

学位论文完稿后，经过指导老师的审阅通过后，还需经过同行评审，同行评审通过就可以进入毕业论文答辩阶段。毕业论文答辩是一种有组织、有准备、有计划、有鉴定的正规的审查论文的重要形式。为了搞好毕业论文答辩，在举行答辩会前，校方、答辩委员会、答辩者（撰写毕业论文的作者）三方都要做好充分准备。在答辩会上，考官要极力找出论文所表现的水平是真是假，而学生要证明自己的研究论点是正确的。参加答辩的学生，必须修完了学校规定的全部课程并考试及格，论文经指导老师签署意见，所属二级学院同意，方可参加答辩。答辩前分值为 100 分，毕业论文成绩由几个环节构成，论文指导老师打分，评阅老师打分，答辩小组根据现场答辩情况打分，最后根据权重综合评定成绩。

8.3.6.1 毕业论文答辩基本流程

① 抽签决定答辩顺序。
② 答辩人陈述论文主要内容。陈述时间为 5 到 10 分钟。陈述的主要内容包括论文概述，主要观点、创新点、框架结构、研究过程、解决方案、价值和展望、结论及致谢、论文的不足之处等。
③ 答辩人陈述结束，答辩小组就论文内容向答辩人提问，一般为 2～3 个问题。
④ 答辩人稍事准备后当场回答问题。有的无准备时间，当即回答。
⑤ 答辩小组根据答辩情况可再次提问，答辩人再做回答。
⑥ 答辩小组点评。可分别点评，也可在小组全部答辩结束后，对答解人的成绩、存在的共性问题作总的点评，提出建议。

8.3.6.2 学生毕业论文答辩注意事项

① 着装大方得体。
② 答辩过程从容自如，切忌紧张过度。
③ 答辩者要熟悉论文全文内容，特别是论文主体部分和结论的内容，论文的主要观点和基本依据。最好制作 PPT 准备 5 到 10 分钟的自述内容，重点阐述论文的亮点。
④ 叙述要言简意赅，语速快慢适中。强调重点，略述枝节。
⑤ 听明白答辩提出问题的题意，抓住问题主旨再作答，避免答非所问。
⑥ 自始至终保持良好心态和应有的礼貌。

8.3.6.3 毕业论文答辩常见提问问题

毕业论文答辩主要针对论文所涉及的学术范围内存在的问题提问，常见提问的问题如下：
① 论文的创新点是什么？

② 为什么选择这个题目?

③ 在研究过程中发现了哪些不同视角?自己对不同见解的认识?如何处理的?需进一步说明的问题?

④ 论文未论及的却与论文密切相关的问题还有哪些?

⑤ 自己还有哪些问题没搞清楚,论文中哪些地方论述得不够透彻?

⑥ 论文立论的主要依据是什么?

⑦ 你是如何搜集有关材料的?参考了哪些书籍或资料?论文中所涉及的数据、图片来源?

⑧ 论文的不足之处是什么?

示例:××大学本科毕业设计(论文)答辩记录

××大学本科毕业设计(论文)答辩记录

学生姓名		学号		学院		专业班级	
题目							
指导教师		职称		合作导师		职称	
答辩组成	姓名		职称		工作单位	签名	
组长							
成员							
成员							
记录							
答辩时间	年 月 日 : — :				答辩地点		
答辩记录摘要: 1. 学生自述情况:(内容介绍是否层次分明、有概括性;创新情况,具有独特见解;语言表达是否简练、准确) 2. 答辩小组提问(提问2个以上技术类、专业类问题): 3. 学生回答问题情况(与提问对应):							

示例:××大学本科毕业设计(论文)成绩表

××大学本科毕业设计(论文)成绩表

学生姓名		学号		学院		专业班级	
题目							
指导教师		职称		合作导师		职称	
评分内容	具体要求					总分	评分
学术水平与设计质量	有独到见解,有较高的学术水平或较大的实用价值,论证、分析、设计、计算、结构、建模、实验正确合理。					30	

续表

创新	工作中有创新意识,有重大改进或独特见解,有一定实用价值。	20	
答辩	内容全面,紧扣课题,突出重点,问题回答准确,实物(软件)演示顺利。	30	
综合能力	能综合运用所学知识和技能发现与解决实际问题。	20	
答辩评分	(总评分×50%)		
答辩小组意见	评语(不少于150字): 答辩小组组长(签名): 年　月　日		
指导教师评阅成绩	评阅教师评阅成绩	毕业答辩成绩	总成绩(百分制)	总成绩(等级制)
答辩委员会意见	答辩委员会一致认为该生论文达到了学士学位论文水平,同意通过该生的毕业论文答辩,成绩(优秀、良好、中等、及格)。 答辩委员会认为该生不具备学士学位水平,一致不同意通过该生的毕业论文答辩。 答辩委员会主席(签名): 学院公章:　　　　　　年　月　日		

注:本表总成绩由答辩小组负责评定

8.4　学术道德规范

学术不端行为,指在科学研究及论文写作中发生的违反学术准则和违背学术诚信的行为。对于本科毕业论文来说,学术不端主要指论文代写、抄袭、复制拼凑、剽窃等。近年来,网上披露的学术不端案例层出不穷,教育主管部门出台了一系列文件,如《学位论文作假行为处理办法》《关于严肃处理高等学校学术不端行为的通知》《高等学校预防与处理学术不端行为办法》等,要求学生在毕业论文写作过程中,严格遵守学术道德规范,维护科学诚信。

论文检测系统正是在这一大背景下应运而生的。自2000年始,国内多家高校对毕业论文开启了学术不端检测。各省教育主管部门正式要求对毕业论文查重,高等院校开始使用数据库商提供的论文检测系统对毕业论文进行检测。目前国内基于期刊、论文对比资源数据库的查重系统主要有:中国知网论文查重检测系统、维普论文检测系统、万方文献相似性检测、超星大雅论文检测系统等。学校在毕业论文答辩前统一组织开展论文检测,一般要求学生毕业论文检测的重复率小于20%才能参加论文答辩。如果发现论文作假等情况,学校可取消其学位申请资格。

第 9 章 文献检索与学位论文实操训练

9.1 文献检索与学位论文实训概述

在科学技术飞速发展的今天，文献信息资源的数量、种类快速增加，想要从大量、无序、分散的文献中获得自己所需要的文献资料，存在一定的困难。为了在学习、工作、科学研究过程中节省时间、少走弯路、节约经费等，必须掌握一定的文献检索与利用技能。文献检索与利用贯穿科研选题、论文撰写及教学和实践工作的全过程中，文献检索实操训练（简称实训）是在掌握文献检索的基本知识基础上，通过选定项目进行操作训练，帮助学习者熟练运用文献检索知识与检索技能，为专业学习、毕业论文撰写和科学研究服务的过程。

9.1.1 实训目的与要求

9.1.1.1 实训目的

文献检索课程实训的目的是通过实训，帮助学生将所学理论知识与实践紧密结合，提高动手能力与操作能力，加强对专业课程的理解；学会使用国内外各类常用的专业搜索引擎，掌握国内外重要数据库的使用方法；学会选择不同的检索工具和检索途径，比较全面地获取关于某一专题的文献与数据资料，并将获取的信息按照一定的方式进行有机组织与加工，利用信息检索的各种技巧解决实际问题。

9.1.1.2 实训要求

文献检索实训要求读者在实训开始前能够熟练掌握有关专业知识和文献检索相关知识，做好充分的知识准备。在文献检索方面，需要了解中外各种文献分类方法、文献检索数据库及检索途径与方法。

按照每个实训的要求与步骤独立完成实训设计与操作，具备初步的实训判断、实训分析和实训论证能力，具备基本的检索数据整理和处理能力，通过数据整合和数据分析，正确分析实训结论。为了顺利完成实训，还要求读者具备一定的发现问题、分析问题、解决问题的能力。

在实训过程中，需要展现一定的灵活性和协作性。网络检索与线下检索有所不同，它受制于网络信息库的各种变量，如信息加密、信息收费、信息屏蔽、信息删除等各种不可预知的情况。因此，在完成实训时要灵活应对，适时变通，善于发挥主观能动性，才能顺利完成实训，达到预期效果。

每一个实训结束时，需要撰写实训报告，填写实训日志。

9.1.2 实训内容安排

本书一共安排了6个实训，包括：馆藏图书检索实训、中文文献检索实训、英文文献检索实训、特殊文献检索实训、文献综述写作实训、学位论文写作流程实训。每个实训安排3个学时。学习者可以根据需求选用。

通过上述6个实训，由浅入深，循序渐进，从中文到英文，从一般到特殊，从验证到设计，从简单到综合，逐步熟悉中英文文献检索的基本方法，专利、标准等特殊文献检索的基本知识与方法，以及文献综述和学位论文的写作方法和要求等。完成上述实训，需要使用国内外各种数据库和重要搜索引擎，如CNKI、WOS、IPC数据库，百度，谷歌，政府门户网站，行业门户网站等。

熟悉并逐步掌握搜索引擎的使用，除了熟练掌握综合性搜索引擎的使用外，还要学会使用专门用途、专门学科以及各类搜索引擎，学会利用网络文献与信息检索解决实际问题。熟悉权威性的官方数据库和信息数据发布网站，并能从中挖掘出所需的信息数据，对检索出的数据进行简单整理和处理。

9.1.3 实训准备

9.1.3.1 理论准备

各专业的学生，无论是专科生、本科生还是研究生，都需要具有一定的专业基础知识和文献检索知识。①对于专业文献有一定的辨别与考查能力，并在本学科具备一定的发现问题、分析问题、解决问题的能力。②能够紧跟社会发展进程，具有信息意识，拥有一定的文献搜集、整理、加工、利用的基础知识，能够依靠互联网与计算机基础知识准确地获悉和掌握最新信息与知识。③具有较强的实践能力和思维能力，学习过一定的分析、综合、概括、抽象和比较的科学研究技能与方法，能通过理论、方法指导自身实践。

9.1.3.2 工具准备

熟悉利用各类综合性搜索引擎和专业性检索数据库，掌握必要的检索语言、检索工具、检索途径、检索策略。这些工具虽然在本课程都进行了系统介绍，但这些工具的使用还需要通过实训加以领会和掌握。实训需要用到的信息数据库和搜索引擎主要包括：

① 中国知网数据库；
② 万方数据知识服务平台；
③ 维普网；
④ 超星数字图书馆；

⑤ 读秀网；
⑥ 中国科学院科学数据中心；
⑦ 中国专利信息网；
⑧ 中国标准服务网；
⑨ 全国标准信息公共服务平台；
⑩ 国家标准全文公开系统；
⑪ 国家统计局统计数据库；
⑫ 中国人民大学复印报刊资料；
⑬ 资讯中国网；
⑭ CALIS 联合目录公共检索系统；
⑮ Web of Science；
⑯ SpringerLink 全文数据库；
⑰ Elsevier ScienceDirect；
⑱ Nature Publishing Group；
⑲ Free Patents Online；
⑳ Derwent World Patents Index。

9.1.3.3 环境准备

计算机实训室所有计算机应接入互联网，以便信息检索和数据传输。计算机应配备相应的软件运行环境，数量做到每人 1 台。实训室应保持干净整洁卫生，禁止饮食。

9.1.4 实训步骤与要点

9.1.4.1 实训步骤

① 分析论题，找出核心概念和隐含概念，排除无关的概念，明确概念之间的逻辑关系。直接从项目名称中确定检索概念、找出隐含概念、泛指概念具体化、排除重复无关的概念。明确检索方向，确定所需文献的主题范围、时间跨度、地域界限、载体类型等。研究方向越明确，要求越具体，检索的针对性越强，效率也越高。

② 选择检索工具，了解检索系统。了解图书馆网站的书目、数据库、搜索引擎、网络目录。宏观上了解数据库，熟悉界面。了解检索工具收编的范围和特色收藏，包括收录资料跨越的历史年代、收录文献的语种、学科范围，数据库的类型（摘要还是全文）、更新周期等，尽量使用权威的、收录年份较长的专业数据库。

③ 确定检索途径，选定检索方法。使用适当的检索语言，分析各检索词之间的位置关系和逻辑组配关系。有什么样的检索标识或检索语言，就有什么样的检索途径（检索标识：题名、主题或关键词、摘要、全文、作者、机构、分类、出版物名等）。分析检索词应该限定在哪个字段中检索，是在所有基本索引中检索还是限定在分类、主题、自由词、文摘或其他辅助索引字段中检索。

④ 评估检索结果，调整检索策略，对检索结果进行优化。要查看检索出的资料是不是与研究主题相关，是否属于学术性文章，权威性、全面性、新颖性程度如何，等等。有

时输出的篇数太多，而且不相关的文献所占比例很大，就需要选用意义明确的专业词汇，不用一般的、共通性的字眼，并对检索词进行限制，包括字段限制、时间限制、分类限制等。有时输出的文献数量太少，甚至为零，有可能选用了不规范的主题词，或没有充分考虑同义词、缩写词、上位词或下位词，要充分利用系统的助检手段进行扩展。如果某一著者的论文很有启发，可直接用"著者"途径进行检索。也许会发现该作者是这方面的专家，甚至是权威，他的另外一些关于这个话题的论文会大大拓展眼界。

⑤ 将检索出的数据进行整合与计算分析，得出最终的实训结论。各实训中，均已给出关键步骤。这些关键步骤具有引导性和指示性，确保学生能够顺利完成实训。但在实际的实训过程中，由于网络信号和数据库本身的某些因素，可能导致无法登录的情形发生，这些关键步骤指示具有参考价值，实训者需要根据当时的上机环境和网络情况适时调整，方能顺利完成实训。

9.1.4.2 实训要点

实训要点包括：选择合适的检索工具、确定检索途径、根据要求登入检索网站、实施合理的检索策略、国内外同种类数据库所需要的登入窗口等。在选取实训工具时，尽量选取免费的检索数据库和检索路径，或利用高校和科研院所图书馆等途径检索专业信息。对于根据要求难以获取的信息，要结合具体条件，灵活变通，广泛选取其他检索工具。再根据检索出的数据进行分析比较，并进行相应的计算和转化。

9.1.5 实训报告的撰写

实训报告是把实训的目的、方法、过程、结果等记录下来，经过整理，写成的书面汇报。各高校基本都有各自的实训报告模板。实训以后应客观、真实、准确地撰写实训报告，不能有编造、抄袭等行为。实训报告还应据实填写实训项目名称与实训者个人信息。

实训目的填写要明确，可以从理论与实践两方面描述：在理论上，验证实训原理或算法，并能通过该实训获得深刻和系统的理解；在实践上，掌握实训软件或实训设备的技能技巧。如实记录实训环境，填写实训所需的软硬件环境设施和设备。

记录实训内容与步骤，填写依据何种原理、算法或操作方法来进行实训，并且根据自己实际完成情况，真实、准确、详尽填写，做到条理清晰、重点突出。在实训中，如果检索信息和数据与事先的文献数据不符甚至相差过大，需要找出原因，是原来的数据库错误，还是检索工具有问题，不能不了了之，否则只能算作未完成本次实训，实训报告不是简单的实训数据记录，应有实训情况分析，要把通过实训所检索的数据与文件检索内容的相关度加以比较，如果误差能控制在10%以内，可以认定为基本吻合。如果检索到的文献与实训要求大相径庭，甚至出现学科门类不符的较大误差，还需要进行误差分析、找出原因、必要时重新进行实训，获取正确数据。

实训结果及分析，准确描述实训现象、数据的处理结果等，并对数据或现象进行分析。对于结果的表述，可采用文字叙述、图表说明、统计分析等方法。文字叙述就是将实训结果系统化、条理化，用准确的专业术语客观地描述现象和结果。图表说明是用表格或坐标图的方式使结果突出、清晰，便于相互比较，制作图表时应有图表标题和计量单位。

统计分析应准确简练，言之有据。

实训总结，概括实训的基本结论、心得体会，阐述实训过程中遇到的问题及解决问题所采取的措施。实训的基本结论要通过具体实训内容和实训检索数据分析得出，还要对文献检索过程进行说明。必要时绘出文献索引树状图、引证索引图。这是锻炼分析与总结能力的重要环节。

需要注意的是，实训时获取的数据要适时记录，并保存在自己的云文档或云盘里，必要时也可以保存在自己的邮箱或 U 盘里，不要保存在实训室的计算机桌面或硬盘里，以免计算机重启后的数据丢失。

9.1.6 实训日志的填写

在整个实训课程结束时，需要填写实训日志，如实记录每次实训的基本内容及完成情况并签名，为实训课程画上圆满的句号。

9.2 馆藏图书检索实训

9.2.1 实训目的

① 了解图书的分类体系和排架方法，熟悉《中国图书馆分类法》分类标准。
② 了解图书著录知识，熟悉索引号，按藏书地点索取馆藏纸质图书。
③ 掌握联机公共目录检索系统（Online Public Access Catalogue，OPAC）检索图书资源的方法。

9.2.2 实训要求

① 通过多种检索途径如题名、责任者、主题词、分类号、国际标准书（刊）号、索取号进行书目信息检索。
② 理解书目信息检索结果，查看借阅图书的详细信息。
③ 通过馆藏纸书、电子全文获取、图书馆文献传递等多种方式获取图书资源。
④ 撰写实训报告，填写实训日志，并按要求及时提交。

9.2.3 实训内容设计

① 馆藏纸质图书的检索：检索题名含有"基因工程"的馆藏纸质图书有哪些。
② 馆藏电子图书的检索：检索题名含有"人工智能"的馆藏电子图书有哪些。
③ 馆藏资源的综合检索：检索题名含有"量子科学"的所有馆藏资源有哪些。

9.2.4 实训步骤

(1) 馆藏纸质图书的检索：检索题名含有"基因工程"的馆藏纸质图书有哪些

① 中国国家图书馆实名制注册：进入中国国家图书馆的首页，在首页右侧单击"读者门户登录注册"后，进行实名制注册后经审核通过系统会告知注册成功，成功后即可登录。

② 中国国家图书馆 OPAC 检索：在中国国家图书馆的主页使用注册后的账号、密码及验证码完成登录，选择"馆藏目录"，然后在一站式检索框中输入"基因工程"，点击"检索"进入，可以检索 1980 年后收藏的中文图书信息，以及自建馆以来收藏的中外文期刊的信息。

③ 在检索结果中分别点击中文及特藏文或外文文献数据入口，可分别进入中文文献库和外文数据库查看检索结果。

④ 查看书目信息检索结果，进一步点击查看想借阅图书的详细信息，记录下索书号，按藏书地点索取馆藏纸质图书或通过国家图书馆文献传递系统请求文献传递。

(2) 馆藏电子图书的检索：检索题名含有"人工智能"的馆藏电子图书有哪些

① 登录泰州学院图书馆，选择数字资源，点击超星百链云图书馆链接，进入百链云图书馆检索入口。

② 检索入口提供统一检索服务，与关键字相关的所有资源包括纸质资源的馆藏信息、期刊、电子图书、报纸、视频等都能一次获得。检索资源选择"图书"，检索字段选择"书名"，一站式检索框中输入检索词"人工智能"，点击"检索"，显示检索结果。

③ 点击选中的电子图书，点击书名查看图书信息。图书获取途径包括馆藏纸书、电子全文获取、图书馆文献传递等多种方式，有权限的通过资源调度直接获取阅读全文，无权限的通过 700 多家图书馆的云图书馆文献传递系统进行文献传递。

④ 点击"试读"，可在线阅读或下载。

(3) 馆藏资源的综合检索：检索题名含有"量子科学"的所有馆藏资源有哪些

① 登录 e 得（易得）的主页，左侧选择"CALIS（中国高等教育文献保障系统）全文资源检索"，在右侧一站式检索框中输入"量子科学"，检索字段包括题名、作者、主题词、ISBN/ISSN 或全部，点击"检索"进入，可以检索 CALIS 收藏的所有文献信息。

② 检索结果左侧按作者、年代、语种、资源类型、学科、主题词等可进行进一步缩小范围，精确检索，单击每一条记录可以看到该书目的具体信息。检索结果显示有文本格式（简）和文本格式（详）两种，详细格式比简单格式增加了中图分类号、科图分类号、主题信息和附注信息等。

③ CALIS 提供多种在线阅读和借阅方式：全文、纸质本、电子书、收藏。选择全文，可进入全文阅读模式。

④ CALIS 也提供纸质本借阅，分别提供高校读者登录和直通车用户登录模式：高校读者登录流程：第一步：选择您所在的图书馆。第二步：在您的图书馆相关登录页上进行登录。直通车用户登录流程：直通车用户仅对 CALIS 内部用户开通试用。

⑤ e 得是为读者提供"一个账号、全国获取""可查可得、一查即得"一站式服务的原文文献获取门户。除了提供中国高等教育文献保障系统（CALIS）的资源和服务外，还包括其他资源和服务。进入 e 得（易得）的主页，左侧显示可用资源类别，在左侧选择某一类别后，就会在右侧列出已开放的该类所有资源。例如选择"中国国家图书馆"，在右侧一站式检索框中输入"量子科学"，限制条件可选择语言、年份、资料类型、文献库来源（中文文献/外文文献），点击检索进入，可以检索 1980 年后收藏的中文图书信息，以及自建馆以来收藏的中外文期刊的信息。查看文献检索结果，进一步点击查看想借阅文献的详细信息。选择提交馆，点击文献传递系统请求文献传递。

9.2.5　实训注意事项

① 中国国家图书馆是我国国家总书库，提供的检索方式有简单检索、多字段检索（高级检索）、多库检索，可以组合检索、通用命令语言检索和分类浏览。

② 除了按题名检索一本图书外，如果检索某一位作者编辑的图书，可以选择责任者，在检索词输入框内输入作者的姓名。如果按分类号检索，选择分类号，在检索词输入框内输入图书的分类号。例如要检索林业类的图书，输入 S7。如果按国际标准书号检索，在检索词输入框内输入国际标准书号。例如检索 ISBN7-81076-367-9，输入 7-81076-367-9 即可。

③ 在检索结果中可以按年份、语种、分类、作者、关键词等缩小范围，进行二次检索。也可限制检索字段为题名、责任者、主题词、分类号、国际标准书（刊）号、索取号等进行二次检索。或者对检索结果按著者、年、题名等不同组合进行排序并可设置每页记录显示的条数。

9.3　中文文献检索实训

9.3.1　实训目的

① 熟悉《中国图书馆分类法》，掌握中图分类号的分类规则、使用方法并灵活运用。
② 了解中文核心期刊 CSCD 来源期刊目录，掌握基本的查找及检索方法，学会利用该目录检索不同种类的文献。
③ 熟悉并辨别商业门户网站与学术门户网站在文献检索中的异同，了解专业检索的优势。
④ 掌握综合性搜索引擎和专业搜索引擎，并用来搜索基本文献信息，学会选择不同的检索工具和检索途径比较全面地获取某一专题的文献资料。

9.3.2　实训要求

① 掌握《中国图书馆分类法》分类标准。

② 了解中文核心期刊 CSCD 来源期刊目录，熟悉所在专业"一级学科"的 CSCD 期刊目录。

③ 熟悉论文标识相关知识，如：责任人、文献名称、出处、年代、期卷、页码、被引用量等。

④ 撰写实训报告，填写实训日志，并按要求及时提交。

9.3.3 实训内容设计

（1）查找《中国图书馆分类法》Word 版或 PDF 版。

① 下载并整理中图法一级、二级分类号下的各项内容。

② 下载并整理所在专业学科的一级学科下第一层次的中图分类号下各项内容。

（2）通过百度、谷歌或所在机构图书馆网站搜索引擎查找"中国科学引文数据库来源期刊列表（2023—2024 年）"最新版工程类期刊列表。

（3）通过官方专业网站搜索引擎查找登录中国科学引文数据库，然后下载整理"中国科学引文数据库来源期刊列表（2023—2024 年）"最新版工程类期刊列表。

（4）设定研究主题词或关键词，分别利用百度学术搜索引擎的高级检索和 CSCD 搜索引擎的高级检索搜索 2 年来该主题 CSCD 来源期刊研究文献，把在两种方式下检索排名前 20 的相同论文导出并列表，记录责任人（作者）、文献名称、出处（含期刊名称、年份、期号、页码）、被引用量，以及其在百度学术检索和 C 刊索引检索中的排名序号。

9.3.4 实训步骤

① 在综合性搜索引擎，如百度或所在机构图书馆网站搜索栏里输入"中国图书馆分类法第五版.doc"或"中国图书馆分类法第五版.pdf"，找出《中国图书馆分类法》第五版的分类表。

② 使用高校或所在机构图书馆网站进行搜索，还可以进入"《中国图书馆分类法》"网站，点击"《中图法》"，在下拉选项中选择"Web 版简介及链接"，点击"《中图法》（第五版）Web 版链接"。然后登录中国国家图书馆，阅读《中国图书馆分类法》第五版电子版。

③ 通过百度学术搜索引擎的高级检索功能进行检索：首先打开百度学术搜索页面，接着点击"高级检索"，在搜索栏输入"大健康"，在"出现检索词的位置"中选择"位于文章标题"，在"出版物"栏选择"期刊"，在"发表时间"栏选择"2020 年以来"，默认按照相关性进行排序显示，导出排名前 20 的检索项。

④ 通过中文科学引文索引（CSCD）进行检索：首先链接机构（高校、科研院所）内网，通过内网登录中文科学引文索引网站（如所在机构没有获得使用版权，可自行通过其他方式解决）。点击"高级检索"，选择"主题"进行搜索；发文年代选择"从 2020 年至 2024 年"；文献类型选择"论文"；排序方式按照默认的年代进行降序排序；最后在搜索栏输入"大健康"进行检索。导出排名前 20 的检索项。

⑤ 比较百度学术搜索和 CSCD 两种方式下检索排名前 20 的论文，记录责任人（作者）、文献名称、出处（含期刊名称、年份、卷号、期号、页码），以及在百度学术检索和 CSCD 来源期刊索引检索中的排名序号，并考查其序号的一致性。

⑥ 根据实训步骤及各环节检索内容撰写并提交实训报告。

9.3.5 实训注意事项

（1）通过 CSCD、CSSCI 检索相关期刊前，要先链接学校内网，再通过学校内网进入 CSCD、CSSCI 界面进行相关搜索。如果不先链接内网，就没法使用免费窗口进行 CSCD 或 CSSCI 搜索。

（2）网络信息的检索，可以通过下列方法提高检索效率：

① 对搜索的文档类型进行限制：如"《中国图书馆分类法》第五版：PDF"表示仅搜索文档类型为 PDF 的有关"《中国图书馆分类法》第五版"方面的文献。在学术研究中，最实用的文档搜索是 PDF 搜索，其次是 Ps 和 Doc 文档，因为网络上绝大多数论文都是以这几种形式保存的。

② 对搜索词出现的位置进行限制：很多网站都把某一类具有相同属性的资源名称显示在目录名称中，用"inurl"可以找到这些相关资源链接。如"inurl：制药工程"搜索出的网页都含有非常精确的制药工程专题资料。类似的还有"intitle：制药工程"，即将搜索词限制在网页的标题中，搜索出的网页的针对性也很强。

③ 对搜索的网站进行限制：如"制药工程 site：edu.cn"，表示仅在中国的教育网站上搜索"制药工程"方面的文献。限制搜索网站可以删除一些滥竽充数的文献。有时搜索到的文献已被删除，或加载很慢，可以通过"网页快照"功能，直接取出缓存的网页。

④ 如果输入的查询词很长，给查询词加上双引号（""），保证不拆分检索词。搜索结果中不含特定查询词，用"—"连接，排除不包含特定检索词的结果。注意，前一个关键词和减号之间必须有空格，否则，减号会被当成连字符处理，进而失去减号语法功能。

9.4 英文文献检索实训

外文，尤其是英文文献检索在学术研究中居于非常重要的地位。实训时要根据具体的实训背景，分析所需解决的问题，进行基本的英文文献检索实训设计，包括实训方案的确定、实训结论的归纳等。

依托 CALIS 外文期刊网、Elsevier ScienceDirect 全文期刊库、SpringerLink 数据库，实训者需通过关键词、类别、逻辑等方法，学会检索英文期刊名称，找到对应年、卷以及作者，下载所需文献。实训者应熟悉并学会英文文献检索的方式，解决一定的英文文献检索问题，检索，筛选并下载适合的英文文献。

通过本实训，把握英文文献检索的基本要求，获取准确英文文献相关信息的快速查找方法以及选取合适的检索工具和手段。在检索过程中，通过检索数据过程中所遇到困难和问题的克服与解决，熟悉英文文献检索的基本方法与技巧。

9.4.1 实训目的

① 熟悉英文文献检索实训的目标、要求，领会实训说明。

② 能够根据实训背景，科学运用 CALIS、Elsevier ScienceDirect、SpringerLink、SCI、SSCI 来源期刊目录等网站，设计英文文献检索实训的内容，并做好相关实训。

③ 参考关键实训步骤，适当调整实训思路与方法，顺利开展并完成英文文献检索实训。

④ 及时撰写并提交实训报告，填写实训日志。

9.4.2 实训要求

① 了解 CALIS、Elsevier ScienceDirect、SpringerLink、科学引文索引数据库（SCI）等的检索方式。

② 熟悉英文论文标识相关知识，如：责任人、文献名称、出处、年代、期卷、页码、被引用量等。

③ 撰写实训报告。

9.4.3 实训内容设计

① 在 CALIS 外文期刊网检索国际标准连续出版物 ISSN 号为 00014273 的期刊名称。

② 根据 00014273 检索到的期刊名称找出年卷期为 2021 年 64 卷 1 期且作者为 Trey Sutton、Richard A. Devine、Bruce T. Lamont、R. Michael Holmes IXM 的文献，并记录其收藏情况。

③ 在 Elsevier ScienceDirect 数据库中检索有关数学的杂志和教材，并记录下标题以 N 开头的三个结果（不同时间查询的结果可能略有不同）。

④ 在 Elsevier ScienceDirect 数据库中检索有关数学子域名为"logic"的文献，记录文献名称、文献类型，下载第一篇文献的内容摘要。

⑤ 在 SpringerLink 数据库检索名为"Stability and Control of the Flow in a Porous channel"的文献，并记录其作者、摘要和关键词。

⑥ 根据⑤中检索文献的第一个关键词进行检索，记录下检索出的前三篇文献的作者、年代等详细信息。

9.4.4 实训步骤

① 从高校图书馆内网登录 CALIS 外文期刊网或者其他外文期刊网（由于各个学校或机构购买的网站版权有所不同）。检索框前选择 ISSN，在检索框中输入"00014273"，单击"查询"获得检索结果。

② 单击期刊名称，找到对应年、卷以及作者，并对其收藏情况进行记录。

③ 通过高校或所在机构 VPN，登录 Elsevier ScienceDirect 全文期刊库，勾选"Mathematics"，再勾选"Journals"和"Textbooks"。然后根据要求记录检索结果。

④ 单击"Subdomain"，选中"Logic"选取检索记录。因为增加了限制条件，检索结果数量减少但更加精准。

⑤ 登录 SpringerLink 数据库，完成相应检索内容。记录检索结果，整理出前 10 条记录。

⑥ 根据实训步骤及各环节检索内容撰写并及时提交实训报告。

⑦ 按要求填写实训日志。

9.4.5 实训注意事项

① 灵活设置检索时间跨度，可选择检索最近一星期、两星期或四星期的内容，还可以对某一个年度以及全部订阅年份进行检索。

② 利用引文（cited reference）能迅速浏览作者所引用的参考文献，追溯研究课题的基础、起源、相关实训方法等诸多方面。

③ 利用被引用次数（times cited）及时浏览该论文发表以来被引用的情况以及那些引用该论文的文献，从而掌握有关研究课题的发展、改进、应用及其最新动态。

④ 利用相关记录（related records）可检索到引用了相同的参考文献的论文，揭示学术研究之间的内在逻辑，为进一步拓展研究思路提供新的参考。依据机构、学科、作者、年代、期刊、语种等多种方式迅速分析检索结果，确定发展趋势和学科分布，以前所未有的方式洞察学术文献。

⑤ 了解高级检索（Advanced Search）：用于复杂检索，可用多字段组合检索或用检索字段和组配符组合编制检索式。逻辑运算符有 AND、OR、NOT，短语默认为词组，单词之间用空格符分隔即可。SAME 为位置运算符，表示检索词必须在同一句子中，词序可以颠倒。当使用多个运算符时，可用括号决定优先顺序。优先顺序依次为：（）、SAME、NOT、AND、OR。任意多个字母，不能用于字符的最前端，且至少位于 3 个字符之后。

⑥ 通过浏览单篇文献，能够查看本篇文献的引文及其被引用次数，也可以查看引用本篇文献的文献记录。当文献有一篇或一篇以上的共同引文时，可查看所有与此篇文献有共同引文的文献。

9.5 特种文献检索实训

9.5.1 实训目的

① 熟悉掌握常用的专利、标准、政府文件的获取途径，能够利用相关数据库及相关搜索引擎检索专利、标准、政府文件。

② 掌握基本的检索数据整理和处理能力，通过数据整合和数据分析，正确分析实训结论。

③ 掌握数据信息检索的实训判断、实训分析和实训论证能力，并通过实训了解一定的时事政治、国际形势。

④ 了解掌握常见特殊文献的基本知识与其常用检索工具，学会运用特殊文献检索工具，对更多类型特殊数据进行精准的检索。

9.5.2 实训要求

① 掌握专利、标准、政府文献等特殊文献的定义和类型，了解他们的发行渠道、作用与特点。

② 了解国家知识产权局网站专利检索系统、中国专利信息网、中国专利网、中国知网和万方数据知识平台、欧洲专利局专利信息网、美国专利商标局专利数据库的专利信息检索方法，快速、准确地检索专利数据信息。

③ 了解国家科技图书文献中心（NSTL）中外标准数据库，国际标准化组织、中国标准服务网等标准文献检索工具。

④ 撰写实训报告，实训报告主要包括这些内容：实训目的、实训内容、实训步骤、实训成果、主要收获与问题等，并填写实训日志。

9.5.3 实训内容设计

① 使用国家知识产权局网站专利检索系统检索国内有关环境安全与食品安全的专利信息，并作简单了解。

② 使用美国专利与商标局专利数据库检索美国有关环境安全与食品安全的专利信息，并作简单了解。

③ 对中美两国的环境安全与食品安全专利数量进行对比，并对两国环境安全与食品安全专利未来的发展形势进行简单分析。

④ 使用 NSTL 中外标准数据库检索食品安全国家标准。在条件允许的情况下，借助学校内部图书馆下载标准文献内容阅读。

⑤ 使用国际标准化组织检索欧洲食品安全标准，并作简单了解。

⑥ 在中国政府网内的政府信息公开专栏查询我国政府在食品安全方面颁布的政府文件。

9.5.4 实训步骤

① 登录国家专利检索系统（https：//pss-system.cponline.cnipa.gov.cn/conventionalSearch），注册账号并登录，熟悉国家专利网站的主要内容。

② 在高级检索界面的发明名称中输入"环境安全 OR 食品安全"，阅读显示的专利信

息。在高级检索界面的发明名称中输入"食品安全",记录其专利数量。

③ 登录美国专利与商标局专利数据库主页,点击 Patents 栏目下的"Search for Patents",点击"Patent Public Search",在 Default Operator 中选择"OR",在输入栏里输入"food safety OR food security",点击"Search"后记录专利数量,并做好记录。

④ 登录 NSTL 中外标准数据库,在文献检索栏中输入"食品安全国家标准",查看检索结果。可以选择继续借助校园 VPN 登录内部图书馆查阅标准文献内容。点击检索内容的第一条"食品安全国家标准"后点击下方"申请单",将文献加入申请单。在右侧菜单中选择购物车图标的"申请单",输入电子邮件地址后提交获取申请即可下载文献。

⑤ 登入中国政府网,进入政府信息公开栏,在检索栏中输入"食品安全",阅读《中华人民共和国食品安全法实施条例》、食品安全国家标准等政府颁布的相关文件。

⑥ 根据实训步骤及各环节检索内容撰写并及时提交实训报告。

⑦ 按要求填写实训日志。

9.5.5 实训注意事项

① 某些特殊文献的检索是需要付费的。有条件的学校和机构,建议登录本机构图书馆数据库平台完成本实训。某些数据库往往需要注册并付费才能检索,如果所在机构获得授权的情况下,是可以免费进行检索的。

② 通过本校教务系统获取登入校园 VPN 的方式,尝试借助校园图书馆查询标准文献内容。

③ 部分网站要注意检索条件。例如,NSTL 中外标准数据库需要取消默认勾选的期刊、会议、学术论文,勾选"标准"。

④ 登录中国国家专利检索系统、美国专利与商标局专利数据库,选择相应的检索条件,检索实训所需的内容,并根据检索出的数据进行对比与分析。

⑤ 若国家专利检索系统网址发生变化,可以搜索国家知识产权局官方网站,进入查询服务中的专利检索及分析系统。

⑥ 国外相关数据通过检索美国专利与商标局和国际标准化组织官网获得。通过 NSTL 中外标准数据库检索标准文献,按实际条件,选择是否通过校图书馆了解详细内容。

⑦ 通过政府信息公开栏检索政府文件,也可以通过检索具有权威性的新闻、公众号获取等。国外网站可借助翻译和帮助来了解其详细操作。

9.6 文献综述写作实训

文献综述简称综述,是对某一领域,某一专业或某一方面的课题、问题或研究专题通过搜集大量相关资料进行分析、归纳、整理,对其作出综合性介绍和阐述的一种学术论文。文献综述系统地反映国内外某专业研究领域的历史沿革、研究现状与发展趋势，属于三次文献。具有综合性、评述性、客观性、前瞻性等特征。文献综述可以使读者花少量的时间即可获得某一领域的研究概况，帮助读者确定研究方向，制订研究计划。文献综述一般可以分为叙述型、评论型和专题研究报告型三种类型。叙述型文献综述重在分析、整理和综合，以精练和概括的语言对有关理论、观点、数据等研究概况作综合客观的描述。评论型文献综述比叙述型文献综述分析得更深入，融入了作者的创新理念，比如发掘新的研究方法与途径，提出不同的概念架构。专题研究报告型综述是就某一重大课题进行分析与评价，提出发展趋势预测和对策，是种现实性、政策性和针对性很强的情报分析研究成果。

在学术研究中，如本专科生和研究生阶段的毕业论文、课题研究，文献综述是必不可少的重要环节之一，是在论文或课题研究题目初步确定后，通过文献搜集、文献整理，就论文题目或研究课题的研究意义、研究成果、研究方法、研究动态、研究进展等问题进行归纳总结、综合分析后所作的简要评述。

9.6.1 实训目的

① 熟悉文献检索后收集整理和阅读归纳文献观点的方法，例如要素归纳法、取舍法；
② 掌握文献综述的基本写作方法与写作技巧，能够顺利开展并完成所选毕业论文选题或研究课题的信息检索、归纳整理，系统地完成一篇文献的综述写作；
③ 把握文献综述写作实训的目标、要求、步骤和基本方法；
④ 撰写一篇文献综述，提交实训报告。

9.6.2 实训要求

① 能够根据搜集到的文献确定研究方向及重点，并且选择检索文献过程中符合研究方向且具有准确性、时效性和权威性的数据和资料。
② 能够整理分析与研究方向契合的资料，简要列出提纲，掌握根据所列提纲进行再检索的能力。
③ 写作逻辑清晰、主题突出、层次分明、内容翔实、文献引用正确，写作格式规范、写作方法正确、文献列示标准、排版清晰，并在最后详细列示参考文献。

本实训为综合实训。建议结合毕业论文的开题报告、本专科生的大创项目、研究生科研项目申报等课内外教学各环节开展。

9.6.3 实训内容设计

① 文献综述案例讲解。通过一篇专业相关的文献综述文章，从文章结构开始，介绍标题、作者和单位、摘要、关键词、前言、主体部分、结论、参考文献，说明写作要求和方法。

② 设计一个和几个专业相关的主题。例如生态文明建设评价研究、新型冠状病毒肺炎毒性研究、河豚脱毒研究等。引导学生设定关键词，进行文献检索，注意查准和查全（何时要查全何时要查准），对检索的文献进行判断取舍。

③ 引导学生阅读和归纳文献内容，重点是摘要、结果。

④ 撰写综述，并详细列出参考文献。

9.6.4 实训步骤

以"生态文明建设评价研究"为例。

① 确立主题。按生态文明、生态文明建设、评价方法进行文献检索。

② 阅读文献，整理主要观点和方法。归纳生态文明理论发展过程、生态文明建设内容确立、生态文明建设评价方法；将归纳结果以表格的形式展现。

③ 拟写提纲。按照综述的结构格式，将归纳的观点简要罗列下来。

示例：

生态文明建设评价研究综述
1　前言
1.1　研究背景
1.2　研究目的和意义
1.3　研究方法
2　生态文明理论演化过程
3　生态文明建设内容
4　生态文明建设评价方法
5　研究结论与展望

④ 完善修改提纲。根据大纲再检索文献，找到符合综述主题的资料和数据等，进行大纲的完善和修改。

⑤ 撰写综述。边写边修改，最后列出参考文献。

⑥ 按要求提交综述文章；填写实训日志。

9.6.5 实训注意事项

① 撰写文献综述前应充分做好文献检索工作，一定要全面收集文献资料，权威文献、最新文献不遗漏，既往重要文献不忽略。在阅读文献的过程中，还应适时补充检索和阅读相关文献资料，务求文献检索的全面性、权威性、最新性。

② 阅读文献时，应注意文献的代表性、权威性、相关性。正确而准确的文献只有在深入阅读和整理比较时才能发现。在收集到的文献中，要注意选择与研究课题代表性好、权威性强、相关性高的文献。对于观点近似的文献要选择有代表性的文献，尽量选择权威性文献。

③ 引用文献要忠实原文观点，遵守基本学术规范。由于文献综述有作者自己的评论

分析，在撰写文献综述时应分清作者的观点和文献的观点，不能篡改文献的观点和内容，更不能擅自歪曲和肆意捏造原文观点。引用文献需要准确而清楚地标注。

④ 文献综述应力求简明扼要，文献综述要高度凝练，因此需要反复修改。如果写作时间过长，在提交前还需相应补充最新文献的观点方法与研究结论。

9.7 学位论文写作流程实训

9.7.1 实训目的

① 掌握撰写毕业论文的总体流程，从总体上考查大学阶段学习所达到的学业水平。
② 通过文献检索、收集、整理、阅读和归纳，根据自己的选题及思考撰写学位论文。
③ 培养学生的科学研究能力和分析写作能力。同时加强综合运用所学知识、理论和技能解决实际问题的能力。

9.7.2 实训要求

① 毕业论文要求逻辑清晰、主题突出、层次分明、内容翔实、文献权威、观点引用正确、写作格式规范、写作方法正确、文献列示标准、排版清晰。
② 论文主题及内容应弘扬正能量，严禁抄袭，不得侵犯他人知识产权。
③ 建议结合本专科生、研究生的毕业论文开题报告进行撰写。

9.7.3 实训内容设计

根据毕业论文写作过程的各个环节分别设计实训内容，设计如下：
① 开题报告实训。
② 毕业论文答辩实训。

9.7.4 实训步骤

（1）开题报告实训

开题报告是种新的应用写作文体，开题者把自己所选的课题的概况向有关专家、学者进行陈述，然后由他们对科研课题进行评议，确定是否批准这一选题。开题报告的内容一般包括：题目、立论依据、研究方案、条件分析等四个部分。具体可分解为：课题来源、研究目的和意义、国内外研究现状及分析、研究内容、主要研究方法、研究方案、进度安排、已具备和所需的条件、预期达到的目标、主要参考文献。

可结合实训 9.6 的文献综述练习开题报告的撰写。可以请本专业老师客串召开一次开题报告论证会，也可以把学生分组，进行角色分配，翻转课堂实训。

(2) 毕业论文答辩实训

毕业论文答辩是一种有准备、有组织、有计划、有鉴定的正规的审查论文的重要形式。答辩程序包括提交毕业论文、答辩陈述、提问与答辩、答辩委员会评定、宣布答辩结果等环节。本实训重在练习对各个环节的把握，可以结合开题报告，请本专业老师客串召开一次毕业论文答辩会，也可以把学生分组，进行角色分配，翻转课堂实训。

附录

Ⅰ 学位论文编写规则（GB/T 7713.1—2006）（节选）

1 范围

本部分规定了学位论文的撰写格式和要求，以利于学位论文的撰写、收集、存储、加工、检索和利用。

本部分对学位论文的学术规范与质量保证具有一定的参考作用，不同学科的学位论文可参考本部分制定专业的学术规范。

本部分适用于印刷型、缩微型、电子版、网络版等形式的学位论文。同一学位论文的不同载体形式，其内容和格式应完全一致。

2 规范性引用文件（略）

3 术语和定义

下列术语和定义适用于本部分。

3.1

学位论文 thesis; dissertation

作者提交的用于其获得学位的文献。

注1：博士论文表明作者在本门学科上掌握了坚实宽广的基础理论和系统深入的专门知识，在科学和专门技术上做出了创造性的成果，并具有独立从事创新科学研究工作或独立承担专门技术开发工作的能力。

注2：硕士论文表明作者在本门学科上掌握了坚实的基础理论和系统的专业知识，对所研究课题有新的见解，并具有从事科学研究工作或独立承担专门技术工作的能力。

注3：学士论文表明作者较好地掌握了本门学科的基础理论、专门知识和基础技能，并具有从事科学研究工作或承担专门技术工作的初步能力。

3.2

封面 cover

学位论文的外表面，对论文起装潢和保护作用，并提供相关的信息。

3.3

题名页 title page

包含论文全部书目信息，单独成页。

3.4

摘要　abstract

论文内容的简要陈述,是一篇具有独立性和完整性的短文,一般以第三人称语气写成,不加评论和补充的解释。

3.5

摘要页　abstract page

论文摘要及关键词、分类号等的总和,单独编页。

3.6

目次　table of contents

论文各章节的顺序列表,一般都附有相应的起始页码。

3.7

目次页　content page

论文中内容标题的集合。包括引言（前言）、章节或大标题的序号和名称、小结（结论或讨论）、参考文献、注释、索引等。

3.8

注释　notes

为论文中的字、词或短语作进一步说明的文字。一般分散著录在页下（脚注）,或集中著录在文后（尾注）,或分散著录在文中。

3.9

文献类型　document type

文献的分类。学位论文的代码为"D"。

3.10

文献载体　document carrier

记录文字、图像、声音的不同材质。纸质的载体代码为"P"。

4　一般要求

4.1　学位论文的内容应完整、准确。

4.2　学位论文一般应采用国家正式公布实施的简化汉字。学位论文一般以中文或英文为主撰写,特殊情况时,应有详细的中、英文摘要,正题名必须包括中、英文。

4.3　学位论文应采用国家法定的计量单位。

4.4　学位论文中采用的术语、符号、代号在全文中必须统一,并符合规范化的要求。论文中使用专业术语、缩略词应在首次出现时加以注释。外文专业术语、缩略词,应在首次出现的译文后用圆括号注明原词语全称。

4.5　学位论文的插图、照片应完整清晰。

4.6　学位论文应用 A4 标准纸（210mm×297mm）,必须是打印件、印刷件或复印件。

5　组成部分

5.1　一般要求

学位论文一般包括以下 5 个组成部分:

a）前置部分；
b）主体部分；
c）参考文献；
d）附录；
e）结尾部分。

注：学位论文结构图见附录 A。

5.2 前置部分

5.2.1 封面

学位论文可有封面。

学位论文封面应包括题名页的主要信息，如论文题名、论文作者等。其他信息可由学位授予机构自行规定。

5.2.2 封二（可选）

学位论文可有封二。

包括学位论文使用声明和版权声明及作者和导师签名等，其内容应符合我国著作权相关法律法规的规定。

5.2.3 题名页

学位论文应有题名页。题名页主要内容：

a）中图分类号

采用《中国图书馆分类法》（第 4 版）或《中国图书资料分类法》（第 4 版）标注。

示例：中图分类号 G250.7。

b）学校代码

按照教育部批准的学校代码进行标注。

c）UDC

按《国际十进分类法》（Universal Decimal Classification）进行标注。

注：可登录 www.udcc.org，点击 outline 进行查询。

d）密级

按 GB/T 7156—2003 标注。

e）学位授予单位

指授予学位的机构，机构名称应采用规范全称。

f）题名和副题名

题名以简明的词语恰当、准确地反映论文最重要的特定内容（一般不超过 25 字），应中英文对照。

题名通常由名词性短语构成，应尽量避免使用不常用缩略词、首字母缩写字、字符、代号和公式等。

如题名内容层次很多，难以简化时，可采用题名和副题名相结合的方法，其中副题名起补充、阐明题名的作用。

示例 1：斑马鱼和人的造血相关基因以及表观遗传学调控基因——进化、表达谱和功能研究

示例 2：阿片镇痛的调控机制研究：Delta 型阿片肽受体转运的调控机理及功能

题名和副题名在整篇学位论文中的不同地方出现时，应保持一致。

g）责任者

责任者包括研究生姓名，指导教师姓名、职称等。

如责任者姓名有必要附注汉语拼音时，遵照 GB/T 16159—1996 著录。

h）申请学位

包括申请的学位类别和级别，学位类别参照《中华人民共和国学位条例暂行实施办法》的规定标注，包括以下门类：哲学、经济学、法学、教育学、文学、历史学、理学、工学、农学、医学、军事学、管理学。学位级别参照《中华人民共和国学位条例暂行实施办法》的规定标注，包括学士、硕士、博士。

i）学科专业

参照国务院学位委员会颁布的《授予博士、硕士学位和培养研究生的学科、专业目录》进行标注。

j）研究方向

指本学科专业范畴下的三级学科。

k）论文提交日期

指论文上交到授予学位机构的日期。

l）培养单位

指培养学位申请人的机构，机构名称应采用规范全称。

5.2.4 英文题名页

英文题名页是题名页的延伸，必要时可单独成页。

5.2.5 勘误页

学位论文如有勘误页，应在题名页后另起页。

在勘误页顶部应放置下列信息：

——题名；

——副题名（如有）；

——作者名。

5.2.6 致谢

放置在摘要页前，对象包括：

——国家科学基金，资助研究工作的奖学金基金，合同单位，资助或支持的企业、组织或个人。

——协助完成研究工作和提供便利条件的组织或个人。

——在研究工作中提出建议和提供帮助的人。

——给予转载和引用权的资料、图片、文献、研究思想和设想的所有者。

——其他应感谢的组织和个人。

5.2.7 摘要页

5.2.7.1 摘要应具有独立性和自含性，即不阅读论文的全文，就能获得必要的信息。摘要的内容应包含与论文等同量的主要信息，供读者确定有无必要阅读全文，也可供二次文献采用。摘要一般应说明研究工作目的、方法、结果和结论等，重点是结果和结论。

5.2.7.2 中文摘要一般字数为300～600字，外文摘要实词在300个左右。如遇特殊需要字数可以略多。

5.2.7.3 摘要中应尽量避免采用图、表、化学结构式、非公知公用的符号和术语。

5.2.7.4 每篇论文应选取3～8个关键词，用显著的字符另起一行，排在摘要的下方。关键词应体现论文特色，具有语义性，在论文中有明确的出处。并应尽量采用《汉语主题词表》或各专业主题词表提供的规范词。

5.2.7.5 为便于国际交流，应标注与中文对应的英文关键词。

5.2.8 序言或前言（如有）

学位论文的序言或前言，一般是作者对本篇论文基本特征的简介，如说明研究工作缘起、背景、主旨、目的、意义、编写体例，以及资助、支持、协作经过等。这些内容也可以在正文引言（绪论）中说明。

5.2.9 目次页

学位论文应有目次页，排在序言和前言之后，另起页。

5.2.10 图和附表清单（如有）

论文中如图表较多，可以分别列出清单置于目次页之后。图的清单应有序号、图题和页码。表的清单应有序号、表题和页码。

5.2.11 符号、标志、缩略词、首字母缩写、计量单位、术语等的注释表（如有）

符号、标志、缩略词、首字母缩写．计量单位、术语等的注释说明，如需汇集，可集中置于图表清单之后。

5.3 主体部分

5.3.1 一般要求

主体部分应从另页右页开始，每一章应另起页。

主体部分一般从引言（绪论）开始，以结论或讨论结束。

引言（绪论）应包括论文的研究目的、流程和方法等。

论文研究领域的历史回顾，文献回溯，理论分析等内容，应独立成章，用足够的文字叙述。

主体部分由于涉及的学科、选题、研究方法、结果表达方式等有很大的差异，不能作统一的规定。但是，必须实事求是、客观真切、准备完备、合乎逻辑、层次分明、简练可读。

5.3.2 图

图包括曲线图、构造图、示意图、框图、流程图、记录图、地图、照片等。

图应具有"自明性"

图应有编号。图的编号由"图"和从"1"开始的阿拉伯数字组成，图较多时，可分章编号。

图宜有图题，图题即图的名称，置于图的编号之后。图的编号和图题应置于图下方。

照片图要求主题和主要显示部分的轮廓鲜明，便于制版。如用放大缩小的复制品，必须清晰，反差适中。照片上应有表示目的物尺寸的标度。

5.3.3 表

表应具有"自明性"。

表应有编号。表的编号由"表"和从"1"开始的阿拉伯数字组成,表较多时,可分章编号。

表宜有表题,表题即表的名称,置于表的编号之后。表的编号和表题应置于表上方。

表的编排,一般是内容和测试项目由左至右横读,数据依序竖读。

表的编排建议采用国际通行的三线表。

如某个表需要转页接排,在随后的各页上应重复表的编号。编号后跟表题(可省略)和"(续)",置于表上方。

续表均应重复表头。

5.3.4 公式

论文中的公式应另行起,并缩格书写,与周围文字留足够的空间区分开。

如有两个以上的公式,应用从"1"开始的阿拉伯数字进行编号,并将编号置于括号内。公式的编号右端对齐,公式与编号之间可用"……"连接。公式较多时,可分章编号。

示例:

$$w_1 = u_{11} - u_{12}u_{21} \quad \cdots (5)$$

较长的公式需要转行时,应尽可能在"="处回行,或者在"+"、"-""×"、"/"等记号处回行。公式中分数线的横线,其长度应等于或略大于分子和分母中较长的一方。

如正文中书写分数,应尽量将其高度降低为一行。如将分数线书写为"/",将根号改为负指数。

示例:

将 $\frac{1}{\sqrt{2}}$ 写成 $1/\sqrt{2}$ 或 $2^{-1/2}$

5.3.5 引文标注

论文中引用的文献的标注方法遵照 GB/T 7714—2005,可采用顺序编码制,也可采用著者-出版年制,但全文必须统一。

示例 1:引用单篇文献的顺序编码制

德国学者 N. 克罗斯研究了瑞士巴塞尔市附近侏罗山中老第三纪断裂对第三系褶皱的控制[235];之后,他又描述了西里西亚第 3 条大型的近南北向构造带,并提出地槽是在不均一的块体的基底上发展的思想[236]。

示例 2:引用多篇文献的顺序编码制

莫拉德对稳定区的节理格式的研究[255-256]

示例 3:标注著者姓氏和出版年的著者-出版年制

结构分析的子结构法最早是为解决飞机结构这类大型和复杂结构的有限元分析问题而发展起来的(Przemienicki,1968),而后,被用于共同作用分析(Haddadin,1971),并且已经取得快速发展。

示例 4:标注出版年的著者-出版年制

Brodaway 等(1986)报道在人工饲料中添加蛋白酶抑制剂会抑制昆虫的生长和发育。Johnson 等(1993)报道蛋白酶抑制剂基因在烟草中表达,可有效减少昆虫的危害。

5.3.6 注释

当论文中的字、词或短语,需要进一步加以说明,而又没有具体的文献来源时,用注释。注释一般在社会科学中用得较多。

应控制论文中的注释数量，不宜过多。

由于论文篇幅较长，建议采用文中编号加"脚注"的方式。最好不用采用文中编号加"尾注"。

示例1：这是包含公民隐私权的最重要的国际人权法渊源。我国是该宣言的主要起草国之一，也是最早批准该宣言的国家，③当然庄严地承诺了这条规定所包含的义务和责任。

…………
_____

③ 中国为人权委员会的创始国。中国代表张彭春（P. C. Chang）出任第一届人权委员会主席，领导并参加了《世界人权宣言》的起草。

示例2：这包括如下事实："未经本人同意，监听、录制或转播私人性质的谈话或秘密谈话；未经本人同意，拍摄、录制或转播个人在私人场所的形象。"④

…………
_____

④ 根据同条规定，上述行为可被处以1年监禁，并科以30万法郎罚金。

5.3.7 结论

论文的结论是最终的、总体的结论，不是正文中各段的小结的简单重复。结论应包括论文的核心观点，交代研究工作的局限，提出未来工作的意见或建议。结论应该准确、完整、明确、精练。

如果不能导出一定的结论，也可以没有结论而进行必要的讨论。

5.4 参考文献表

参考文献表是文中引用的有具体文字来源的文献集合，其著录项目和著录格式遵照GB/T 7714—2005的规定执行。

参考文献表应置于正文后，并另起页。

所有被引用文献均要列入参考文献表中。

正文中未被引用但被阅读或具有补充信息的文献可集中列入附录中，其标题为"书目"。

引文采用著作-出版年制标注时，参考文献表应按著者字顺和出版年排序。

5.5 附录

附录作为主体部分的补充，并不是必需的。

下列内容可以作为附录编于论文后：

——为了整篇论文材料的完整，但编入正文又有损于编排的条理性和逻辑性，这一材料包括比正文更为详尽的信息、研究方法和技术更深入的叙述，对了解正文内容有用的补充信息等。

——由于篇幅过大或取材于复制品而不便于编入正文的材料。

——不便于编入正文的罕见珍贵资料。

——对一般读者并非必要阅读，但对本专业同行有参考价值的资料。

——正文中未被引用但被阅读或具有补充信息的文献。

——某些重要的原始数据、数学推导、结构图、统计表、计算机打印输出件等。

5.6 结尾部分（如有）
5.6.1 分类索引、关键词索引（如有）
可以编排分类索引，关键词索引等。
5.6.2 作者简历
包括教育经历、工作经历、攻读学位期间发表的论文和完成的工作等。

示例：
  姓名：程晓丹 性别：女 民族：汉 出生年月：1976-07-23 籍贯：江苏省东台市
  1995-09—1999-07 清华大学计算机系学士；
  1999-09—2004-06 清华大学攻读博士学位（直博）
  获奖情况：
  参加项目：
  攻读博士学位期间发表的学术论文：

5.6.3 其他
包括学位论文原创性声明等。

5.6.4 学位论文数据集
由反映学位论文主要特征的数据组成，共33项：

A1　关键词*，A2　密级*，A3　中图分类号*，A4　UDC，A5　论文资助；

B1　学位授予单位名称*，B2　学位授予单位代码*，B3　学位类别*，B4　学位级别*；

C1　论文题名*，C2　并列题名，C3　论文语种*；

D1　作者姓名*，D2　学号*；

E1　培养单位名称*，E2　培养单位代码*，E3　培养单位地址，E4　邮编；

F1　学科专业*，F2　研究方向*，F3　学制*，F4　学位授予年*，F5　论文提交日期*；

G1　导师姓名*，G2　职称*；

H1　评阅人；H2　答辩委员会主席*，H3　答辩委员会成员；

I1　电子版论文提交格式，I2　电子版论文出版（发布）者，I3　电子版论文出版（发布）地，I4　权限声明；

J1　论文总页数*。

注：有星号*者为必选项，共22项。

6 编排格式

6.1 封面
见附录C。

6.2 目次页
见附录F。

6.3 章、节

6.3.1 论文主体部分可根据需要划分为不同数量的章、节，章、节的划分建议参照CY/T 35—2001。

示例：

6.3.2 章、节编号全部顶格排，编号与标题之间空1个字的间隙。章的标题占2行。正文另起行，前空2个字起排，回行时顶格排。

6.4 页码

学位论文的页码，正文和后置部分用阿拉伯数字编连续码，前置部分用罗马数字单独编连续码（封面除外）。

6.5 参考文献表

见附录G。

6.6 附录

附录编号、附录标题各占1行，置于附录条文之上居中位置。

每一个附录通常应另起页，如果有多个较短的附录，也可接排。

6.7 版面

论文在打印和印刷时，要求纸张的四周留足的空白边缘，以便于装订、复印和读者批注。每一面的上方（天头）和左侧（订口）应分别留边25mm以上间隙，下方（地角）和右侧（切口）应分别留边20mm以上间隙。

6.8 书脊

为便于学位论文的管理，建议参照GB/T 11668—1989，在学位论文书脊中标注学位论文题名及学位授予单位名称。

示例：

学位论文题名　学位授予单位名称

附录 A
（规范性附录）
学位论文结构图

前置部分
- 封面（见5.2.1）（见附录C）
- 封二（见5.2.2）（如有）
- 题名页（见5.2.3）
- 英文题名页（见5.2.4）（如有）
- 勘误页（见5.2.5）（如有）
- 致谢（见5.2.6）
- 摘要页（见5.2.7）
- 序言或前言（见5.2.8）（如有）
- 目次页（见5.2.9）
- 插图和附表清单（见5.2.10）（如有）
- 缩写和符号清单（见5.2.11）（如有）
- 术语表（见5.2.11）（如有）

主体部分
- 引言（绪论）（见5.3.1）
- 章、节
- 图（见5.3.2）
- 表（见5.3.3）
- 公式（见5.3.4）
- 引文标注（见5.3.5）
- 注释（见5.3.6）
- 结论（见5.3.7）

参考文献表（见5.4）

附录（见5.5）

结尾部分
- 索引（见5.6.1）（如有）
- 作者简历（见5.6.2）
- 其他（见5.6.3）
- 学位论文数据集（见5.6.4和附录J）
- 封底（如有）

附录 B
（规范性附录）
学位论文正文编排格式

1 （章的标题）

　　××
××××××××××××××××××××××××××××××××××××××

1.1 （节的标题）

　　××
××××××××××××××××××××××××××××××××××××××

1.2 （节的标题）

1.2.1　××
××××××××××××××××××××××××××××××××××××××

1.2.2　××
　　××
××××××××××××××××××××××××××××××××××××××

2 （章的标题）

2.1 （节的标题）

2.1.1　××
××××××××××××××××××××××××××××××××××××××

2.2 （节的标题）

　　××
××××××××××××××××××××××××××××××××××××××
　　××
××××××××××××××××××××××××××××××××××××××

3 （章的标题）

3.1 （节的标题）

　　××
××××××××××××××××××××××××××××××××××××××
　　　a. ××××××××××××××××××××××××××××××××××××
　　　b. ××××××××××××××××××××××××××××××××××××
××××××××××××××××××××××××××××××××××××××

4 （章的标题）

　　××
××××××××××××××××××××××××××××××××××××
　　……

附录 C
（规范性附录）
封面编排示例

清华大学
博士学位论文

矩形截面 FS 约束混凝土柱抗震性能的试验研究与理论分析

Experimental Investigation and Theoretical Analysis on Seismic Behavior of FS Confined Rectangular Section

作　者　李　静
导　师　钱嫁茹教授

清华大学土木水利学院
二〇〇三年十月

Experimental Investigation and Theoretical
Analysis on Seismic Behavior of FS
Confined Rectangular Section

By
Jing Li

A Dissertation Submitted to
Tsinghua University
In partial fulfillment of the requirement
For the degree of
Doctor of Engineering

Department of Civil and Engineering
October, 2003

附录 D
（规范性附录）
题名页示例

中图分类号　TU375.3　　　　　　　　　　　　　　学校代码　10003
UDC　　　　624　　　　　　　　　　　　　　　　　密级　　公开

清华大学
博士学位论文

矩形截面 FS 约束混凝土柱抗震性能的试验研究与理论分析

Experimental Investigation and Theoretical Analysis on Seismic Behavior of FS Confined Rectangular Section

作　　者　　李　静	导　　师　　钱嫁茹　教授
申请学位　　工学博士	培养单位　　清华大学土木水利学院
学科专业　　土木工程	研究方向　　结构工程
答辩委员会主席	评 阅 人

二〇〇三年十月

附录 E
（规范性附录）
摘要页示例

E.1 中文摘要页示例

论文题名

摘要：_____

_____。图 X 幅，表 X 个，参考文献 X 篇

关键词：(3-8) _____；_____；_____；_____；_____

分类号：(1-2) _____；_____

E.2 英文摘要页示例

Title

Abstract：

Keywords：

Classification：

注：学位论文的英文摘要一般另起一页。

附录 F
（规范性附录）
目次页示例

序言（前言） ·· I
摘要 ··· II
目次 ·· IV
1 （第 1 章）引言（绪论） ··· 1
 1.1 （第 1 章第 1 节）题名 ·· 1
2 （第 2 章）题名 ·· 3
 2.1 （第 2 章第 1 节）题名 ·· 7
 2.2 （第 2 章第 2 节）题名 ··· 10
 ……
5 （第 5 章）结论 ·· 71
参考文献 ·· 93
附录 A ·· 96
附录 B ·· 98
索引 ·· 101
作者简历 ·· 102
学位论文数据集 ·· 103

附录 G
（规范性附录）
参考文献表示例

参 考 文 献

[1] 昂温 G，昂温 P S. 外国出版史［M］. 陈生铮，译. 北京：中国书籍出版社，1998.

[2] 赵耀东. 新时代的工业工程师［M/OL］. 台北：天下文化出版社，1998［1998-09-26］. http：//www. ie. nthu. edu. tw/info/ie. newie. htm（Big5）.

[3] 马克思. 关于《工资、价格和利润》的报告札记［M］//马克思，恩格斯. 马克思恩格斯全集：第 44 卷. 北京：人民出版社，1982：505.

[4] 李炳穆. 理想的图书馆员和信息专家的素质与形象［J］，图书情报工作，2000（2）：5-8.

[5] 姜锡洲. 一种温热外敷药制备方案：中国，88105607.3［P］. 1989-07-26.

[6] METCALF S W. The Tort Hall air emission study［C/OL］// The International Congress on Hazardous Waste，Atlanta Marriott Marquis Hotel，Atlanta，Georgia，June 5-8，1995：Impact on human and ecological health［1998-09-22］. http：//atsdrl. astdr. cdc. gov：8080/ Cong95. html.

附录 H
（规范性附录）
学位论文数据集

表 H.1 数据集页

关键词*	密级*	中图分类号*	UDC	论文资助

学位授予单位名称*	学位授予单位代码*	学位类别*	学位级别*

论文题名*	并列题名*	论文语种*

作者姓名*		学号*	

培养单位名称*	培养单位代码*	培养单位地址	邮编

学科专业*	研究方向*	学制*	学位授予年*

论文提交日期*	

导师姓名*		职称*	

评阅人	答辩委员会主席*	答辩委员会成员

电子版论文提交格式　文本（　）　图像（　）　视频（　）　音频（　）　多媒体（　）　其他（　）
推荐格式：application/msword；application/pdf

电子版论文出版（发布）者	电子版论文出版（发布）地	权限声明

论文总页数*	

注：共33项，其中带*为必填数据，为22项。

Ⅱ 信息与文献 参考文献著录规则（GB/T 7714—2015）

1 范围

本标准规定了各个学科、各种类型信息资源的参考文献的著录项目、著录顺序、著录用符号、著录用文字、各个著录项目的著录方法以及参考文献在正文中的标注法。

本标准适用于著者和编辑著录参考文献，而不是供图书馆员、文献目录编制者以及索引编辑者使用的文献著录规则。

2 规范性引用文件

下列文件对于本文件的应用是必不可少的。凡是注日期的引用文件，仅注日期的版本适用于本文件。凡是不注日期的引用文件，其最新版本（包括所有的修改版）适用于本文件。

GB/T 7408—2005 数据元和交换格式 信息交换 日期和时间表示法

GB/T 28039—2011 中国人名汉语拼音字母拼写规则

ISO 4 信息与文献 出版物题名和标题缩写规则（Information and documentation—Rules for the abbreviation of title words and titles of publications）

3 术语和定义

下列术语和定义适用于本文件。

3.1

参考文献 reference

对一个信息资源或其中一部分进行准确和详细著录的数据，位于文末或文中的信息源。

3.2

主要责任者 creator

主要负责创建信息资源的实体，即对信息资源的知识内容或艺术内容负主要责任的个人或团体。主要责任者包括著者、编者、学位论文撰写者、专利申请者或专利权人、报告撰写者、标准提出者、析出文献的著者等。

3.3

专著 monograph

以单行本或多卷册（在限定的期限内出齐）形式出版的印刷型或非印刷型出版物，包括普通图书、古籍、学位论文、会议文集、汇编、标准、报告、多卷书、丛书等。

3.4

连续出版物 serial

通常载有年卷期号或年月日顺序号，并计划无限期连续出版发行的印刷或非印刷形式的出版物。

3.5

析出文献 contribution

从整个信息资源中析出的具有独立篇名的文献。

3.6

电子资源 electronic resource

以数字方式将图、文、声、像等信息存储在磁、光、电介质上,通过计算机、网络或相关设备使用的记录有知识内容或艺术内容的信息资源,包括电子公告、电子图书、电子期刊、数据库等。

3.7

顺序编码制 numeric references method

一种引文参考文献的标注体系,即引文采用序号标注,参考文献表按引文的序号排序。

3.8

著者-出版年制 first element and date method

一种引文参考文献的标注体系,即引文采用著者-出版年标注,参考文献表按著者字顺和出版年排序。

3.9

合订题名 title of the individual works

由 2 种或 2 种以上的著作汇编而成的无总题名的文献中各部著作的题名。

3.10

阅读型参考文献 reading reference

著者为撰写或编辑论著而阅读过的信息资源,或供读者进一步阅读的信息资源。

3.11

引文参考文献 cited reference

著者为撰写或编辑论著而引用的信息资源。

3.12

数字对象唯一标识符 digital object identifier;DOI

针对数字资源的全球唯一永久性标识符,具有对资源进行永久命名标志、动态解析链接的特性。

4 著录项目与著录格式

本标准规定参考文献设必备项目与选择项目。凡是标注"任选"字样的著录项目系参考文献的选择项目,其余均为必备项目。本标准分别规定了专著、专著中的析出文献、连续出版物、连续出版物中的析出文献、专利文献以及电子资源的著录项目和著录格式。

4.1 专著

4.1.1 著录项目

主要责任者

题名项

题名
　　其他题名信息
　　文献类型标识（任选）
其他责任者（任选）
版本项
出版项
　　出版地
　　出版者
　　出版年
　　引文页码
　　引用日期
获取和访问路径（电子资源必备）
数字对象唯一标识符（电子资源必备）

4.1.2　著录格式

主要责任者．题名：其他题名信息［文献类型标识/文献载体标识］．其他责任者．版本项．出版地：出版者，出版年：引文页码［引用日期］．获取和访问路径．数字对象唯一标识符．

示例：

［1］　陈登原．国史旧闻：第1卷［M］．北京：中华书局，2000：29.

［2］　哈里森，沃尔德伦．经济数学与金融数学［M］．谢远涛，译．北京：中国人民大学出版社，2012：235-236.

［3］　北京市政协民族和宗教委员会，北京联合大学民族与宗教研究所．历代王朝与民族宗教［M］．北京：民族出版社，2012：112.

［4］　全国信息与文献标准化技术委员会．信息与文献　都柏林核心元数据元素集：GB/T 25100—2010［S］．北京：中国标准出版社，2010：2-3.

［5］　徐光宪，王祥云．物质结构［M］．北京，科学出版社，2010.

［6］　顾炎武．昌平山水记；京东考古录［M］．北京：北京古籍出版社，1992.

［7］　王夫之．宋论［M］．刻本．金陵：湘乡曾国荃，1865（清同治四年）．

［8］　牛志明，斯温兰德，雷光春．综合湿地管理国际研讨会论文集［C］．北京：海洋出版社：2012.

［9］　中国第一历史档案馆，辽宁省档案馆．中国明朝档案总汇［A］．桂林：广西师范大学出版社，2001.

［10］　杨保军．新闻道德论［D/OL］．北京：中国人民大学出版社，2010［2012-11-01］．http：//apabi. lib. pku. edu. cn//usp/pku/pub. mvc? pid＝book. detail＆meraid＝m. 20101104-BPO-889-1023＆cult＝CN.

［11］　赵学功．当代美国外交［M/OL］．北京：社会科学文献出版社，2001［2014-06-11］．http：//www. cadal. zju. edu. cn/ book/trySinglePage/33023884/1.

［12］　同济大学土木工程防灾国家重点实验室．汶川地震震害研究［M/OL］．上海：同济大学出版社，2011：5-6［2013-05-09］．http：//apabi. lib. pku. edu. cn/usp/pku/pub. mvc? pid＝book. detail＆metaid＝m. 20120406-YPT-889-0010.

［13］　中国造纸学会．中国造纸年鉴：2003［M/OL］．北京：中国轻工业出版社，2003［2014-04-25］．http：//www. cadal. zju. edu. cn/book/view/25010080.

[14] PEEBLES P Z, Jr. Probability. random variable, and random signal principles [M]. 4th ed. New York: McGraw Hill, 2001.

[15] YUFIN S A. Geoecology and computers: proceedings of the Third International Conference on Advances of Computer Methods in Geotechnical and Geoeiiviroiimental Engmeeringj Moscow, Russia, February 1-4, 2000 [C]. Rotterdam: A. A. Balkerna, 2000.

[16] BALDOCK P. Developing early childhood services: past, present and future [M/OL]. [S.1]: Open University Press, 2011: 105 [2012-11-27]. http://lib.myilibrary.com/Open.aspx?id=312377.

[17] FAN X, SOMMERS C H. Food irradiation research and technology. 2nd ed. Ames, Iowa: Blackwell Publishing, 2013: 25-26 [2014-06-26]. http://onlinelibrary.wiley.com/doi/10.1002/9781118422557.ch2/summary.

4.2 专著中的析出文献
4.2.1 著录项目
析出文献主要责任者
析出文献题名项
  析出文献题名
  文献类型标识（任选）
析出文献其他责任者（任选）
出处项
  专著主要责任者
  专著题名
  其他题名信息
版本项
出版项
  出版地
  出版者
  出版年
  析出文献的页码
  引用日期
获取和访问路径（电子资源必备）
数字对象唯一标识符（电子资源必备）

4.2.2 著录格式
析出文献主要责任者.析出文献题名[文献类型标识/文献载体标识].析出文献其他责任者//专著主要责任者.专著题名:其他题名信息.版本项.出版地:出版者.出版年:析出文献的页码[引用日期].获取和访问路径.数字对象唯一标识符.

示例：

[1] 周易外传：卷5[M]//王夫之.船山全书：第6册.长沙：岳麓书社，2011：1109.

[2] 程根伟.1998年长江洪水的成因与减灾对策[M]//许厚泽，赵其国.长江流域洪涝灾害与科技对策.北京：科学出版社，1999：32-36.

［3］ 陈晋镳，张惠民，朱士兴．等．蓟县震旦亚界研究［M］//中国地质科学院天津地质矿产研究所．中国震旦亚界．天津：天津科学技术出版社，1980：56-114．

［4］ 马克思．政治经济学批判［M］//马克思，恩格斯．马克思恩格斯全集：第35卷．北京，人民出版社，2013：302．

［5］ 贾东琴，柯平．面向数字素养的高校图书馆数字服务体系研究［C］//中国图书馆学会．中国图书馆学会年会论文集：2011年卷．北京：国家图书馆出版社，2011：45-52．

［6］ WEINSTEIN L，SWERTZ M N. Pathogenic properties of invading microorganism［M］//SODEMAN W A，Jr，SODEMAN W A. Pathologic physiology：mechanisms of disease. Philadelphia：Saunders，1974：745-772．

［7］ ROBERSON J A，BURNESON E G. Drinking water standards，regulations and goals［M/OL］//American Water Works Association. Water quality & treatment：a handbook on drinking water. 6th ed. New York：McGraw-Hill，2011：1.1-1.36［2012-12-10］. http：//lib. myilibrary. com/Open. aspx? id = 291430.

4.3 连续出版物

4.3.1 著录项目

主要责任者

题名项

 题名

 其他题名信息

 文献类型标识（任选）

年卷期或其他标识（任选）

 出版项

 出版地

 出版者

 出版年

 引用日期

获取和访问路径（电子资源必备）

数字对象唯一标识符（电子资源必备）

4.3.2 著录格式

主要责任者．题名：其他题名信息［文献类型标识/文献载体标识］．年，卷（期）-年，卷（期）．出版地：出版者，出版年［引用日期］．获取和访问路径．数字对象唯一标识符．

 示例：

［1］ 中华医学会湖北分会．临床内科杂志［J］.1984，1（1）-. 武汉：中华医学会湖北分会：1984-.

［2］ 中国图书馆学会．图书馆学通讯［J］.1957（1）-1990（4）. 北京：北京图书馆，1957-1990．

［3］ American Association for the Advancement of Science. Science［J］.1883，1（1）-. Washington，D. C.：American Association for the Advancement of Science，1883-.

4.4 连续出版物中的析出文献

4.4.1 著录项目

析出文献主要责任者

析出文献题名项
　　析出文献题名
　　文献类型标识（任选）
出处项
　　连续出版物题名
　　其他题名信息
　　年卷期标识与页码
　　引用日期
获取和访问路径（电子资源必备）
数字对象唯一标识符（电子资源必备）

4.4.2　著录格式

析出文献主要责任者．析出文献题名［文献类型标识/文献载体标识］．连续出版物题名：其他题名信息，年，卷（期）：页码［引用日期］．获取和访问路径．数字对象唯一标识符．

示例：

[1]　袁训来，陈哲，肖书海，等．蓝田生物群：一个认识多细胞生物起源和早期演化的新窗口［J］．科学通报，2012，55（34）：3219．

[2]　余建斌．我们的科技一直在追赶：访中国工程院院长周济［N/OL］．人民日报，2013-01-12（2）［2013-03-20］．http：//paper.people.com.cn/rmrb/html/2013-01/12/nw.D110000renmrb_20130112_5-02.htm．

[3]　李炳穆．韩国图书馆法［J/OL］．图书情报工作，2008，52（6）：6-12［2013-10-25］．http：//www.docin.com/p-400265742.html．

[4]　李幼平，王莉．循证医学研究方法：附视频［J/OL］．中华移植杂志（电子版），2010，4（3）：225-228［2014-06-09］．http：//www.cqvip.com/Read/Read.aspx?id＝36658332．

[5]　武丽丽，华一新，张亚军，等．"北斗一号"监控管理网设计与实现［J/OL］．测绘科学，2008，33（5）：8-9［2009-10-25］．http：//vip.calis.edu.cn/CSTJ/Sear.dll?QPAC_CreateDetail.DOI：10.3771/j.issn.1009-2307.2008.05.002．

[6]　KANAMORI H.Shaking without quaking［J］．Science，1998，279（5359）：2063．

[7]　CAPLAN P.Cataloging internet resources［J］．The public access computer systems review．1993，4（2）：61-66．

[8]　FRESE K S，KATUS H A，MEDER B.Next-generation sequencing：from understanding biology to personalized medicine［J/OL］．Biology，2013，2（1）：378-393［2013-03-19］．http：//www.md-pi.com/2079-7737/2/1/378.DOI：10.3390/biology2010378．

[9]　MYBURG A A，GRATTAPAGLIA D，TUSKAN G A，et al.The genome of Eucalyptus grandis［J/OL］．Nature，2014，510：356-362（2014-06-19）［2014-06-25］．http：//www.nature.com/nature/journal/v510/n7505/pdf/nature13308.pdf.DOI：10.1038/nature13308．

4.5　专利文献

4.5.1　著录项目

专利申请者或所有者
题名项

专利题名
　　专利号
　　文献类型标识（任选）
出版项
　　公告日期或公开日期
　　引用日期
获取和访问路径（电子资源必备）
数字对象唯一标识符（电子资源必备）

4.5.2　著录格式

专利申请者或所有者．专利题名：专利号［文献类型标识/文献载体标识］．公告日期或公开日期［引用日期］．获取和访问路径．数字对象唯一标识符．

示例：

[1] 邓一刚．全智能节电器：200610171314.3［P］．2006-12-13．

[2] 西安电子科技大学．光折变自适应光外差探测方法：01128777.2［P/OL］．2002-03-06［2002-05-28］．http：//211.152.9.47 sipoasp/zljs./hyjs-yx-new.asp？recid＝01128777.2&leixm＝0．

[3] TACHIBANA R，SHIMIZU S，KOBAYSHI S，et al. Electronic watermarking method and system：US691500［P/OL］．2005-07-05［2013-11-11］．http：//www.google.co.in/patents/US6915001．

4.6　电子资源

凡属电子专著、电子专著中的析出文献、电子连续出版物、电子连续出版物中的析出文献以及电子专利的著录项目与著录格式分别按4.1～4.5中的有关规则处理。除此而外的电子资源根据本规则著录。

4.6.1　著录项目

主要责任者
题名项
　　题名
　　其他题名信息
　　文献类型标识（任选）
出版项
　　出版地
　　出版者
　　出版年
　　引文页码
　　更新或修改日期
　　引用日期
获取和访问路径
数字对象唯一标识符

4.6.2　著录格式

主要责任者．题名：其他题名信息［文献类型标识/文献载体标识］．出版地：出版者,出版年:引文页码(更新或修改日期)[引用日期].获取和访问路径.数字对象唯一标识符.

示例:

[1] 中国互联网络信息中心.第29次中国互联网络发展现状统计报告[R/OL].(2012-01-16)[2013-03-26].http://www.cnnic.net.cn/hlwfzyj/hlwxzbg/201201/P020120709345264469680.pdf.

[2] 北京市人民政府办公厅.关于转发北京市企业投资项目核准暂行实施办法的通知:京政办发[2005]37号[A/OL].(2005-07-12)[2011-07-12].http://china.findlaw.cn/fagui/p_1/39934.html.

[3] BAWDEN D. Origins and concepts of digital literacy [EB/OL].(2008-05-04)[2013-03-08].http://www.soi.city.ac.uk/~dbawden/digital%20literacy%20chapter.pdf.

[4] Online Computer Library Center,Inc. About OCLC:history of cooperation[EB/OL].[2012-03-27].http://www.oclc.org/about/cooperation.en.html.

[5] HOPKINSON A. UNIMARC and metadata:Dublin core[EB/OL].(2009-04-22)[2013-03-27].http://archive.ifla.org/IV/ifla64/138-161e.htm.

5 著录信息源

参考文献的著录信息源是被著录的信息资源本身。专著、论文集、学位论文、报告、专利文献等可依据题名页、版权页、封面等主要信息源著录各个著录项目;专著、论文集中析出的篇章与报刊上的文章依据参考文献本身著录析出文献的信息,并依据主要信息源著录析出文献的出处;电子资源依据特定网址中的信息著录。

6 著录用文字

6.1 参考文献原则上要求用信息资源本身的语种著录。必要时,可采用双语著录。用双语著录参考文献时,首先应用信息资源的原语种著录,然后用其他语种著录。

示例1:用原语种著录参考文献

[1] 周鲁卫.软物质物理导论[M].上海:复旦大学出版社,2011:1.

[2] 常森.《五行》学说与《荀子》[J].北京大学学报(哲学社会科学版),2013,50(1):75.

[3] 김세훈, 외. 도서관및독서진흥법 개정안 연구[M]. 서울: 한국문화관광정책연구원, 2003: 15.

[4] 圖書館用語辞典編集委員會.最新圖書館用語大辭典[M].東京:柏書房株式會社:2004:154.

[5] RUDDOCK L. Economics for the modern built environment [M/OL]. London:Taylor&Francis,2009:12[2010-06-15].http://lib.myilibrary.com/Open.aspx?id=179660.

[6] Кочетков А Я. Молибден-медно-золотопорфиовое месторождение Рябиновсе[J/OL]. Отечественная телотия,1993(7):50-58.

示例2:用韩中2种语种著录参考文献

[1] 이병목. 도서관법규총람: 제1권[M]. 서울: 구미무역 출판부, 2005: 67-68.
    李炳穆.图书馆法规总览:第1卷[M].首尔:九美贸易出版部,2005:67-68.

[2] 도서관정보정책위원회 발족식 및 도서관정보정책기획단 신설[J]. 圖書館文化,2007,48(7):11-12.
    图书馆信息政策委员会成立仪式与图书馆信息政策规划团[J].图书馆文化,2007,48(7):11-12.

示例3:用中英2种语种著录参考文献

[1] 熊平,吴颉.从交易费用的角度谈如何构建药品流通的良性机制[J].中国物价,2005(8):42-45.

XIONG P,WU X. Discussion on how to construct benign medicine circulation mechanism from transaction cost perspective [J]. China price,2005(8):42-45.

[2] 上海市食品药品监督管理局课题组. 互联网药品经营现状和监管机制的研究 [J]. 上海食品药品监管情报研究,2008(1):8-11.

Research Group of Shanghai Food and Drug Administration. A study on online pharmaceutical operating situation and supervision mechanism [J]. Shanghai food and drug information research,2008(1):8-11.

6.2 著录数字时,应保持信息资源原有的形式。但是,卷期号、页码、出版年、版次、更新或修改日期、引用日期、顺序编码制的参考文献序号等应用阿拉伯数字表示。外文书的版次用序数词的缩写形式表示。

6.3 个人著者,其姓全部著录,字母全大写,名可缩写为首字母(见8.1.1);如用首字母无法识别该人名时,则用全名。

6.4 出版项中附在出版地之后的省名、州名、国名等(见8.4.1.1)以及作为限定语的机关团体名称可按国际公认的方法缩写。

6.5 西文期刊刊名的缩写可参照ISO 4的规定。

6.6 著录西文文献时,大写字母的使用要符合信息资源本身文种的习惯用法。

7 著录用符号

7.1 本标准中的著录用符号为前置符。按著者-出版年制组织的参考文献表中的第一个著录项目,如主要责任者、析出文献主要责任者、专利申请者或所有者前不使用任何标识符号。按顺序编码制组织的参考文献表中的各篇文献序号用方括号,如:[1]、[2]…。

7.2 参考文献使用下列规定的标识符号:

. 用于题名项、析出文献题名项、其他责任者、析出文献其他责任者、连续出版物的"年卷期或其他标识"项、版本项、出版项、连续出版物中析出文献的出处项、获取和访问路径以及数字对象唯一标识符前。每一条参考文献的结尾可用"."号。

: 用于其他题名信息、出版者、引文页码、析出文献的页码、专利号前。

, 用于同一著作方式的责任者、"等""译"字样、出版年、期刊年卷期标识中的年和卷号前。

; 用于同一责任者的合订题名以及期刊后续的年卷期标识与页码前。

// 用于专著中析出文献的出处项前。

( ) 用于期刊年卷期标识中的期号、报纸的版次、电子资源的更新或修改日期以及非公元纪年的出版年。

[ ] 用于文献序号、文献类型标识、电子资源的引用日期以及自拟的信息。

/ 用于合期的期号间以及文献载体标识前。

- 用于起讫序号和起讫页码间。

8 著录细则

8.1 主要责任者或其他责任者

8.1.1 个人著者采用姓在前名在后的著录形式。欧美著者的名可用缩写字母,缩写名后省略缩写点。欧美著者的中译名只著录其姓；同姓不同名的欧美著者，其中译名不仅要著录其姓，还需著录其名的首字母。依据 GB/T 28039—2011 有关规定，用汉语拼音书写的人名，姓全大写，其名可缩写，取每个汉字拼音的首字母。

  示例 1：李时珍   原题：（明）李时珍
  示例 2：乔纳斯   原题：（瑞士）伊迪斯·乔纳斯
  示例 3：昂温   原题：（美）S. 昂温（Stephen Unwin）
  示例 4：昂温 G，昂温 PS   原题：（英）G. 昂温（G. Unwin），P. S. 昂温（P. S. Unwin）
  示例 5：丸山敏秋   原题：（日）丸山敏秋
  示例 6：凯西尔   原题：（阿拉伯）伊本·凯西尔
  示例 7：EINSTEIN A   原题：Albert Einstein
  示例 8：WILLIAMS-ELLIS A   原题：Amabel Williams-Ellis
  示例 9：DE MORGAN A   原题：Augustus De Morgan
  示例 10：LI Jiangning   原题：Li Jiangning
  示例 11：LI J N   原题：Li Jiangning

8.1.2 著作方式相同的责任者不超过 3 个时，全部照录。超过 3 个时，著录前 3 个责任者，其后加"，等"或与之相应的词。

  示例 1：钱学森，刘再复   原题：钱学森 刘再复
  示例 2：李四光，华罗庚，茅以升   原题：李四光 华罗庚 茅以升
  示例 3：印森林，吴胜利，李俊飞，等 原题：印森林 吴胜和 李俊飞 冯文杰
  示例 4：FORDHAM E W，ALI A，TURNER D A，et al.
     原题：Evenst W. Fordham Amiad Ali David A. Turner John R. Charters

8.1.3 无责任者或者责任者情况不明的文献，"主要责任者"项应注明"佚名"或与之相应的词。凡采用顺序编码制组织的参考文献可省略此项，直接著录题名。

  示例：Anon，1981. Coffee drinking and cancer of the pancreas［J］. Br Med J，283（6292）：628.

8.1.4 凡是对文献负责的机关团体名称，通常根据著录信息源著录。机关团体名称应由上至下分级著录，上下级间用"."分隔，用汉字书写的机关团体名称除外。

  示例 1：中国科学院物理研究所
  示例 2：贵州省土壤普查办公室
  示例 3：American Chemical Society
  示例 4：Stanford University. Department of Civil Engineering

8.2 题名

  题名包括书名、刊名、报纸名、专利题名、报告名、标准名、学位论文名、档案名、舆图名、析出的文献名等。题名按著录信息源所载的内容著录。

  示例 1：王夫之"乾坤并建"的诠释面向
  示例 2：张子正蒙注
  示例 3：化学动力学和反应器原理
  示例 4：袖珍神学，或，简明基督教词典
  示例 5：北京师范大学学报（自然科学版）
  示例 6：Gases in sea ice 1975-1979
  示例 7：J Math & Phys

8.2.1 同一责任者的多个合订题名,著录前 3 个合订题名。对于不同责任者的多个合订题名,可以只著录第一个或处于显要位置的合订题名。在参考文献中不著录并列题名。

  示例 1:为人民服务;纪念白求恩;愚公移山

     原题:为人民服务 纪念白求恩 愚公移山 毛泽东著

  示例 2:大趋势

     原题:大趋势 Megatrends

8.2.2 文献类型标识(含文献载体标识)宜依附录 B《文献类型和文献载体标识代码》著录。电子资源既要著录文献类型标识,也要著录文献载体标识。本标准根据文献类型及文献载体的发展现状作了必要的补充。

8.2.3 其他题名信息根据信息资源外部特征的具体情况决定取舍。其他题名信息包括副题名,说明题名文字,多卷书的分卷书名、卷次、册次、专利号、报告号,标准号等。

  示例 1:地壳运动假说:从大陆漂移到板块构造[M]

  示例 2:三松堂全集:第 4 卷[M]

  示例 3:世界出版业:美国卷[M]

  示例 4:ECL 集成电路:原理与设计[M]

  示例 5:中国科学技术史:第 2 卷 科学思想史[M]

  示例 6:商鞅战秋菊:法治转型的一个思想实验[J]

  示例 7:中国科学:D 辑 地球科学[J]

  示例 8:信息与文献—都柏林核心元数据元素集:GB/T 25100—2010[S]

  示例 9:中子反射数据分析技术:CNIC-01887[R]

  示例 10:Asian Pacific journal of cancer prevention:e-only

8.3 版本

  第 1 版不著录,其他版本说明应著录。版本用阿拉伯数字、序数缩写形式或其他标识表示。古籍的版本可著录"写本""抄本""刻本""活字本"等。

  示例 1:3 版   原题:第三版

  示例 2:新 1 版   原题:新 1 版

  示例 3:明刻本   原题:明刻本

  示例 4:5th ed.   原题:Fifth edition

  示例 5:Rev. ed.   原题:Revised edition

8.4 出版项

  出版项应按出版地、出版者、出版年顺序著录。

  示例 1:北京:人民出版社,2013

  示例 2:New York:Academic Press:2012

8.4.1 出版地

8.4.1.1 出版地著录出版者所在地的城市名称。对同名异地或不为人们熟悉的城市名,宜在城市名后附省、州名或国名等限定语。

  示例 1:Cambridge,Eng.

  示例 2:Cambridge:Mass.

8.4.1.2 文献中载有多个出版地,只著录第一个或处于显要位置的出版地。

  示例 1:北京:科学出版社,2013

　　　　　　原题：科学出版社　　北京　　上海　　2013

示例2：London：Butterworths，2000

　　　　　　原题：Butterworths London Boston Durban Syngapore Sydney Toronto Wellington 2000

8.4.1.3　无出版地的中文文献著录"出版地不详"，外文文献著录"S.1"，并置于方括号内。无出版地的电子资源可省略此项。

示例1：[出版地不详]：三户图书刊行社，1990

示例2：[S. l.]：MacMillan，1975

示例3：Open University Press，2011：105［2014-06-16］. http：//lib. myilibrary. com/Open. aspx? id＝312377

8.4.2　出版者

8.4.2.1　出版者可以按著录信息源所载的形式著录，也可以按国际公认的简化形式或缩写形式著录。

示例1：中国标准出版社　　　　　　　原题：中国标准出版社

示例2：Elsevier Science Publishers　　　原题：Elsevier Science Publishers

示例3：IRRI　　　　　　　　　　　　原题：International Rice Research Institute

8.4.2.2　文献中载有多个出版者，只著录第一个或处于显要位置的出版者。

示例：Chicago：ALA，1978

　　原题：American Library Association / Chicago　　Canadian Library Association/Ottawa 1978

8.4.2.3　无出版者的中文文献著录"出版者不详"，外文文献著录"s. n."，并置于方括号内。无出版者的电子资源可省略此项。

示例1：哈尔滨：[出版者不详]，2013

示例2：Salt Lake City：[s. n.]，1964

8.4.3　出版日期

8.4.3.1　出版年采用公元纪年，并用阿拉伯数字著录。如有其他纪年形式时，将原有的纪年形式置于"（）"内。

示例1：1947（民国三十六年）

示例2：1705（康熙四十四年）

8.4.3.2　报纸的出版日期按照"YYYY-MM-DD"格式，用阿拉伯数字著录。

示例：2013-01-08

8.4.3.3　出版年无法确定时，可依次选用版权年、印刷年、估计的出版年。估计的出版年应置于方括号内。

示例1：c1988

示例2：1995 印刷

示例3：[1936]

8.4.4　公告日期、更新日期、引用日期

8.4.4.1　依据 GB/T 7408—2005 专利文献的公告日期或公开日期按照"YYYY-MM-DD"格式，用阿拉伯数字著录。

8.4.4.2　依据 GB/T 7408—2005 电子资源的更新或修改日期、引用日期按照"YYYY-MM-DD"格式，用阿拉伯数字著录。

示例：（2012-05-03）[2013-11-12]

8.5 页码

专著或期刊中析出文献的页码或引文页码,应采用阿拉伯数字著录(参见 8.8.2、10.1.3、10.2.4)。引自序言或扉页题词的页码,可按实际情况著录。

示例1:曹凌.中国佛教疑伪经综录[M].上海:上海古籍出版社,2011:19.

示例2:钱学森.创建系统学[M].太原:山西科学技术出版社,2001:序2-3.

示例3:冯友兰.冯友兰自选集[M].2版.北京,北京大学出版社,2008:第1版自序.

示例4:李约瑟.题词[M]//苏克福,管成学,邓明鲁.苏颂与《本草图经》研究.长春:长春出版社,1991:扉页.

示例5:DUNBAR K L,MITCHELL D A. Revealing nature's synthetic potential through the study of ribosomal natural product biosynthesis [J/OL]. ACS chemical biology,2013,8:473-487 [2013-10-06].//http:pubs.acs.org/doi/pdfplus/10.1021/cb3005325.

8.6 获取和访问路径

根据电子资源在互联网中的实际情况,著录其获取和访问路径。

示例1:储大同.恶性肿瘤个体化治疗靶向药物的临床表现[J/OL].中华肿瘤杂志,2010,32(10):721-734 [2014-06-25]. http://vip.calis.edu.cn/asp/Detail.asp.

示例2:WEINER S. Microarchaeology:beyond the visible archaeological record [M/OL]. Cambridge:Eng.:Cambridge University Press Textbooks,2010:38 [2013-10-14]. http://lib.myilibrary.com/Open.aspx?id=253897.

8.7 数字对象唯一标识符

获取和访问路径中不含数字对象唯一标识符时.可依原文如实著录数字对象唯一标识符。否则,可省略数字对象唯一标识符。

示例1:获取和访问路径中不含数字对象唯一标识符

刘乃安.生物质材料热解失重动力学及其分析方法研究[D/OL].安徽:中国科学技术大学,2000:17-18 [2014-08-29]. http://wenku.baidu.com/link?url=GJDJxb4lxBUXnIPmq1XoEGSIr1H8TMLbidW_Ljl Yu33tpt707u62rKliyp U_FBGUmox7ovPNaVIVBALAMd5yfwuKUUOAGYuB7cuZ-BYEhXa. DOI:10.7666/d.y351065.

(该书数字对象唯一标识符为:DOI:10.7666/d.y351065)

示例2:获取和访问路径中含数字对象唯一标识符

DEVERELL W,IGLER D. A companion to California history [M/OL]. New York:John Wiley & Sons,2013:21-22(2013-11-15)[2014-06-24]. http://onlinelibrary.wiley.com/doi/10.1002/9781444305036.ch2/summary.

(该书数字对象唯一标识符为:DOI:10.1002/9781444305036.ch2)

8.8 析出文献

8.8.1 从专著中析出有独立著者、独立篇名的文献按4.2的有关规定著录,其析出文献与源文献的关系用"//"表示。凡是从报刊中析出具有独立著者、独立篇名的文献按4.4的有关规定著录,其析出文献与源文献的关系用"."表示。关于引文参考文献的著录与标识参见10.1.3与10.2.4。

示例1:姚中秋.作为一种制度变迁模式的"转型"[M]//罗卫东,姚中秋.中国转型的理论分析:奥地利学派的视角.杭州:浙江大学出版社,2009:44.

示例2:关立哲,韩纪富,张晨珏.科技期刊编辑审读中要注重比较思维的科学运用[J].编辑学报，2014，26（2）：144-146.

　　　　示例 3：TENOPIR C. Online databases：quality control［J］. Library journal：1987，113（3）：124-125.

8.8.2　凡是从期刊中析出的文章，应在刊名之后注明其年、卷、期、页码。阅读型参考文献的页码著录文章的起讫页或起始页，引文参考文献的页码著录引用信息所在页。

　　　　示例 1：2001，1（1）：5-6
　　　　　　　　年　卷　期　页码

　　　　示例 2：2014，510：356-363
　　　　　　　　年　卷　页码

　　　　示例 3：2010（6）：23
　　　　　　　　年　期　页码

　　　　示例 4：2012，22（增刊 2）：81-86
　　　　　　　　年　卷　期　页码

8.8.3　对从合期中析出的文献，按 8.8.2 的规则著录，并在圆括号内注明合期号。

　　　　示例：2001（9/10）：36-39
　　　　　　　年　期　页码

8.8.4　凡是在同一期刊上连载的文献，其后续部分不必另行著录，可在原参考文献后直接注明后续部分的年、卷、期、页码等。

　　　　示例：2011，33（2）：20-25；2011，33（3）：26-30
　　　　　　　年　卷期　页码　年　卷期　页码

8.8.5　凡是从报纸中析出的文献，应在报纸名后著录其出版日期与版次。

　　　　示例：2013-03-16（1）
　　　　　　　年　月 日　版次

9　参考文献表

　　参考文献表可以按顺序编码制组织，也可以按著者-出版年制组织。引文参考文献既可以集中著录在文后或书末，也可以分散著录在页下端。阅读型参考文献著录在文后、书的各章节后或书末。

9.1　顺序编码制

　　参考文献表采用顺序编码制组织时，各篇文献应按正文部分标注的序号依次列出（参见 10.1）。

　　示例：

［1］　BAKER S K，JACKSON M E. The future of resource sharing［M］. New York：The Haworth Press. 1995.

［2］　CHERNIK B E. Introduction to library services for library technicians［M］. Littleton, Colo.：Libraries Unlimited, Inc.，1982.

［3］　尼葛洛庞帝. 数字化生存［M］. 胡泳，范海燕，译. 海口：海南出版社，1996.

［4］　汪冰. 电子图书馆理论与实践研究［M］. 北京：北京图书馆出版社：1997：16.

［5］　杨宗英. 电子图书馆的现实模型［J］. 中国图书馆学报，1996（2）：24-29.

［6］　DOWLER L. The research university's dilemma.：resource sharing and research in a transinstitutional environment [J]. Journal of library administration,1995,21(1/2):5-26.

9.2 著者-出版年制

参考文献表采用著者-出版年制组织时,各篇文献首先按文种集中,可分为中文、日文、西文、俄文、其他文种5部分;然后按著者字顺和出版年排列。中文文献可以按著者汉语拼音字顺排列(参见10.2),也可以按著者的笔画笔顺排列。

示例:

尼葛洛庞帝,1996.数字化生存[M].胡泳,范海燕,译.海口:海南出版社.
汪冰,1997.电子图书馆理论与实践研究[M].北京:北京图书馆出版社:16.
杨宗英,1996.电子图书馆的现实模型[J].中国图书馆学报(2):24-29.
BAKER S K,JACKSON M E,1995. The future of resource sharing [M]. New York:The Haworth Press.
CHERNIK B E,1982. Introduction to library services for library technicians [M]. Littleton, Colo.:Libraries Unlimited,Inc.
DOWLER L,1995. The research university's dilernma:resource sharing and research in a transinstitutional environment [J]. Journal of library administration. 21(1/2):5-26.

10 参考文献标注法

正文中引用的文献的标注方法可以采用顺序编码制,也可以采用著者-出版年制。

10.1 顺序编码制

10.1.1 顺序编码制是按正文中引用的文献出现的先后顺序连续编码,将序号置于方括号中。如果顺序编码制用脚注方式时,序号可由计算机自动生成圈码。

示例1:引用单篇文献,序号置于方括号中

……德国学者N.克罗斯研究了瑞士巴塞尔市附近侏罗山中老第三纪断裂对第三系褶皱的控制[235];之后,他又描述了西里西亚第3条大型的近南北向构造带,并提出地槽是在不均一的块体的基底上发展的思想[236]。

…………

示例2:引用单篇文献,序号由计算机自动生成圈码

……所谓"移情",就是"说话人将自己认同于……他用句子所描写的事件或状态中的一个参与者"[①],《汉语大词典》和张相[②]都认为"可"是"痊愈",侯精一认为是"减轻"[③]。……另外,根据侯精一,表示病痛程度减轻的形容词"可"和表示逆转否定的副词"可"是兼类词[④],这也说明二者应该存在着源流关系。

…………

10.1.2 同一处引用多篇文献时,应将各篇文献的序号在方括号内全部列出,各序号间用",
"。如遇连续序号,起讫序号间用短横线连接。此规则不适用于用计算机自动编码的序号。

示例:引用多篇文献

裴伟[570,88] 的提出……

莫拉德对稳定区的节理格式的研究[255-256]……

10.1.3 多次引用同一著者的同一文献时,在正文中标注首次引用的文献序号,并在序号的"[]"外著录引文页码。如果用计算机自动编序号时,应重复著录参考文献,但参考文献表中的著录项目可简化为文献序号及引文页码,参见本条款的示例2。

示例 1：多次引用同一著者的同一文献的序号

……改变社会规范也可能存在类似的"二阶囚徒困境"问题：尽管改变旧的规范对所有人都好，但个人理性选择使得没有人愿意率先违反旧的规范[1]。……事实上，古希腊对轴心时代思想真正的贡献不是来自对民主的赞扬，而是来自对民主制度的批评，苏格拉底、柏拉图和亚里士多德3位贤圣都是民主制度的坚决反对者[2]260。……柏拉图在西方世界的影响力是如此之大以至于有学者评论说，一切后世的思想都是一系列为柏拉图思想所作的脚注[3]。……据《唐会要》记载，当时拆毁的寺院有4600余所，招提、兰若等佛教建筑4万余所，没收寺产，并强迫僧尼还俗达260500人。佛教受到极大的打击[2]336-329。……陈登原先生的考证是非常精确的，他印证了《春秋说题辞》"黍者绪也，故其立字，禾入米为黍，为酒以扶老，为酒以序尊卑，禾为柔物，亦宜养老"，指出："以上谓等威之辨，尊卑之序，由于饮食荣辱。"[4]

参考文献：

[1] SUNSTEIN C R. Social norms and social roles [J/OL]．Columbia law review．1996，96：903 [2012-01-26]．http：//www.heinonline.org/ HOL Page? handle = hein.journals/clr96&id = 913&collection = journals&index=journals/clr.

[2] MORRI I. Why the west rules for now：the patterns of history，and what they reveal about the future [M]．New York：Farrar，Straus and Giroux，2010.

[3] 罗杰斯．西方文明史：问题与源头 [M]．潘惠霞，魏婧，杨艳，等译．大连：东北财经大学出版社，2011：15-16.

[4] 陈登原．国史旧闻：第1卷 [M]．北京：中华书局，2000：29.

示例 2：多次引用同一著者的同一文献的脚注序号

……改变社会规范也可能存在类似的"二阶囚徒困境"问题：尽管改变旧的规范对所有人都好，但个人理性选择使得没有人愿意率先违反旧的规范①。……事实上，古希腊对轴心时代思想真正的贡献不是来自对民主的赞扬，而是来自对民主制度的批评，苏格拉底、柏拉图和亚里士多德3位贤圣都是民主制度的坚决反对者②。……柏拉图在西方世界的影像力是如此之大以至于有学者评论说，一切后世的思想都是一系列为柏拉图思想所作的脚注③。……据《唐会要》记载，当时拆毁的寺院有4 600余所，招提、兰若等佛教建筑4万余所，没收寺产，并强迫僧尼还俗达260500人．佛教受到极大的打击④。……陈登原先生的考证是非常精确的，他印证了《春秋说题辞》"黍者绪也，故其立字，禾入米为黍，为酒以扶老，为酒以序尊卑，禾为柔物，亦宜养老"，指出："以上谓等威之辨，尊卑之序，由于饮食荣辱。"⑤

参考文献：

① SUNSTEIN C R. Social norms and social roles [J/ OL]．Columbia law review，1996，96：903．[2012-01-26]．http：//www.heinonline.org/HOL Page? handle = hein.journals/ clr96&id = 913&collection = journals&index = journals/clr.

② MORRI I. Why the west rules for now：the patterns of history，and what they reveal about the future [M]．New York：Farrar，Straus and Giroux，2010：260.

③ 罗杰斯．西方文明史：问题与源头 [M]．潘惠霞，魏婧，杨艳，等译．大连：东北财经大学出版社，2011：15-16.

④ 同②326-329.

⑤ 陈登原．国史旧闻：第1卷 [M]．北京：中华书局，2000：29.

10.2 著者-出版年制

10.2.1 正文引用的文献采用著者-出版年制时，各篇文献的标注内容由著者姓氏与出版年构成，并置于"（ ）"内。倘若只标注著者姓氏无法识别该人名时，可标注著者姓名，例如中国人、韩国人、日本人用汉字书写的姓名。集体著者著述的文献可标注机关团体名称。倘若正文中已提及著者姓名，则在其后的"（ ）"内只著录出版年。

示例：引用单篇文献

The notion of an invisible college has been explored in the sciences（Crane，1972）. Its absence among historians was noted by Stieg（1981）…

参考文献：

CRANE D，1972. Invisible college［M］. Chicago：Univ，of Chicago Press.

STIEG M F，1981. The information needs of historians［J］. College and research libraries，42（6）：549-560.

10.2.2 正文中引用多著者文献时，对欧美著者只需标注第一个著者的姓，其后附"et al."；对于中国著者应标注第一著者的姓名，其后附"等"字。姓氏与"et al.""等"之间留适当空隙。

10.2.3 在参考文献表中著录同一著者在同一年出版的多篇文献时，出版年后应用小写字母 a，b，c…区别。

示例 1：引用同一著者同年出版的多篇中文文献

王临惠，等，2010a. 天津方言的源流关系刍议［J］. 山西师范大学学报（社会科学版），37（4）：147.

王临惠，2010b. 从几组声母的演变看天津方言形成的自然条件和历史条件［C］//曹志耘. 汉语方言的地理语言学研究：首届中国地理语言学国际学术研讨会论文集. 北京：北京语言大学出版社：138.

示例 2：引用同一著者同年出版的多篇英文文献

KENNEDY W J，GARRISON R E，1975a. Morphology and genesis of nodular chalks and hardgrounds in the Upper Cretaceous of southern England［J］. Sedimentology，22：311.

KENNEDY W J，GARRISON R E，1975b. Morphology and genesis of nodular phosphates in the cenomanian of South-east England［J］. Lethaia，8：339.

10.2.4 多次引用同一著者的同一文献，在正文中标注著者与出版年. 并在"（ ）"外以角标的形式著录引文页码。

示例：多次引用同一著者的同一文献

主编靠编辑思想指挥全局已是编辑界的共识（张忠智，1997），然而对编辑思想至今没有一个明确的界定，故不妨提出一个构架……参与讨论。由于"思想"的内涵是"客观存在反映在人的意识中经过思维活动而产生的结果"（中国社会科学院语言研究所词典编辑室，1996）[1194]，所以"编辑思想"的内涵就是编辑实践反映在编辑工作者的意识中，"经过思维活动而产生的结果"。……《中国青年》杂志创办人追求的高格调——理性的成熟与热点的凝聚（刘彻东，1998），表明其读者群的文化的品位的高层次……"方针"指"引导事业前进的方向和目标"（中国社会科学院语言研究所词典编辑室，1996）[235]。……对编辑方针，1981年中国科协副主席裴丽生曾有过科学的论断——"自然科学学术期刊应坚持以马列主义、毛泽东思想为指导，贯彻为国民经济发展服务，理论与实践相结合，普及与提高相结合，'百花齐放，百家争鸣'的方针。"（裴丽生，1981）它完整地回答了为谁服务，怎样服务，如何服务得更好的问题。

…………

参考文献：

裴丽生，1981.在中国科协学术期刊编辑工作经验交流会上的讲话［C］//中国科学技术协会.中国科协学术期刊编辑工作经验交流会资料选.北京：中国科学技术协会学会工作部：2-10.

刘彻东，1998.中国的青年刊物：个性特色为本［J］.中国出版（5）：38-39.

张忠智，1997.科技书刊的总编（主编）的角色要求［C］//中国科学技术期刊编辑学会.中国科学技术期刊编辑学会建会十周年学术研讨会论文汇编.北京：中国科学技术期刊编辑学会学术委员会：33-34.

中国社会科学院语言研究所词典编辑室，1996.现代汉语词典［M］.修订本.北京：商务印书馆.
....

参考文献

[1] 曾健民,孙德红,高薇. 信息检索技术使用教程[M]. 北京:清华大学出版社,2017.
[2] 陈红勤,梁平,杨慕莲. 医学信息检索与利用[M]. 武汉:华中科技大学出版社,2014.
[3] 邓富民,梁学栋. 文献检索与论文写作[M]. 北京:经济管理出版社,2017.
[4] 邓珞华,乔中,王贤超. 生物医学信息检索[M]. 北京:高等教育出版社,2006.
[5] 杜良贤. 图书馆利用与文献信息检索[M]. 成都:电子科技大学出版社,2015.
[6] 方小兵. 英语专业学士学位论文写作:修订版[M]. 武汉:武汉大学出版社,2022.
[7] 龚文静. 信息检索与毕业论文写作[M]. 北京:中国书籍出版社,2019.
[8] 韩占江,张晶. 文献检索与科技论文写作[M]. 成都:西南交通大学出版社,2022.
[9] 黄军左,丁书江. 文献检索与科技论文写作[M]. 3版. 北京:中国石化出版社,2018.
[10] 金耀,刘小华. 图书馆利用与文献检索教程:科技版[M]. 北京:科学出版社,2013.
[11] 李国庆. 水利学文献检索[M]. 昆明:云南大学出版社,2021.
[12] 李谋信. 信息资源检索[M]. 北京:机械工业出版社,2010.
[13] 李一梅,罗时忠. 化学化工文献信息检索[M]. 3版. 合肥:中国科学技术大学出版社,2021.
[14] 陆春华. 数字信息资源检索[M]. 芜湖:安徽师范大学出版社,2021.
[15] 乔好勤,潘小明,冯建福. 信息检索与信息素养[M]. 武汉:华中科学技术大学出版社,2022.
[16] 万树,曾宪影. 文献检索与论文写作实训[M]. 北京:高等教育出版社,2023.
[17] 王佃荣,丁洁,苏丽丽. 文献信息检索与论文写作[M]. 6版. 上海:上海交通大学出版社,2017.
[18] 王红军. 文献检索与论文写作入门[M]. 北京:机械工业出版社,2018.
[19] 杨耀防,陈先平. 医学文献检索与论文撰写[M]. 南昌:江西高校出版社,2011.
[20] 张涛. 图书馆利用与文献检索[M]. 长春:东北师范大学出版社,2016.
[21] 张言彩. 文献检索与毕业论文写作[M]. 西安:西安电子科技大学出版社,2017.
[22] 周晓政. 医药信息检索与利用[M]. 北京:科学出版社,2018.